現代中国研究叢書

現代中国の
史的唯物論

陳先達［著］

渡邉良平［監訳］

王丹［訳］

樹立社

人間思想の頂点に立つマルクス
（序論に代えて）

　あらゆる歴史的時代は、時代の要請に応え、時代を特徴づける傑出した人物を生み出す。エンゲルスは、ブルジョア革命の時代を、巨人を必要とし、巨人を生み出した時代であると賞賛し、その時代の最も傑出した代表者を挙げ、彼ら共通の歴史的使命はブルジョアジーによる近代的支配の基礎を築くことだったと指摘した。プロレタリア革命の時代にも傑出した人物がいた。違いは、その時代の傑出した人物が、プロレタリアートの解放と人類の解放の基礎を築いたことである。歴史の舞台に登場したプロレタリアートの最大の代表者マルクスは、人類の社会形態の変化の歴史的法則と、資本主義の古い世界を打倒し、社会主義と共産主義の新しい世界を建設するプロレタリアートの歴史的使命を科学的に明らかにした。社会形態の交代は長い歴史的過程であり、マルクスはその歴史的変化に立ち会うことはできなかったが、彼の理論と活動は、プロレタリア革命の時代の始まりを示した。

一、革命家と思想家の完璧な融合

　マルクスは偉大な社会革命家であると同時に偉大な社会科学者でもあった。それは、40年以上マルクスとともに闘ったマルクス学説の共同創始者エンゲルスが、マルクスの墓前で述べた結びの言葉である。

エンゲルスはかつてこう言った。「マルクスは何よりも革命家だった」。マルクスはプロレタリア革命の思想的指導者であり、プロレタリア革命の指導者・実践者であった。彼とエンゲルスは、「正義者同盟」を歴史上最初のプロレタリア政党「共産主義者同盟」に変え、そのための最初の科学的綱領『共産党宣言』を策定した。マルクスは、1848年6月のフランス蜂起を支持し、1848年3月に勃発したドイツ革命に参加し、フランスのプロレタリア革命と、革命によって樹立された最初のプロレタリア政権であるパリ・コミューンを支持した。エンゲルスとともに、プロレタリアートの最初の国際組織である「国際労働者協会」、すなわち第一インターナショナルを創設した。革命活動の結果、マルクスはプロイセン政府から迫害され、ベルギー政府とフランス政府から追放された。プロレタリア革命が政権を握り、社会主義体制を確立する歴史的条件が整っていなかったため、マルクスは生涯を通じてプロレタリア革命が政権を握り、社会主義国家が確立されるのを見ることはなかった。マルクスは1850年代に学問の世界に引きこもりはしたが、闘うことを辞めようとはしなかったし、辞めることを一度も考えなかった。マルクスは「書斎の学者」ではなく、「指の火傷を恐れる用心深い凡才」でもなく、偉大なプロレタリア革命家であった。

パリ・コミューンが72日間の戦いの末についに失敗したとき、マルクスはパリ・コミューンの原則は永遠であると指摘した。それは、マルクスが社会主義革命に限りない信頼を寄せていたことを示している。マルクスは、その生涯を通じて、抑圧された民族の革命闘争と運命に関心を寄せていた。彼は、アヘン貿易を口実としたイギリスとフランスの帝国主義者による侵略戦争に反対した中国を支持し、帝国主義者による中国への恥知らずな略奪を非難し、中国人民への同情に満ち、中華民族の覚醒に大きな期待を寄せていた。そして、「数年後には、世界最古の帝国が死にかけの闘争をするのを見るだろうし、同時に、アジア全体の新しい紀元の曙を見る

だろう」と彼は予言した。自身の健康が衰えつつあっても、彼はロシアの社会発展の展望とロシアの農村コミューンの運命に関心を寄せ、後進国が資本主義の「カウディナーのくびき」を超える可能性と条件について論じた。そのことはマルクスの晩年のヴェーラ・ザスーリチへの三回書き直した返答によって証明されている。

抑圧されたプロレタリアートの闘争、外国の侵略に反対し、自国の支配者に反対する弱い民族の闘争への関心と参加、それが革命家としてのマルクスの輝かしい人生であった。マルクスの生涯は65年と短かったが、彼が闘った偉大な事業は今日まで続いている。マルクスの輝かしい人生は、後世の革命家に崇高な模範を示した。

マルクスは偉大な革命家であると同時に偉大な思想家でもあった。多くの有名な革命家がいたが、そのすべてが偉大な思想家だったわけではない。多くの優れた思想家がいたが、その大概は被抑圧階級を代表する革命家ではなかった。マルクスにおいてのみ、革命家と思想家が歴史上最も完全な結合に達したと言っても過言ではない。革命的なものと科学的なものとの一体化は、マルクスの個人的な性格の特徴であり、マルクス主義の学説の本質的な特徴である。

二、マルクス主義理論の創造者

エンゲルスはマルクスを「現代で最も偉大な思想家」と呼んだ。彼はマルクスの逝去を、「現代における最も偉大な思想家が考えるのを止めた」とした。エンゲルスはマルクスの逝去に深い悲しみを感じ、ウィリー・ブクネシーへの手紙の中で、「この天才の頭がその強力な思想で二つの半球のプロレタリア運動を育むことがなくなったとは想像できない。我々の今日があるのは、すべてマルクスのおかげである。現代の運動が達成しているすべての成果は、彼の理論と実践の活動のおかげである。マルクスなし

では、我々は今でも暗闇の中をさまよっているだろう」と述べた。

　マルクスの最も偉大な貢献は、プロレタリア革命への参加だけでなく、偉大な学説を創立したというところにもある。マルクスの理論創造は、短命な政治活動よりも永続的な影響を与えてくれた。マルクスは、暗闇の中で手探りしていたプロレタリアートと被抑圧民族の解放への道を示した、プロメテウスのような火盗人であった。エンゲルスはマルクスにこう書き送っている。「今、我々に求められている最初のことは、非常に意欲的ではあるが、自分ひとりではうまくできない多くの一知半解な人間に必要な根拠を与えるために、いくつかの大きな著作を書くことである」。マルクスは、その旧世界を動かす理論の支点の創造者である。それはプロレタリア解放事業への偉大な貢献であり、時代を超えて永遠に歴史のなかに続いていくものである。

　マルクスの思想はプロレタリアートだけのものではなく、全人類の文化遺産である。マルクスの創立した学説に含まれている世界と人間社会の発展の法則の理解は、人類の知恵の蓄積の宝庫を大いに豊かにし、人類の知識に最も創造的な新しい内容を増やし、人類に自然、社会、自己を理解するための世界観と方法論の指針を提供した。それによって、人文科学と社会科学の科学化の思想的・理論的基礎を築き、人類の認識と科学の進歩に新たな原動力を与えた。

　歴史はプロレタリア階級と人類のために、世紀の天才マルクスを貢献させた。マルクス以後の人類の歴史はマルクス主義のねじれた輝かしい歴史を目撃し、偉大な思想家としてのマルクスの先見性と彼の真実を求め、懸命な科学的精神を目撃した。マルクスはドイツの亡命者で、反動的な支配者によって迫害され、追放された。彼は生涯貧しく病弱で、息子は生後まもなく亡くなり、手紙を出す切手代さえないこともあった。しかし、プロレタリアートと人類の解放理論の創作、研究と執筆を止めることはなかった。膨大な量の『マルクス・エンゲルス全集』がその証しである。わずか

65年しか生きられなかったマルクスが、それほど豊かな思想を人類に残したことは、人類史上稀有なことである。マルクスを偉大な革命の指導者として記念すると同時に、我々はマルクスがマルクス主義の創始者の一人であることを忘れず、偉大な思想家としても記念すべきである。

　当時マルクスとエンゲルスの同時代人が生み出した学説の多くは、歴史的遺物となった。当時、西洋資本主義の矛盾に対して、効果的な理論的説明や解決策を提示できた理論家は、西洋にはいなかった。マルクスは高位の政治家でも億万長者でもなかったが、そのような貧しく病弱な男の死はヨーロッパ全体に衝撃を与え、多くの新聞が彼に賛辞を送る社説や記事を掲載し、多くの労働者団体が彼に賛辞を送った。人類の歴史の中で、貧しい人々のために声を上げ、憐れみを表明した思想家はたくさんいたし、「貧しい人々の托鉢袋」を揺さぶった社会主義学派もたくさんあった。しかし、マルクスだけは、同情と慰めを憐れみと涙と抽象的な人道主義で表現するのではなく、科学的理論を用いて真に彼らの状況を明らかにし、彼らの解放の道を指し示したのである。マルクスは真理をもって世界を征服し、真理をもって世界を変革した。真理の力だけが無敵なのである。

　ヘーゲルはかつて、「偉大な魂を持っている哲学史上の英雄の肉体は、時間的とともにもちろん過ぎ去ってしまうが、彼らの著作（彼らの思想、彼らの原則）は彼らとともに失われてしまうことはない」と言った。歴史上の多くの有名な思想家が亡くなったが、彼らの思想は死なない。彼らの思想は著作に翻訳され、後世の人々が研究し、吸収し、学ぶことができるからである。しかし、特に強調しなければならないのは、思想家としてのマルクスが歴史と現実に重要な影響を与えたということ、そして、彼が革命家であると同時に実践家であったという点が歴史上の有名な思想家とは異なっていたということである。マルクスの著作は、世界中の図書館にある単なる本ではなく、読まれて研究を待っている古典でもない。マルクスは永遠に「生きているマルクス」である。イギリスの学者テリー・イー

グルトンが正しく述べているように、「政治家、科学者、軍人、宗教家と違って、歴史の流れを変えることができた思想家はほとんどいない。人類の歴史の発展の過程で決定的な役割を果たしたのは、まさに『共産党宣言』の著者である。デカルトの思想に基づく政府、プラトンの思想で武装したゲリラ軍、ヘーゲルの理論に導かれた労働組織は、歴史上かつて存在しなかった。マルクスは人類史の理解に徹底的な革命をもたらしたが、その事実は、マルクス主義を激しく批判する人々でさえ否定できない。反社会主義の思想家であるルートヴィヒ・フォン・ミーゼスでさえ、社会主義は『歴史上最も広範囲に及ぶ社会改革運動であり、特定の集団に限定されることなく、人種、国、宗教、文明の区別なく人々に支持された最初の思想潮流である』」と主張した。マルクス主義は、他のどのイデオロギー理論よりも世界中に多くの信奉者を持つ。イギリス共産党書記長のロバート・グリフィスは、あるジャーナリストの質問に答えて、「組織化された労働者運動であれ、知識人運動であれ、労働組合組織であれ、今日の労働党であれ、それらはすべてマルクス主義の思想に深く導かれ、影響を受けている。マルクス主義は常にイギリスで活動してきたといえよう」と述べた。

　もちろん、マルクス主義は闘争の中で発展してきた。マルクス主義のような、社会の形態と世界の政治的パターンを変えた理論は、必然的にすべての旧支配者とプロレタリアの利益を害した。その存在と発展は、風と波がなければありえない。マルクス主義の誕生以来、それに対する反対運動は絶えることがなかった。現代においては、マルクス主義はマルクスに反対しているという見解に特に注意を払うべきである。一部の論者は、マルクスの「私がマルクス主義者でないことだけは知っている」という発言を論拠として引用する傾向がある。実際、それはマルクス主義者を名乗るフランス労働者党の一部の極端な左翼に対するマルクスの批判であった。エンゲルスもまた、ドイツ党内の一部の大学生の幼稚な振る舞いを批判した

際にマルクスの言葉を引用し、マルクスの言葉の真意は「竜の子とノミ」を区別することにあることを明らかにした。

　マルクス主義とマルクスは切っても切れない関係にある。マルクスはマルクス主義の創始者の一人である。マルクス主義を創始したマルクスがいなければ、彼は今世界中で賞賛されている偉大な革命家、思想家ではなく、弁護士、大学教授、無名の知識人になっていたであろう。彼がいなければ、マルクス主義という科学的体系も成り立たなかったであろう。マルクスの死後何年も経ってから、エンゲルスは感慨深げにこう言ったことがある。「マルクスは我々の誰よりも背が高く、遠くを見渡し、より多く、より速く観察していた。マルクスは天才だったが、我々はせいぜい専門家だ。マルクスがいなければ、我々の理論は今あるものとは程遠いものになっていただろう。だから、その理論が彼の名を冠するのはもちろんのことだ」。

　科学的体系としてのマルクス主義は唯一無二であり、根本的に異なる二つのマルクス主義は存在していない。マルクス主義は進化するが、進化するマルクス主義は依然としてマルクス主義である。マルクスの死後、マルクス主義のさまざまな学派が登場し、現代ではさまざまな名称の「マルクス主義」が存在している。しかし、歴史と実践は思想理論のフィルターであり、一時的に人気を博したが実践の試練に耐えられなかったいわゆる「マルクス主義」は、常に歴史的忘却の片隅に追いやられる。例えば、いわゆる「宗教的マルクス主義」、「実存的マルクス主義」、「フロイト的マルクス主義」、「現象学的マルクス主義」などである。今でもそのような流派を支持している人もいるが、あまり影響力はない。我々は、すべてのマルクス主義思想を否定するという狭いセクト主義的な態度を持っているわけではない。我々はマルクス主義理論体系の科学性と純粋性を主張しているが、異なる視点にも注意深く耳を傾け、分析する。例えば、西側マルクス主義は、今日西側で最も人気のある思想の学派の一つである。その理論的ビジョンやスタイルは、我々とは異なるかもしれないが、それを異分子だ

とは思わない。西側マルクス主義は、完全に同じような見解を持つ統一された思想の学派ではないが、その学者の多くは、西側社会に住んでいるため、西側社会の問題や矛盾を身近に観察することができ、それらを直接体験している。したがって、彼らの著作には時に貴重な考え方が含まれている。しかし、彼らは資本主義が支配的な社会環境に住んでおり、また歴史や伝統の影響、さまざまな西洋近代哲学思想の煽りを受けており、革命的必要性がなかったため、単なるテキストの研究に向かい、純粋な学問化と演壇志向の道を歩みがちであった。西洋マルクス主義の各研究者の見解や政治的立場に対しては、一概に賛成するのでもなく、簡単に否定するのでもなく、具体的かつ分析的な態度をとるべきである。「他山の石もって玉をおさむべし」、「和して同ぜず」の原則は、西欧マルクス主義の扱いにも当てはまる。

　マルクス以後のマルクス主義をマルクスの思想から切り離すことに反対するということは、マルクス以後の自称「マルクス主義者」のすべてがマルクスの思想の真の信者であり実践者であると考えることを意味しない。そのなかには「竜の子とノミ」を区別する問題が確かに存在する。今日の世界には、いわゆるマルクス主義者の中に、本格的マルクス主義者がいるが、自称「マルクス主義者」もいるし、マルクス主義の旗を掲げた似非マルクス主義者さえいる。我々は、「竜の子とノミ」を区別すべきであるが、それが、科学的理論体系としてのマルクス主義とマルクスの思想との間の不可分な相互関係を否定したり、いわゆる「真のマルクスの原典への回帰」によってマルクス以降のすべてのマルクス主義を否定したりする根拠になってはならない。マルクス以後のマルクス主義をすべてマルクス思想の異分子として分類することは、実際、マルクスとマルクス主義の科学的体系を断ち切ることであり、マルクス思想の同時代性だけでなく、現代マルクス主義の存在の合理性と必然性も否定することになる。マルクス主義を抜きにして、マルクスの古典だけが存在するのであれば、古典を革命運

動の指導や社会主義体制の確立にうまく利用することはできない。古典に埋め込まれたマルクスの法則的な思想が重要な指導的役割を果たすためには、科学的、首尾一貫した体系的な性格を持つ「主義」、科学的学説にならなければならない。毛沢東同志はかつて、「主義は旗のようなものであり、旗が掲げられてはじめて、人々は何かを期待し、どこへ行くべきかを知ることができる」と言った。世界社会主義革命と運動は、マルクスの古典の法則的な観点で構成されるマルクス主義の旗を指針とせず、ただ膨大な著作と原稿を守るだけであれば、実現しなかったであろう。

マルクス以後のマルクス主義が真のマルクス主義でないとすれば、真のマルクス主義はどこにあるのであろうか。マルクスの著作の中に存在するという主張はもっともらしく見えるが、実はそうではない。マルクスの著作とマルクス主義の科学的理論は、単純な証明し合う関係や相互排他的な関係にはないはずであり、マルクスの著作のすべての文章が基本原理となりうるわけではない。マルクス主義の基本原理は、マルクスとエンゲルスの古典的著作の中で繰り返し論じられた法則的な観点であり、それは実践の中で検証され、証明されうるものである。しかもマルクス以後のマルクス主義の創造的発展や実践的創作のすべてがマルクスの著作に基礎を見出すことができるわけでもなければ、基礎を見出すべきでもない。毛沢東同志はそのような書物主義の研究方法を批判した。マルクス主義を測定する基準がマルクスの実践よりもむしろマルクスのテキストであり、すべてがテキストに基づいているとすれば、マルクスの著作の中のわずかな言葉、あるいはマルクス自身が削除した、あるいは手稿の片隅にあった一文をマルクス主義の基本原則に反対する根拠とする誤った慣行に陥りやすい。それは、マルクスとマルクス主義を切り離すという最近よく見られるやり方である。私は、公式に出版された著作物よりも原稿を優先し、第二稿よりも第一稿を優先し、第三稿よりも第二稿を優先し、公式のテキストよりも削除されたテキストを優先し、さらには、マルクス主義の基本原則の正誤

の尺度として、それらの記述のいずれかを優先する慣行に、常に反対してきた。マルクスの思想の展開や、マルクスがなぜマルクス主義の創始者の一人になるのかという困難な探求の過程は、思想史の立場から、歴史比較研究の方法を採用することによって研究することが可能であるが、マルクス主義の基本原理の研究については、そのようなことは不可能である。なぜなら、マルクス主義の基本原理は、マルクスの自己信仰の清算、マルクスとエンゲルスの議論と交流、敵対者との論争を通じた困難な探求の結果だからである。

　マルクスの古典的著作とマルクス主義の基本原理は、共生的で相互に補強しあう関係にある。マルクス主義の基本原理が提供する視点と方法を把握することは、マルクスの古典的著作をより深く研究し、その精神的本質を理解し、法則的な言説と個々の言い回しを区別できる。また、実践に照らして古典の研究と読解を繰り返すことによって、新たな経験を獲得し、マルクス主義を創造的な方法で発展させるための指針となる。一方、古典を本格的に研究することは、マルクス主義の基本原則の理解を深め、マルクスがなぜその原則を打ち出したのか、その理論的、事実的根拠は何であるかを理解し、その著作における原則の説明からマルクスの立場と問題分析方法を学び、実践に応用する能力を強化することができる。

　中国共産党はマルクス主義の古典の研究を非常に重視している。延安時期、毛沢東同志は官員に古典の必読書を指定し、社会主義革命と建設の時代にも何度も必読書を指定した。その伝統は今日まで続いている。習近平同志はマルクス主義古典の学習を非常に重視しており、多くの演説でマルクス主義古典の学習の重要性、古典の学習を通じてマルクス主義の立場と方法を習得する必要性を強調している。

　我々は、マルクスとエンゲルスの対立、若いマルクスと老いたマルクスの対立、マルクス主義とマルクスの対立、いわゆるギャップや矛盾のなかに自分の思想を展開するのではなく、マルクス主義の古典の研究、中国に

おけるマルクスの学説の確立、古典の歴史的研究と正しい解釈を重視する。マルクスとエンゲルスは二人の人間であり、どちらも個性をもった偉大な思想家であり、言葉、文体や学問的分業において相違がないはずはなく、ある観点においてさえ異なる点があり、議論が交わされることもある。重要なのは、基本的な見解において一貫性があるということであり、まさにそれゆえに、二人はマルクス主義の学説の共同創造者となることができたのである。思想家の思想は、若い頃も老年期もその変化を免れない。思想の道は一直線ではなく、探索の過程であり、鍵は一貫した思想の核心と基本的見解の存在にある。真に偉大な思想家の思想の発展は、徐々に成熟していく過程であって、徐々に後退していくものではない。後退している思想家は、真の意味で偉大な思想家にはなれない。マルクス主義とマルクスの思想については、両者は古典にこだわり、同調の関係にはない。マルクスはマルクス主義という科学的体系の完成者ではなく、基礎を確立する者である。マルクス主義は開かれた創造的な体系であり、究極の真理ではなく、永遠に発展の過程にある。マルクスの古典的著作に、彼の死後のマルクス主義の発展をすべて含めることは不可能であるが、発展するマルクス主義の源はマルクスの思想である。レーニンが言ったように、「マルクスの理論の道に沿って進めば、我々はますます客観的真理に近づくだろう（しかし、決してそれを使い果たすことはない）。それ以外の道では、混乱と誤謬しか生まれない。」のである。

三、問題志向はマルクスの理論的思考法のエッセンス

　問題の重要性は、国家の中央集権化に関するモーゼス・ヘスとの論争においてマルクスによって提唱された。1842年、マルクスは権力の中央集権化に関する未完の草稿の中で、モーゼ・ヘスを「『自身の抽象論』を密かに哲学に忍び込ませている」と批判し、問題の重要性を提起した。マル

クスは「世界史そのものが、新しい問題を提起すること以外に、古い問題に答え、対処する方法がない」こと、そして「問題とは、すべての個人の時代的声を形作る、時代の開かれた、恐れを知らない時代のスローガンであり、その心境を最も現実的に表現するものである」ことを強調した。

　マルクスがマルクス主義理論を創造したとき、いつでも問題意識に基づき、新たな問題を提起し、それに対する科学的な答えを求める。マルクスが生まれた時点で、社会主義の思潮はすでに数百年の発展を経ており、多くの貴重な思想を蓄積していたが、人類はどこへ行こうとしているのか、資本主義はどこへ行こうとしているのか、人類はどのように解放されるのか、どの階級が人類解放の支配的勢力となるのか、といった重大な問題は科学的に提起されることもなく、科学的に答えられることもなかった。したがって、社会主義は長い間空想の段階にとどまっていた。マルクス主義の誕生が社会主義が空想から科学へと移行したことを示すものになるのは、マルクス主義は常にそのテーマを中心に据え、哲学、政治経済学、科学的社会主義の観点から科学的研究を行い、現実に基づいた法則、正しい結論に到達したからである。資本主義はどこに向かっているのか、人類はいかにして解放されるのかという問題に直面することなしに、マルクス主義を生み出すことはできない。言い換えれば、問題の方向をしっかりと把握することが、マルクス主義とは何かを理解し、それを堅持する正しい方法なのである。

　その問題の重要性は、マルクスの思想と理論の経過、そして彼のすべての著作の核心を思い起こすことによって理解することができる。レーニンがマルクス思想の転換点として挙げた『独仏年誌』に掲載された二本の論文『ユダヤ人問題によせて』と『「ヘーゲル法哲学批判」序説』は、問題志向で展開するものであった。前者は、ユダヤ人を宗教的信仰から解放するにはどうすればよいかを論じ、その結果、政治的解放と人間的解放の関係を問題提起した。後者は、人間的解放の指導的力はどの階級であるかを

問題提起した。マルクスは、政治的解放だけでは真の解放にはならないこと、政治的解放は物事の疎外と自己疎外の力の支配から人類を解放しないこと、人類の解放のみが徹底的に資本主義体制から離れること、その可能性は「完全な鎖につながれた階級、市民社会階級ではない市民社会階級の形成」、「他のすべての社会的分野から自らを解放し、それによって他のすべての社会的分野を解放することなしに、自らを解放することのできない分野」に属している階級が「プロレタリアート」であると結論づけた。マルクスは、人間の解放は上流階級の慈悲に依存し、プロレタリアートは社会の負債であるというサンシモニズムの観点から完全に脱却した。

　マルクスの著作はすべて、私有財産の資本主義体制をいかに変えるか、人類をいかに解放するか、人類の自由で全面的な発展が達成される社会をいかに建設するかに、直接的または間接的に焦点を当てているといえよう。『共産党宣言』において、マルクスとエンゲルスは、人類史発展の法則、資本主義の出現とその歴史的地位、資本主義社会に内在する矛盾、プロレタリアートと共産党の使命についての分析を通じて、資本主義の方向性と人類史発展の展望についての共産主義的見解を、綱領と宣言の形で世界に発表した。

　マルクスが40年にわたる徹底的な思索と健康を犠牲にして構成した『資本論』は、資本主義的生産様式とそれに対応する生産・交換関係の分析を通じて、資本主義経済の運動法則を暴露し、「資本主義秩序を歴史の過渡的発展段階と見なすのではなく、社会生産の絶対的かつ最後の形式と見なす」という考えを持つブルジョア経済学者に対抗している。なぜ資本主義が必然的に社会主義に取って代わられるのか、なぜ剰余価値の創造者であるプロレタリアートが必然的に資本主義体制の墓守となるのか、といった疑問について、経済学的見地から最も強力な議論を提供している。

　マルクスとエンゲルスの古典を注意深く研究すれば、マルクスの思想は資本主義がどこに行くのか、プロレタリアートと人類の解放、人類の自由

で全面的な発展のための共産主義社会の樹立という問題を常に中心に据え、資本主義時代の根本的な問題を示してきたことがわかる。マルクスがマルクス主義の創始者である所以である。マルクスの古典を読むとき、我々はそれらを問題に還元することができ、問題という観点からその本質をより深く理解することができる。

問題志向の理論的思考方法は、マルクス以後のマルクス主義の創造的発展に無限の可能性と空間を提供する。問題は、時代的、民族的、歴史的なものである。マルクス以後のマルクス主義は、マルクスの時代には現れなかった新しい状況や新しい問題に遭遇することになる。問題志向のアプローチこそが、マルクス主義の創造的発展を促進しうるのである。

四、マルクス主義の中国化と中国の特色ある社会主義理論

問題志向は、マルクス主義における理論的思考の伝統であり、中国マルクス主義の本質的な特徴である。マルクス主義の中国化はそもそも中国の現実に基づいており、中国の問題を解決する必要性によって導かれている。毛沢東同志はかつてこう言った。「有史以来、全世界で完全で、それ以上発展したことのない学問やものはない」、「ロシアの問題はレーニンによってのみ解決され、中国の問題は中国人によってのみ解決される」。鄧小平同志はまた、次のように強調した。「マルクスは、彼の死後何百年も経ってから生じた問題に対して、出来合いの答えを提供するよう求められてはならない」。習近平同志は問題意識と問題志向を特に重視しており、中国共産党第十八回全国代表大会以降に展開した「習近平による新時代の中国の特色ある社会主義思想」には、明確な問題意識と問題志向とする指導がある。

建国以来の中華人民共和国の歴史は、決起し、豊かになり、強くなった

歴史である。マルクス主義の普遍的真理と中国の現実との結合は、根本的にいえば、中国がそれぞれの時代に直面した根本的問題を解決することと結びつけられ、それによって中国の現実に即した中国の道が形成される。中国の道は中国の問題を解決する最も成功した効果的な方法であり、現代中国マルクス主義は中国の道の理論的結晶と昇華である。民主主義革命は、ソ連とは異なる革命の道を模索するものであり、それは農村武装割拠と農村から都市を包囲するという中国独自の革命の道であった。社会主義革命と建設の時期は、一国の経済的後進性と「一窮二白」[1]を基礎に、いかにして完全な産業体制を構築するか、決起する中国社会主義をいかにしてしっかりとその地位を確保させ、堅固に立たせるかを模索する時期であった。新中国の歴史の最初の30年間で、我々はいくつかの戦争、災害、挫折と過ちを経験し、経験を積み重ね、教訓を学び、改革開放のための社会主義の基本的な経済・政治体制の基礎を築いた。改革開放の時期に、鄧小平同志はまだ比較的貧しく、閉鎖した社会主義中国を豊かな中国にする方法を見つけ、「一つの中心、二つの基本点」の基本路線を打ち出した。数十年の建設を経て、中国の特色ある社会主義の建設はめざましい成果を挙げ、中国は世界第二の経済大国となり、世界に大きな影響力を持つ大国となった。第十八回中国共産党全国代表大会以来、中国の特色ある社会主義は新時代に入り、改革は困難の深水域に入り、中華民族は富国から強国への大躍進を迎えた。

　豊かになる道から強くなる道への課題はさらに困難である。決起から豊かになるまでには、すべての人がその原動力を持ち、誰もがまず豊かになることを望み、最大のエネルギーと活力を放出する。豊かになった後、国力は強化され、人民の生活は大きく向上した。しかし、豊かになればそれなりの問題がある。荘子は「富める時は多くのことが生じる」と述べた。豊かになったら怠け、傲慢になり、豊かになるために権力を使って自分を堕落させ、法を乱用することさえあるかもしれない。習近平同志は、新時

代における人民の日増しに増大する素晴らしい生活への需要と発展の不均衡・不十分との主要な社会矛盾を鋭く把握し、いかにして人民の素晴らしい生活への願望を満足させ、改革の成果が全人民に利益をもたらすかという核心をしっかりと掴んでいる。

　習近平同志は、強くなる道において、党と人民の重要性について非常に明確である。中国歴史における「歴史のサイクル」とソ連における社会主義の失敗の教訓を踏まえ、党の全面的な厳格な統制、腐敗の処罰、共産党の自己革命の提唱を国の統治の重要な地位に置き、「民心を得る者が天下を得る」という中国の伝統的な政治的知恵に基づき、赤い旗が地に落ちても人民は何もせず傍観していたソ連の政治的無関心の教訓を総括した。また、彼は「人民をすべての中心に置く」こと、「人民の素晴らしい生活への需要が我々の奮闘の目標である」ことを繰り返し強調している。習近平同志を核心とする党中央委員会は、我々が長年解決したくてもできなかった多くの難題を解決し、過去にやりたくてもできなかった多くの偉大なことを成し遂げてきた。習近平による新時代の中国の特色ある社会主義思想の輝かしい成果と、改革開放に関する一連の新たな政策が全党と各民族人民の支持と堅持を獲得した根本的な理由はそこにある。

　習近平同志は第十三期全国人民代表大会第一回会議の重要演説で、「歴史の創造者は人民であり、人民こそが真の英雄である。波瀾万丈の中華民族の発展の歴史は中国人民によって書かれた。広範で深遠な中華文明は中国人民によって創造された。歳月を経てより一層鮮明になる中華民族の精神は中華民族によって育まれた。決起し、豊かになり、強くなるという偉大な飛躍は、中国人民が奮闘する成果なのだ！」と改めて強調した。

　かつて帝国主義のいじめにさらされた貧しく、遅れをとった中国で、中国共産党はマルクス主義と中国の特色ある社会主義の旗を高く掲げ、実践の場で輝かしい成果を上げ続けてきた。習近平同志が第十九回中国共産党全国代表大会の報告で、「初心を忘れず、使命を心に留めておく」と呼び

かけたことは、今も我々の耳に残っている。それは中国共産党と中国人民によるマルクスへの最高の記念である。

註
1) 一窮二白：経済的には貧しく、文化・技術の面では立ち遅れている。――訳注

目　次

人間思想の頂点に立つマルクス（序論に代えて）……… 3
一、革命家と思想家の完璧な融合　3
二、マルクス主義理論の創造者　5
三、問題志向はマルクスの理論的思考法のエッセンス　13
四、マルクス主義の中国化と中国の特色ある社会主義理論　16

第一章　社会主義の実践における史的唯物論 …… 25
一、社会主義の実践において新たな問いを投げかける　26
二、所有制構造の相互関係と矛盾に正しく対処する　29
三、史的唯物論の歴史的使命　37
四、社会主義の諸思潮を史的唯物論の観点から分析する　40

第二章　中国歴史の百年にわたる変革の弁証法 …… 49
一、歴史発展の連続性と転折　50
二、歴史は古い問題を解決し、新しい問題を提起して前進する　56
三、強くなり、豊かになることで取り残された古い問題を率先して解決し、出てきた新しい問題を積極的に片付ける　59
四、中国と世界の関係も弁証法の法則に支配されている　63

第三章　社会主義の必然性とその実現方法 ……… 67
一、ソ連社会主義の失敗は必然的であったのか、それとも偶発的であったのか　68
二、毛沢東の先見性と歴史的な限界　73
三、中国社会主義の発展の必然性と中国共産党の正しい選択　77

第四章　中国の道と中国の案……………………………………87
一、中国の道と中国の案　88
二、中国の道をめぐる論争　92
三、中国の道と社会主義現代化　97
結論　102

第五章　歴史のサイクルと中国の特色ある社会主義　105
一、歴史のサイクルは社会主義社会にとっても同様に重要　106
二、ソ連社会主義の失敗からの教訓　108
三、中国の特色ある社会主義の理論と道の偉大な意義　112
四、「安に居て危を思う」と憂患意識の向上　115

第六章　人民を中心とした中国の道……………………………119
一、人間という概念の異なる文脈を区別する　120
二、「人民中心主義」を堅持し、抽象的人文主義の誤訳を防ぐ　126
三、人間の全面的な発展を重視し、純粋な論理的推論を超える　130

第七章　新しい社会主義的財産観………………………………139
一、「小国寡民」と「安貧楽道」　140
二、「経済人」仮説と富の疎外　143
三、生産力の解放と「共同富裕」　151

第八章　史的唯物論の価値観……………………………………161
一、欧米の「普遍的価値」への拒絶　162
二、人類の「価値に関する共通認識」を大切にする　166
三、「社会主義の核心的価値」の堅持　176

第九章　マルクス主義と伝統文化 …………………… 181

一、社会形態の交代に照らしてマルクス主義と中国伝統文化の関係を考察する　182
二、マルクス主義を指針としてのみ、中国社会は変革できる　184
三、中国の優れた伝統文化を受け継ぐことによってのみ、マルクス主義は中国でできる　187
四、中華民族の文化における儒教の地位を正しく評価する　190
五、中国伝統文化の創造的転換と発展　193
六、「孔子を敬い、古典を読む」ことは可能か　195

第十章　文化的自信における伝統と現代 ……………… 201

一、文化的自信と民族の解放　202
二、有機的全体としての文化　208
三、文化的自信と知識人の社会的責任　211

第十一章　文化的自信の本質 …………………………… 219

一、文化的自信は新時代の重大な問題　220
二、文化的自信は中国共産党と中華民族の自信　223
三、文化的自信は中国文化の独特な精神的マーカーに対する自信　227
四、文化的自信の使命は、社会主義文化強国を建設する　232

第十二章　文化的自信の底力 …………………………… 237

一、文化的自信の底力は中華文化の特質から生まれる　239
二、中国共産党とマルクス主義は文化的自信の底力の大黒柱　242
三、中国の特色ある社会主義の理論と実践の成果は文化的自信の底力の基礎

248
　四、正しい文化政策は、文化的自信の底力を高める制度的保障　250
　五、民族の自強は文化的自信の永遠の底力　251

第十三章　文化的自信における政治と学術　255
　一、文化的自信は政治的かつ学術的なもの　256
　二、文化的自信の視角からの歴史的熟視　260
　三、文化的自信を確立する道　264

第十四章　文化伝承の自意識と制度的特性　273
　一、文化的自意識と文化伝承　274
　二、立徳樹人と同じ目標への異なる道　278
　三、異なる論拠と共通している知恵　283

第十五章　文化的古典と民族精神　289
　一、文化的古典の象徴的役割　290
　二、中華民族文化と中国人民　295
　三、傑出した人物は中華文化の精神が人格化されたモデル　301

第十六章　哲学のジレンマと中国哲学の未来　309
　一、科学技術と人文文化との優位の転換　310
　二、現代中国における哲学の一時的ジレンマ　314
　三、精神的故郷の再建と中国哲学の未来　319

第十七章　先進文化の進むべき方向への堅持 …… 327

一、先進文化の問題は重大な理論的問題　328

二、先進文化と主流文化　331

三、文化の教化的機能　334

四、科学技術と人文文化の関係の正しい処理　338

五、先進文化におけるマルクス主義の指導的立場　341

第一章

社会主義の実践における史的唯物論

史的唯物論があってこそ、実りある正しい社会主義の実践はあった。ソ連の興亡、新中国建国 70 年来、特に中国の改革開放 40 年間の中国の特色ある社会主義の実践と成果は、すべてこの真理を証言している。

一、社会主義の実践において新たな問いを投げかける

1949 年の民主革命の勝利後、中国は社会主義改造と社会主義建設の時期に入った。社会主義の実践そのものが、民主革命の時期とは異なった新たな問いを投げかけ続けている。経済発展と階級闘争の関係から言えば、プロレタリアートが政権を奪取する前、つまり革命準備期に、俗流生産力説に反対しなければならない。その理論に反対しなければ、革命の勝利に対する自信を築くことも、革命を前進させることも、政権を握った後の革命の勝利を強固にすることもすべて実現できないのである。生産力の発展を待つために革命を遅らせる者は、日和見主義的路線を実行するものであり、歴史上の罪人である。

レーニンはロシア革命の指導にあたって、ベルンシュタイン、カウツキーやロシアの日和見主義者の俗流生産力説にも強く反対した。レーニンは、『わが革命について』の中でスカーノフの非難に対する返答として、「なぜ我々は機会があるときに権力を奪取し、そして権力を使って経済と文化を大きく発展させないのか。そうしなければ、我々は永遠に奴隷のままでいることになるのではないか」と述べたように、ロシアの経済と文化が遅れていることを知らないわけではなかった。そのようなマルクス主義はマルクス主義ではなく、日和見主義に過ぎない。当時、エンゲルスは、『フランスとドイツにおける農民問題』で、農民のプロレタリア化を待ってから革命を始めるという考え方を批判し、「もし我々が、資本主義的生産の発展の結果があらゆる場所で完全に目に見えるようになるまで、つまり最後の小規模手工業者や最後の小農が資本主義的大量生産の犠牲になる

まで待ってから、その変革を実現するとすれば、それは我々の利益にはならないだろう」[1]と言った。

　史的唯物論において、俗流生産力説と科学生産力説の境はどこにあるのか。筆者の考えでは、俗流生産力説は、生産力を唯一の決定力として単独で扱う機械的決定論であり、科学生産力説は、生産力と生産関係、経済基盤と上部構造の矛盾した動きの中に、生産力の究極の決定的役割を位置づける弁証法的決定論であると考える。例えば、いかなる革命も一定の経済的条件を必要とし、それなしには革命の発生、持続、勝利は不可能であり、群衆社会革命は少人数の陰謀ではありえないというのが歴史唯物主義の原則である。マルクスは、「完全な社会革命は、経済発展のある歴史的条件と結びついており、これらの条件は、社会革命の前提条件である」[2]と言っている。しかし、生産力の発展水準は革命の前提条件であり、唯一の決定要因ではない。生産力の水準が高いが革命に至らなかったことは珍しくはない。また、生産力の発展や経済の上昇は、群衆の不満を抑え、支配者の権力の強化を容易にする傾向がある。革命は、支配者が思うがままに支配できなくなり、被支配者が思うがままに生活できなくなり、さらに国内外の情勢などが複雑に絡み合って、経済的、政治的、思想的矛盾が生じた「症候群」である。その条件さえ整えば、どんな火種でも革命を引き起こすことができるのである。また、生産力という点では、このような時期は生産力の拡大していく時代ではなく、むしろ縮小していく時代であるといえよう。荒地が何千キロも続き、人民が貧困にあえいでいる。古い生産関係は生産力の発展にとって重大な障害となり、古い上部構造、特に国家政権は古い生産関係をできる限り維持し、根本的な社会矛盾が激化してこそ革命を引き起こすのである。マルクスは彼の著名な『「経済学批判」への序言・序説』で社会革命についてこのように分析している。例えば、旧中国では、生産力の水準は西洋のどの国にも及ばなかったが、社会矛盾は非常に複雑であった。旧政権の退廃と、帝国主義、封建主義、官僚買弁ブ

ルジョアジーといった古い生産関係による中国人民、とりわけ農民への搾取といった古い生産関係が、旧中国の基本的な社会矛盾を激化させ、生産力のさらなる発展を促す可能性は皆無に等しかった。中国人民には、植民地、半植民地という不可逆的な奴隷のままでいるか、それとも民族の生存のために相次いで血を流して戦い続けるか、二つの道しかなかった。アヘン戦争以来一世紀以上にわたって、後者は中国の戦士たち、特に中国共産党がたどった道である。その道は、中国社会が自らを解放するための必由の道である。生産力の絶対的な発展水準に起因するものではなく、中国社会の基本的な矛盾に起因するものである。中国の資本主義経済の発展、生産水準と労働者階級の人数は、その矛盾あってこそ、優れた水準を発揮できた。

　革命は、生産力の発展水準が比較的に低い国でも可能である。革命の時機が熟すと同時に政権を奪取することができる。革命の準備期間と革命の最中に、俗流生産力説に反対するのは正しいことである。その点では、レーニンと毛沢東が正しかった。鄧小平は 1977 年 10 月、カナダの林達光教授との対談で、「レーニンはカウツキーの俗流生産力説を批判した時、後進国にとっても社会主義革命が可能だと語った。我々も俗流生産力説に反対し、十月革命とは異なった方法である『農村から都市を包囲する』方法をとった。当時の中国には先進的なプロレタリア政党があり、資本主義経済の萌芽があり、国際情勢も整った。だからこそ、非常に遅れた国でも社会主義を遂行できた。それは、俗流生産力説に反対するレーニンの見解と同じである」[3] と言った。しかし、政権を取った後、生産力の発展と階級闘争との関係をどのように扱うかということは、新しい問題になる。歴史的経験によると、新しい生産関係の優越性は、それがいったん確立されたら、生産力の発展を促進できると歴史経験に証明されている。資本主義的生産力の急速な発展は、17、18 世紀のイギリス、フランスにおけるブルジョア革命のときに起こったのではなく、19、20 世紀、特に 20 世紀後

半、ブルジョアジーが権力を握った後に起こったのである。したがって、新たに確立された社会主義的な生産関係や社会制度をいかに活用し、生産力の発展に本腰を入れるかが、プロレタリア革命の勝利後の第一に優先させるべき課題である。革命期には、俗流生産力説に反対すべきである。反対しなければ革命はありえない。とはいえ、政権を獲得した後、始終俗流生産力説に反対することを理由に、階級闘争を中心に据えれば、急速な経済発展は遂げられることもなく、また貧困も解消されない。社会主義社会を長い間後進状態に置くことになり、新しい社会主義製度の優位性は発揮されないであろう。民主革命の勝利後、毛沢東同志が生産の発展に大きな関心を寄せたことは言うまでもない。中国共産党第7期中央委員会第二回総会で、「革命の勝利後、生産を素早く回復・発展させ、海外の帝国主義に対抗し、中国を農業国から工業国に着実に転換させ、偉大な社会主義大国を建設する」[4]と述べた。また、彼は生産の回復と発展のためにすべての力を動員することがすべての仕事の焦点であり、党の中心的任務であると明確に指示した。1956年以降、当時の国際、国内情勢の変化と毛沢東の過大な評価により、階級闘争が次第に中心的なものとなり、「階級闘争が綱領である」にまで発展していった。それは中国の社会主義建設において苦い教訓でもあり、歴史的代償でもある。

二、所有制構造の相互関係と矛盾に正しく対処する

プロレタリア革命の究極の目的は、資本主義的な私的所有制と搾取の排除、労働に応じた配分制度の導入、最後に「共同富裕」[5]の達成である。その主張はマルクスとエンゲルスの『共産主義の諸原理』や『共産党宣言』などの著作でも何度も繰り返され、全世界の共産主義者の共通の主張である。しかし、革命の勝利後、古い生産関係を排除し、新しい生産関係を確立する過程で、国の生産力の性質と水準に応じた所有制の種類をどの

ように決定するかという問題は、マルクスやエンゲルスが遭遇したことのない新しい問題でもあり、現実的な問題でもある。例えば、所有制の問題では、従来の原則に基づき、それまでの所有制の種類をすべて早急に変更し、生産力と生産関係との間に新たなミスマッチを生じさせるべきか、それとも生産力の状況に応じた新しい生産関係を徐々に構築していくべきであろうか。配分の問題では、生産力を促進できる配分の形式を選ぶべきか、それとも生産力の発達していない状況で純粋に公平を追求すべきであろうか？　絶対的均等主義では貧困の一般化をもたらし、あらゆる旧態を復活させてしまう。

　政権を奪取する前の共産党と群衆の関係は、魚と水のようなものであった。そうでなければ、共産党は政権を奪取することはおろか、生き残ることもできなかったであろう。レーニンは、「公開された政治闘争は、政党に群衆に近づくことを強いる。そのような接触がなければ、政党は大概役に立たないものである」[6]と何度もその考えを強調した。群衆に近づくことなしには、何も達成できない。革命の勝利後、群衆から離反する危険が容易に生じるのは、党と群衆の関係に官民関係が加わるからである。共産党は政権を握って、支配的な立場にあり、各級の官員が任命されるものである。一部の官員は、誰に権力を与えられたのかという根本的な問題を忘れがちになり、権力は上司から与えられ、自分は上司に対してのみ責任を負っていると考えるようになった。彼らは上司への責任と人民への責任を結合させられず、人民への責任を最高の基準としなかった。したがって、政権を握った立場にある各級の官員は、人民にいかに奉仕すべきかという問題を抱えている。それを忘れば、群衆から切り離される危険がある。中国共産党と毛沢東同志は、常に群衆視点と群衆路線を強調し、官僚主義との闘いも精力的に行ってきたこともある。それは革命の勝利以来、中国共産党が直面した根本的な問題である。

　政権の奪取以前には、個人崇拝を生み出す条件も環境もなかった。敵を

倒し、政権を奪取するためには、党内民主なくして群衆の力を結集することは不可能であった。特に革命や戦争の時代には、指導者の終身指導体制はありえない。革命の挫折や失敗によって、指導者が交代することはよくある。指導者は個人崇拝ではなく、卓越した才能と団結連携の精神によってのみ指導者となることができる。とはいえ、革命の勝利後、群衆の衷心からの尊敬と政権の至高の権威が、次第に指導者に対する個人崇拝を生む恐れがある。特に経済的、文化的に遅れたため、農民が多数を占める東洋の国々では、そのような傾向が強い。マルクスは、フランスにおけるナポレオンのクーデターを分析する際、次のように語っていた。農民は、「議会を通じても、国民公会を通じても、自分たちの階級的利益を自分たちの名で守ることはできない。彼らは自分自身を代表することはできず、他者によって代表されなければならない。彼らの代表者は、同時に彼らの支配者であり、彼らの上に高く立つ権力者でなければならない」[7]。そのように、個人崇拝の防止と拒絶は、革命勝利後の東洋の社会主義諸国のプロレタリアートにとっても深刻な問題である。

　国家の問題は、史的唯物論における重大な問題であり、革命勝利後のプロレタリアートにとって現実的な問題でもある。歴史的に見て、国家の出現は歴史的な進歩であり、経済や文化・教育を管理する国家機能も社会の進歩に資するものである。しかし、国家の本質はその管理機能ではなく、階級を圧迫するための道具である。これまでの階級社会では、国家は社会から生まれ、社会を凌駕し、次第に社会から離脱する力であった。税金や国債などで官吏、軍隊、警察を養い、労働者の血と汗を費やすことによって、その支配を維持してきたのである。そのため、マルクス主義の権威のある作家は、国家を社会の身体に付着した社会腫瘍と呼んだ。特に国家の機能は、始終一部の官吏、つまり社会の管理者でもある人間によって行使される。彼らはその権力を使って「社会の公僕から社会の主人に変身」できる。その「社会の公僕から主人への変身」については、エンゲルスは以

下のように述べていた。「世襲君主制の国家だけでなく、民主共和制の国家でも見られる。他のどの国よりも、アメリカでは『政治家』が国家の中でより特別で権勢に富む部分を形成している。交互に政権を担う二大政党のそれぞれが、そのような人間たちによって運営されている。彼らは政治をビジネスに変え、連邦議会や州議会の議席をもって投機したり、自らの政党を宣伝することによって生計を立てられる。自らの政党が勝利したら、報酬として役職を手に入れる」[8]。それが政権の腐敗である。腐敗行為のない搾取階級の政権はなく、社会の進歩や経済の発展では腐敗を根絶することはできないといえよう。すべての搾取社会のすべての政権は、自らの支配の長期的な利益のために腐敗に反対するものの、根本から解決することはできず、結局は腐敗の中で滅んでしまう。それは政権交代の周期性の問題であり、すべて搾取階級の政権の避けられない運命である。

　プロレタリアの勝利後、国家という形態をもって支配し、必然的に社会行政の機能を少人数に引き渡すことは必然的であり、それは必要なことである。我々は無政府主義者ではない。革命の勝利によって国家そのものを崩壊させることができると盲目的に考えてはいけない。しかし、社会主義国家政権においても腐敗が生じうることを冷静に見極めるべきである。腐敗にどう対処するかという問題は、我々の社会主義の事業の成否と与党政権の存続に関わる大きな問題である。プロレタリア政権は、必ずしも腐敗をもたらすとはかぎらない。権力が必ず腐敗するという考え方は、プロレタリアと労働者に、革命と政権の奪取を永遠にあきらめさせることに等しいのである。その見解は極めて有害である。しかし、監視のない権力は腐敗しやすい。特に法律の制約と人民の監視がなく、権力を一部の人に与えた場合は、最も腐敗しやすいことを認識しなければならない。いわゆるエリート政治を一面的に強調するのは正しくない。国政運営に文化、才能、経験が必要なのはまさしく事実であるが、人民の監視を排除することで国家の管理を神秘的にするという考え方は、支配者が何千年も前から群衆を

騙し、威圧し、永遠に政権にしがみつこうとするための考え方である。マルクス主義の権威のある作家は、そのブルジョア的な政治観を何度も批判したことがある。社会主義国家とは、人民がさまざまな有効な方法で国家を管理する人民主体の国家である。腐敗との闘いは、プロレタリアートが政権を握った後、特に革命の高揚が過ぎ、社会が経済建設のために徐々に市場経済に移行したとき、ますます深刻な課題になる。

　すべての革命はイデオロギー闘争を伴うものである。すべての社会の階級支配はイデオロギー的支配を伴うものである。ルネサンスからブルジョワがイギリスやフランスで政権を握るまでのブルジョワ革命は、封建的イデオロギーに対する数世紀にわたる闘いを経た。ブルジョワジーが支配階級になるにつれて、そのイデオロギーも支配的な立場にたつようになった。ブルジョワジーは、自らの階級のためにイデオロギーの人材を育成し続けた。マルクスは資本主義社会において、「イデオロギー階級などは資本家に依存している」[9]と明確に指摘し、また「ブルジョアジーはイデオロギー階級を自らの血肉と見なし、あらゆるところで自らの性質に従って自らの仲間に変身させる」[10]と言った。社会主義革命はイデオロギーをさらに重んじるべきであり、特に政権を握った後、イデオロギー闘争は、経済的改造の成績と直接的な政治闘争の弱化につれて消えてしまうことはない。これまでの革命はすべて、私的所有制の枠内での革命であり、一種の私的所有制をもう一種の私的所有制に置き換えるものであった。しかし、社会主義革命は、伝統的な私的所有制と完全に決別し、知的領域における伝統的な私的所有制の概念と決別しなければならない。それは非常に長い過程でもあり、イデオロギー領域において闘った時に浮き沈みする過程でもある。その過程において、イデオロギーにおける「左派」の誤謬に反対しなければならない。具体的に言うと、ブルジョア的・封建的イデオロギーとの闘いを伝統文化との闘い、知識人との闘いに転化し、知識人に不利益を与える誤謬である。それと同時に、「右派」の誤謬を防ぐことが必

要である。つまりブルジョア的・封建的イデオロギー、さらにブルジョア自由化思想が自由に伝播されることを放任してはならない。社会主義国では、マルクス主義の指導的立場がいったん揺らぐと、西欧のブルジョア思想傾向と国内の自由化思想傾向が結合すれば、社会の安定を脅かす大きな不安定要因になりかねない。イデオロギーの分野では、プロレタリアートが主導的な地位を占めなければ、ブルジョアジーが占めてしまう。それは人の意志に左右されない法則である。社会主義国の理論家は、史的唯物論の立場からイデオロギー問題を考察し、イデオロギーの分野で真に正しく有効なマルクス主義の指導する役割を果たさせるべきである。

　似たような問題もさらに挙げられる。それらはすべて、経済と政治の関係、生産力と生産関係の関係、階級、政党、指導者、群衆の関係、社会主義発展の一般法則と各国の特徴との関係など、史的唯物論の根本問題である。中国にはそれらの問題があり、ソ連にもそれらの問題があった。ソ連の勃興から崩壊までの歴史は、それらの問題の処理が社会主義の存続に関わることを証明している。

　レーニンは革命前、スカーノフやロシアの一部の俗流生産力論者と激しく戦い、経済的にも文化的にも後進国であったロシアで、人民を導いて社会主義革命の最初の勝利を得た。しかし、十月革命の勝利後、レーニンは、いわゆる俗流生産力説に反対し続けなかった。生産力の発展に大きな注意を払い、高度に発達した生産力こそが、旧社会に対する新社会の勝利の保証であることを明確に認識した。レーニンの新経済政策は、本質から言うと、生産力を発展させるためにあらゆる手段を用いる政策であった。スターリンはまた、ある時期における生産力の発展にも注意を払う時期があった。彼の指導の下でソ連の経済、科学技術、国防力は目覚ましい発展を遂げ、ソ連は世界第二位の強国となったといえよう。しかし、1930年代以降、スターリンは党内闘争や社会階級闘争を重視しすぎ、特に粛清を拡大し階級闘争を人為的に作り出した。それ以来、スターリンは経済と政

治の関係についての史的唯物論の原則からどんどん逸脱していった。彼は党と群衆、指導者と群衆の関係において、社会主義民主的な精神の欠如が見られ、個人崇拝を提唱した。それだけでなく、生産力と生産関係の問題ではレーニンの新しい経済政策は放棄され、工業と農業の完全公有化を追求した。さらに、イデオロギー闘争、特に1940年代後半の文芸と哲学の批判では過度に左翼的方針をとってきた。ソ連は、マルクス主義と国内の社会主義建設との融合の問題をうまく解決できず、マルクスとエンゲルスの社会主義像に教条的に従い、完全公有制と労働に応じた配分に基づく高度集中的な計画経済体制を確立した。特に、社会主義社会における矛盾の存在を否定し、社会主義社会の本質を正しく理解し、正しい政策を採用する道を閉ざした。スターリンの死後、彼の後継者は彼の誤りを正しながらも、次第に資本主義の復活につながる路線に陥っていった。スターリンが史的唯物論の一定の原則から逸脱したとすれば、彼の後継者は、次第に史的唯物論の基本原則を裏切ったといえよう。スターリンの時代の矛盾はいずれも、彼の後継者によって解決されず、それどころか、右派の思想へと悪化させていた。彼らは、個人崇拝に反対するという口実で、傑出した人物の歴史的役割を徹底的に否定した。また、彼らは俗流生産力説に回帰し、生産力の現況では社会主義が不可能であると考えた。さらに、私有化をもって経済発展をさせ、共産党の指導とマルクス主義の指導を廃止し、結局十月革命の成果を無駄にした。

　中国の歩みはソ連とは違っていた。もちろん、我々の過ちは、史的唯物論に反するという点で、ソ連の過ちと共通するところがある。例えば、個人崇拝をし、生産力の制約を無視し、「一大二公」[10]を盲目的に追求した。我々はまた市場経済を否定し、計画経済を唯一の経済体制とする過ち、生産決定配分の原則から離脱し、均等主義と貧困の一般化を招くなどの過ちを犯した。しかし、我々がソ連と根本的に異なるのは、中国共産党がマルクス主義と中国の現実を結合するという優れた伝統を始終堅持し、史的唯

物論と社会主義実践を結合するという原則を守り続け、自ら教訓をまとめ、誤りを正し、方向を明らかにして前進していくことである。新中国の70年来は切っても切れない70年来である。その中には重要な段階が三つある。それは文化大革命前の17年間、文化大革命の10年間、改革開放後の40年間である。その三つの期間は紆余曲折を経ながら前進してきた社会主義建設の70年来、統一された社会主義実践の70年来という点で一致している。その70年来の社会主義実践の中で、中国の哲学者は史的唯物論と社会主義実践の関係を深く理解することができた。我々は生産関係は生産力の性質と水準に適応せねばならぬという史的唯物論の法則や、生産力は社会の究極の決定要因であるという法則や、経済と政治の関係法則、個人と群衆の相互関係の法則などの原理に立ち返ったからこそ、経験を正しく総括して社会主義の方向に前進し続けることができた。さもなくば、誤りを正すという名目で過去30年間を否定し、さらに社会主義を否定することにつながった可能性が高い。鄧小平は、マルクス主義を創造的に堅持し、史的唯物論の原則を適用して経験を総括し、毛沢東の歴史的地位を完全に堅持しながら個人崇拝を批判した。また、「一大二公」を批判し、公有制の主要地位を堅持しながら生産力の発展に適応する基準によって所有制構造を調整した。なお、「三つの有利論」の基準を主張するが、中国の四つの現代化の社会主義的方向を強調した。彼は「左派」の思想に反対するが、「右派」の思想にも反対する。鄧小平の中国の特色ある社会主義建設論や、社会主義の初級段階論、社会主義の本質論と社会主義根本任務に関する理論、社会主義経済体制と運行メカニズム論、社会主義改革開放論と「三つの有利論」[12]の基準に関する議論などから、史的唯物論の原理は鄧小平の社会主義論と本質的に結びついていることを容易に理解できる。鄧小平の中国の特色ある社会主義建設論は、史的唯物論と中国社会主義の実践との結合における卓越した表現であるといえよう。思想を解放し、実事求是という路線は、その内容から言えばすべて史的唯物論の根本的な問

題である。それは十月革命以来の社会主義の実践と、上記の70年間の中国の社会主義実践のプラスとマイナス両面経験の結晶である。史的唯物論と社会主義の実践の結合がなければ、現在の中国のダイナミックな発展は達成できなかった。

三、史的唯物論の歴史的使命

マルクス主義と、現代の西洋哲学を含むそれまでのすべての哲学との根本的な違いは、人類の完全な解放と社会発展の将来に対する関心にある。それは、究極のケアを説く宗教哲学や、個人あるいはいわゆる「類」にのみ関心を持つ人本主義哲学とは異なるものである。マルクス主義哲学は、プロレタリアートと労働者の解放、および資本主義社会を社会主義社会に取って代わることに切実な関心をもっている。マルクスが哲学を「人間を解放する頭脳」と呼んだのは、マルクス主義のその本質を正確かつ鮮やかに表現した。

マルクス主義哲学は、決して形而上学的な思弁体系を作ろうとせず、むしろ哲学を現実の革命運動の武器として利用しようとしたものである。マルクス主義哲学の本質は、マルクス主義哲学の歴史において、マルクス主義哲学者が同時に革命家であり、さまざまな形で旧世界を打倒する闘いの参加者であることにした。マルクス、エンゲルス、レーニン、スターリン、毛沢東から、第一インターナショナルと第二インターナショナルの多くの理論家、そして他の多くの著名なマルクス主義理論家に至るまで、全てそうであった。

マルクス主義の研究を専攻とし、職業とするのは、プロレタリアートが政権を握った後に出現した現象である。ロシアでは十月革命後、多くのマルクス主義理論の教員や関係者が養成された。中国でも同様であった。それは社会主義政権の建設と強化のため、また、イデオロギー的指導的地位

をしっかりと把握するために必要なことである。70年来、わが中国共産党と政府は史的唯物論研究者をはじめ、多くのマルクス主義哲学の教員を育成してきた。マルクス主義哲学の専門化と職業化、マルクス主義者の人数の増加は、マルクス主義の普及と研究を推し進めた。個人の視点から見れば、マルクス主義の教員個人はあってもなくてもよいものであるが、その教員チームはそうではない。我々の職業は平凡であるが、我々の事業は偉大であり、社会主義イデオロギーにおける指導権の問題に関わる。理論の成熟は政党の成熟度を測る物差しである。マルクス主義的な理論陣がない社会主義社会は、強化と維持ができない。確固とした立場を持ち、旗印が明確で、理論的洗練度が高く、現実との関連性に優れたマルクス主義理論関連者のチームを育成するのは、社会主義思想理論の建設において重要な課題である。1950年代には早くも毛沢東がその課題を提唱していた。毛沢東は強力な理論チームを建設する計画を立てるべきだと指摘した。我々の社会主義産業化、社会主義改造、現代化国防、原子力の研究だけでは問題を解決できないとした。

　70年来、中国の史的唯物論の研究者は、史的唯物論の多くの重要な原則について検討・論争してきた。その中には当時の社会主義建設で提起された問題と結びついたものもあれば、純粋に学理的なものもあった。例えば、経済基礎と上部構造をいかに総合するか、先進的な生産関係と遅れをとった生産力との矛盾、過渡的時期における階級と階級闘争、人道主義と疎外、史的唯物論の出発点などについての討論が行われてきた。その他、学理的な論争が多く、社会政治的な背景をもっている。例えば、史的唯物論の対象と本質に関する論争、史的唯物論の論理的出発点に関する論争、経済基礎が社会的存在に相当するか否か、上部構造が社会的存在に属するか否か、経済基礎が生産力を含むか否かなど。近年はまた社会発展の五形態対三形態、複線論対単線論、歴史法則論対選択論、歴史の創造者は人間かあるいは群衆か、などの論争が流行っている。それらの論争は大概史的

唯物論の基本原則にかかっている。

　70年来、中国の史的唯物論の研究者は上述の二点を通じて、文化大革命以前、あるいは改革開放以前よりも、史的唯物論をより深く、より全面的に理解・把握した。例えば、史的唯物論の対象への理解は、歴史本体論を超え、史的唯物論を社会史の一般法則の研究として理解するのみならず、歴史認識論や歴史価値論の研究に注目し始め、いわゆる思弁的歴史哲学や批判的歴史哲学を対立させるような西洋の視点を打ち破った。また、生産様式の社会の発展における役割と階級闘争の関係、生産力の尺度問題、基準問題および究極な決定的な役割の問題に対する理解も深めた。社会法則の客観性と人間主体の選択の関係に対する理解が全面的になった。さらに、上部構造の社会主義建設における重要性についてもより全面的に理解できるようになった。上部構造を具体的にいうと、社会発展の統一性と多様性、社会主義建設の道の多様性、社会発展の段階性、または社会主義精神文明建設、文化建設、社会科学理論と教育などの問題が含まれている。なお、人間とその素質に関する研究も活発に行われてきた。建国70年来、史的唯物論の研究成果は目覚しいものだといえよう。

　無論、今でも多くの論争が残されている。しかもその中に原則的な問題が少なくない。例えば、マルクス主義の階級と階級闘争論をどう受け止めるかについて、毛沢東の「階級闘争、一部の階級は勝利し、一部の階級は消滅する。それは歴史であり、何千年にわたる文明史である。その観点によって歴史を解釈するのが史的唯物論、その観点の反対側に立つのが史的観念論である」という見解を、史的唯物論をねじ曲げた解釈で、極左思想の理論的根拠だと批判する学者もいる。彼らは「階級闘争が綱領である」への反対を、「いかなる階級社会で問題を考えるときにも、階級的視点と階級的分析の方法が強調されるべからず」という考え方にまで広げていた。それは無論間違っている。現代社会においても、階級分析法を完全に放棄してはいけない。そうでなければ、なぜアメリカをはじめとする欧米

諸国があらゆる手段を用いて社会主義国に反対し続け、ソ連崩壊後に中国を標的にしたのか、なぜ 1989 年に中国で政治の嵐が起きたのか、などを説明できないであろう。社会の性質が支配的な生産関係によって決定されるかどうかという問題は史的唯物論の立場から自明である。しかし、我々の理論家の中には、所有制の問題はどうでもよく、重要なのは生産力の発展であり、社会の公平と高い生活水準を保障するのであれば、それは社会主義であるという理論家もいる。論争は確かに多い。マルクス主義史的唯物論の存続に関わる原則的な問題が多いので、はっきりしなければならない。エンゲルスは、コーンバーグへの手紙の中で、理論的に考えるように求めた。明確な理論的分析あってこそ、複雑な事実を乗り越え、正しい道に導いてくれると指摘した。我々史的唯物論の研究者は、わが国の新しい実践と、現実の多くの理論的問題を前にして、まさしく「任重くして道遠し」といえよう。

中華人民共和国建国 70 周年、特に革開放 40 年以来、思想理論概念の変化を含め、我々の社会生活のあらゆる側面は、かつてない大きな変化があった。しかし、この新しい時代において、我々はより大きなチャンスと同時に、より大きな挑戦も抱えている。史的唯物論の研究においても同じである。社会主義の 70 年にわたる史的唯物論の経験と教訓をより明確に理解する必要がある。

四、社会主義の諸思潮を史的唯物論の観点から分析する

今日の世界では、西洋から東洋まで、先進資本主義国から発展途上国まで、さまざまな社会主義の思想傾向がある。そしてそれぞれに相応の哲学的基礎、とりわけ社会歴史観があることがわかる。社会歴史観には、それなりの社会主義の理想と方案があるといえよう。

マルクスとエンゲルスが科学的社会主義を創設してから、現代中国にお

ける社会主義的実践に至るまで、社会主義は1世紀以上の間に理論から運動へ、制度へと発展してきた。その重点は時代によって異なる。マルクスとエンゲルスの時代には、社会主義理論の科学性、社会主義の必然性の論証、社会主義理論の階級闘争的基礎が強調された。彼らはドイツ党の右傾化した日和見主義を批判し、次のように言った。「階級闘争が不快な、『粗野な』現象として脇に置かれたところで、社会主義の基礎として残ったのは、『真の博愛』と『正義』の空談だけだ」[13]。エンゲルスは1877年10月のゾルグへの書簡でデューリングに対抗する意志を表し、ドイツ党に対するそのような批判を繰り返した。彼は、「もしある人々が社会主義に『より高い、理想的な』変革を与えようとしているなら、それはつまり、その唯物論的基盤を正義、自由、平等、博愛の女神の現代神話に置き換えようとしているのだ」[14]と述べている。

　レーニンは、ロシア社会主義革命の指導者であり、社会主義を運動から制度へと転換させた最初の実践者であった。彼は実際に社会主義を構築するという歴史的課題を抱えていたため、社会主義の実践的性格に重点を置いていた。ロシアにおける十月革命の勝利後、レーニンは、「ロシアにとっても、書物に基づいて社会主義綱領を論争する時期はすでに終わって、二度と戻らないと私はそう確信している。今日は経験に基づいてのみ社会主義を語るしかない」[15]として、「今はなにもかも実践にかかっている、そのような歴史の瀬戸際にやってきた。理論が実践となり、理論が実践によって生命を与えられ、修正され、検証されている」[16]と付け加えた。社会主義とは何かについて語るとき、彼は「我々はまだ社会主義を論証することができていない。社会主義の完全な形に達するとはどういう様子か、我々は知らないし、なんとも言えない」[17]と言った。なぜなら、「社会主義を築くためのレンガはまだ焼けていない」[18]からである。鄧小平は、社会主義建設のもう一つの時期におり、すでに社会主義建設の経験も教訓も持っていた。しかし、彼は我々が社会主義とは何かについてまだ

十分に理解できていないと感じ、社会主義の本質と社会主義の民族的特性という問題に特別な重点を置いた。鄧小平は、毛沢東のやり残した中国社会主義建設の道における未完成の事業の探求と、そこから得た経験と教訓を受け継ぎ、中国の特色ある社会主義建設論を打ち出し、科学的社会主義理論を新しいレベルにまで高めた。

「社会主義とは何か、いかに建設するか」という問題を理論的に明らかにすることは不可能である。科学的社会主義の理論を確立する段階では、理論的な論証可能性と論理的な整合性が求められる。純理論的な段階では、社会主義は抽象的で純粋に理論的な社会の形態として、社会発展の一般的な形態として扱われ、資本主義社会をいずれ取って代わるようなより高い段階で、五つの社会形態の交代の枠内に置かれ、あらゆる点で資本主義社会より絶対的に優れている。しかし、実践における社会主義社会は、抽象的な社会主義ではなく、むしろ特定の国家や民族における具体的な社会的存在である。その生産力の水準、文化や教育の普及、および社会の道徳的状況などは、マルクスやエンゲルスが純粋に理論的に予想したものとはかけ離れているかもしれない。したがって、社会主義社会の形態という抽象的な原理に基づいてではなく、自国の実際の状況に基づいて社会主義を構築することが不可欠である。社会主義の実践段階においては、社会主義の理論的原理はその国の現実に統合させることによって、その有効な建設的性質を発揮しなければならない。もし社会主義の実践において、望ましい目的が達成されず、生産力が持続的、安定的かつ迅速に発展せず、人民の生活が満足に改善されず、社会主義民主と法制建設が無秩序な状態にあるとすれば、それは社会主義とは何か、それをいかに建設するかという問題について明確な理解を持っていないに等しいであろう。それはマルクスとエンゲルスのせいではなく、我々の先祖のせいでもない。なぜなら、彼らの仕事は、社会主義全般を説明し、社会発展の一般法則の高度から社会主義について科学的に論証するものだったからである。その内容をどのよう

に具体的に実現し、変更し、あるいは突き進むかは、未来の世代が決めることである。その点は何度もマルクスとエンゲルスによって強調され、決して将来の世代の手を彼ら自身の社会主義構想に縛り付けることではない。しかし、マルクスとエンゲルスが強調した社会主義理論の科学性、レーニンが強調した実践性、毛沢東と鄧小平が強調した社会主義建設の道の民族的特性は、いずれも根本的には一致している。科学的であるからこそ、実践を指導できる。実践は始終具体的であり、必然的に民族的特性を持っている。したがって、科学的社会主義の理論においては、科学的特性、実践的特性、民族的特性は互いに不可分であるが、歴史的状況によって強調されるものが異なるのである。それらはすべて史的唯物論に基づくものであり、ある時代における史的唯物論と社会主義との結合のさまざまな現れである。

　史的唯物論に基づく科学的社会主義とは対照的に、もう一つのいわゆる社会主義路線がある。それは、抽象的な人本主義をもとにしての民主的な社会主義路線である。その路線の特徴は社会主義の人道的性格を一方的に強調するところにある。すなわち、社会主義は自由、民主、人道、公平、正義を最高基準とする人道的社会であり、社会主義の本質として価値観の問題を第一としている。マルクスとエンゲルスの時代には、そのように社会主義理論の基礎を史的唯物論から抽象的人本主義に置き換える傾向が現れ、次第に社会主義運動の重要な一派となった。その代表的人物は、第二インターナショナルのバーンスタインである。彼は社会主義の勝利はその本質的な経済的必然性に依存するものではなく、単なる理想に過ぎないと考えていた。そこで、彼は社会主義を単なる価値目標にし、「カントへ回帰する」というスローガンを提唱した。バーンスタインの影響力は絶大であり、それ以来発展した三つの思想潮流は、すべて彼の思想の延長と変奏である。その三つの潮流はつまり、欧米先進資本主義国の民主的な社会主義思想傾向、欧米マルクス主義の人本主義思想傾向とミハイル・ゴルバ

チョフをはじめとする社会主義国の人道的・民主的社会主義思想傾向である。欧米の先進諸国はその結果として今でも依然として資本主義社会である。民主的社会主義が目指すような人道化も社会主義化もされていない。社会主義の価値を資本主義の基盤の上に実現するのは幻想である。逆に、かつて社会主義であった国の中には、民主的社会主義を通じて資本主義に移行した国もある。ゴルバチョフが民主化と公開性を促進し、民族と階級の利益よりも全人類の利益を優先すべきと提唱していたにもかかわらず、そうした抽象的な人道主義がソ連を強化するどころか、弱体化し崩壊させた。

　東欧革命とソ連の崩壊後、社会主義とは何かという問題は、世界的な問題となった。一部の西洋国家において、共産党を含む社会民主党や労働者党の指導者は、「社会主義の将来はどうなるのか」というテーマについて議論し、『未来の社会主義』と題した雑誌も作った。民主的社会主義の理論を提唱したものも多数あった。さらには、マルクス主義と科学的社会主義の関係を意図的にねじ曲げ、ジャン・エーレンシュタインの記事『マルクス主義は死んでいる、マルクス主義は死んだ、社会主義万歳！』という文章のような、「マルクス主義なき社会主義」という紛らわしいスローガンを打ち出す記事さえもあった。「社会主義は生産様式ではない。技術的な文明に良心と道徳を与えられる新しい試みである」と、ジャン・エーレンシュタインは何度も彼の文章の中で強調した。「我々は革命、プロレタリア独裁、階級闘争とは何の関係もない」、社会主義は「新しい人道主義」、「現代の人道主義」[19]のような言葉もある。

　そのような抽象的な人本主義的思想傾向はわが国にも現れたが、鄧小平によって厳しく批判された。我々が社会主義の道を堅持し、中国の特色ある社会主義の建設で輝かしい成果を上げているのは、鄧小平同志を中核とする党中央指導部の第二世代が次のようなことを遂げたからである。彼らは史的唯物論を指針として社会主義の建設を主張し、社会主義社会の基本

矛盾を正しく扱い、社会主義公有制の主体地位を主張し、社会主義の本質と一致しない各種制度を体系的に改革することによって生産力を解放し、発展させた。我々は、社会主義の必然性と現実の可能性が経済の中に存在することを強調している。しかし、我々は理想として、価値として、信仰としての社会主義の重要性を重んじる。社会主義は資本主義とは異なる制度として、民主的、人道的かつ公正な原則が含まれる。社会主義社会の優越性を示す重要な側面として例えば、民主的な法治国の構築、法律と道徳による社会主義的公平と正義の保障、社会主義的人道主義の原則の適用などが挙げられる。過去の社会主義実践において、階級闘争の役割を一方的に強調し、社会主義的法治に違反する現象は、社会主義の威信を大きく損なってきた。その「左翼」の誤りは、わが国では修正されている。しかし、我々の強調した社会主義の価値原則は、社会主義制度の一部であり、社会主義経済と政治制度の確立と強固に基づくものである。そのようなものがなければ、資本主義の範囲内で公平、正義と人道主義という温かい言葉はすべて空論と欺瞞になるであろう。社会主義社会であっても、共産党の正しい指導と公有制の主体的地位の確立と強化がなければ、社会主義の価値原則も自動的に実現できない。そのため、我々は「左翼」の誤りに反対し、それを正す一方で、抽象的な人道主義に反対し、経済発展と社会主義体制の強化を優先させ、高度に発達した経済と完備な法治によって社会主義的価値原則を確実に実現すべきである。もし社会主義の理論と実践の基礎を史的唯物論から抽象的人道主義に置き換え、抽象的自由と民主を提唱するならば、ソ連の過ちを繰り返すことになる。

　中国社会主義の将来の発展は、ある意味ではどのような理論を社会主義の理論と実践の基礎とするかによって決まる。社会発展の法則性と人間活動の目的性の一致という史的唯物論的見解、中国の社会主義社会の歴史的必然性かつ必要性がその価値目標と統一され、習近平による新時代の中国の特色ある社会主義思想を堅持する限り、国際的な風雲変幻に左右されず、

社会主義の針路を堅持できるであろう。新中国の70年間にわたる社会主義現代化建設の経験と教訓には、史的唯物論と社会主義の結合という正しい方向が含まれている。

註
1) マルクス・エンゲルス．マルクス・エンゲルス全集．第4巻．3版．北京．人民出版社．2012：372．
2) マルクス・エンゲルス．マルクス・エンゲルス選集．第3巻．3版．北京．人民出版社．2012：338．
3) 中共中央文献研究室．鄧小平思想年譜．北京．中央文献出版社．1998：46-47．
4) 毛沢東．毛沢東選集．第4巻．2版．北京．人民出版社．1991：1437．
5) 共同富裕：中華人民共和国のスローガンである。社会全体のメンバーが幸福で豊かで美しい物質的・文化的生活を送ることを指し、中国が社会主義市場経済を発展させる根本的な目標とされている。鄧小平は、中国が大国であるため、資本主義の道を歩むと富裕な人はわずかな割合にとどまり、99％の人々の生活の豊かさの問題を解決できないと考えていたため、一部の条件の整った地域や人々を先に富裕にし、遅れている地域や人々を牽引し助けることで、最終的に共同富裕を実現することを提唱した（いわゆる「先富論」）。──訳注
6) レーニン．レーニン全集．第17巻．2版．北京．人民出版社．1988：325．
7) マルクス・エンゲルス．マルクス・エンゲルス選集．第1巻．3版．北京．人民出版社．2012：762-763．
8) マルクス・エンゲルス．マルクス・エンゲルス選集．第3巻．3版．北京．人民出版社．2012：54．
9) マルクス・エンゲルス．マルクス・エンゲルス全集．第26巻（Ⅰ）．北京．人民出版社．1972：168-169．
10) マルクス・エンゲルス．マルクス・エンゲルス全集．第26巻（Ⅰ）．北京．人民出版社．1972：315．
11) 一大二公：中国共産党中央が社会主義建設総路線の指導の下、1958年に大躍進運動がクライマックスに達した時、展開した人民公社化運動の2つの特徴の略称である。具体的には、第一に、人民公社の規模が大きい。第二に、人民公社の公有化度が高い。──訳注
12) 社会主義とは何かについて、鄧小平は新しい解釈を与えている。具体的に、「社会主義の本質は生産力を解放し、発展させ、搾取と両極分化をなくし、最終的にはともに豊かにな

ることである」とした上、「資本主義のものか、それとも社会主義のものか…を判断する時、主として社会主義社会の生産力の発展に有利かどうか、社会主義国の総合国力の増強に有利かどうか、人民生活水準の向上に有利かどうかをその基準とすべきである」と主張した。この「社会主義の本質論」と「三つの有利論」に従えば、「計画か市場か」と同様に「公有制か私有制か」も、社会主義と資本主義を区別する基準にはならないことになる。
――訳注

13) マルクス・エンゲルス．マルクス・エンゲルス全集．第3巻．3版．北京．人民出版社．2012：738．
14) マルクス・エンゲルス．マルクス・エンゲルス全集．第4巻．3版．北京．人民出版社．2012：522．
15) レーニン．レーニン全集．第34巻．2版．北京．人民出版社．1985：466．
16) レーニン．レーニン全集．第33巻．2版．北京．人民出版社．1985：208．
17) レーニン．レーニン全集．第34巻．2版．北京．人民出版社．1985：60．
18) レーニン．レーニン全集．第34巻．2版．北京．人民出版社．1985：61．
19) ゴルバチョフ・ブラントなど．未来の社会主義．北京．中央編訳出版社．1994：449，450，451．

第二章

中国歴史の百年にわたる変革の弁証法

思惟の深さは、歴史の高さによって決まる。現代中国はすでに中国の特色ある社会主義の新時代に入った。過去百年間に中国で起こった偉大な社会変革を歴史の新たな方位から振り返り、中国が立ち上がり、豊かになり、強くなっていくという歴史的過程が、まるで高いところに立って前途を見下ろすかのように、我々は中国の歴史変革の法則性を深く把握できる。習近平総書記は第十九回党大会の報告で、「中国の特色ある社会主義の政治発展の道は、近代以降の中国人民の長い闘いの歴史的、理論的、実践的論理の必然的な成果であり、党の本質的属性を堅持し、根本的宗旨を実践する必然的な要求である」[1]と指摘した。過去百年の中国の変革の歴史弁証法を考察することは、中国の特色ある社会主義の道と習近平による新時代の中国の特色ある社会主義思想を堅持する我々の自意識を高めることができる。過去を振り返り、未来に向かい、我々は自信を持って過去百年の奮闘によって築かれた歴史の道を歩み続けられよう。

一、歴史発展の連続性と転折

　この百年の中国の歴史には、縦から見ると、立ち上がり、豊かになり、強くなっていくという歴史的発展の過程が見られる。それぞれの段階には、独自の歴史的かつ不可分な意義と使命がある。前の段階は次の段階への足がかりとなり、解決すべき新たな問題を提起している。
　中国共産党が主導した革命、建設、改革は、歴史的な連続性もあれば、重要な節目での偉大な転折もある。その連続性と転折が、この百年の中国の波瀾万丈で、起伏に富み、次々と奮闘する歴史の過程を構成している。その三つの段階を貫く主導的な思想は、習近平総書記が第十九回党大会の報告で打ち出した言葉、「初心を忘れず、使命を心に留めておき、中国の特色ある社会主義の偉大な旗印を高々と掲げ、小康社会（ややゆとりのある社会）の全面的完成の決戦に入り、新時代の中国の特色ある社会主義の

偉大な勝利を勝ち取り、中華民族の偉大な復興という中国の夢の実現に向けて絶えず奮闘する」である。その指導思想はマルクス主義と現代中国のマルクス主義であり、指導の核心は中国共産党である。

「多難興邦」[2]という四字熟語どおり、1世紀以上にわたる民族の苦難の末、中国共産党が主導する革命の勝利によって、中国はようやく立ち上がった。そこには歴史的必然性がある。マルクス主義の法則は普遍的なものであるが、それが機能する条件は始終具体的・歴史的なものである。普遍性の観点からすれば、生産関係の変化の合理性は、生産関係が生産力のさらなる発展に対応できないこと、新しい、より高い生産関係がすでに母胎の中で成熟していることに基づかなければならない。具体性の観点からすれば、それぞれの社会の発展の程度や歴史の条件が異なるため、生産関係がそのさらなる発展に対応できない前に生産力がどの程度に発展すべきかという問題に対して、その条件は具体的・歴史的であり、一致した基準はない。現代欧米の資本主義先進国では、その生産力の発展水準が高いが、生産関係にはまだ生産力の発展に対応する余地がある。つまり、それらはある程度と一定の範囲で自己調節ができる。それが欧米の先進国には危機や紛争が時折起こっているにもかかわらず、マルクスがかつて予想した社会革命がまだ起こっていない理由である。マルクス主義が啓示した二つの必然の法則によれば、資本主義体制は歴史の終焉ではなく、社会変革の時間、方法、手段はそれぞれの国の具体的な条件によって決まる。

中国革命の必然性と合理性は、中国社会そのものの基本的な矛盾に基づくものであり、欧米先進資本主義の生産力の水準は、中国革命の合理性の基準にはならない。革命は具体的なものであり、国家も具体的なものである。具体的な問題を具体的に分析することが弁証法の魂である。旧中国の生産力は確かに遅れていたが、その生産関係はさらに腐敗しており、生産力の発展を著しく妨げていた。毛沢東は『中国社会各階級の分析』の中で、「経済的な遅れをとった半植民地中国において、地主階級と買弁ブルジョ

アジー階級は国際ブルジョアジーに完全に従属し、彼らの生存と発展は帝国主義に依存していた。それらの階級は、中国の最も遅れを取り、反動的な生産関係を代表し、国の生産力の発展を妨げていた」[3]と指摘した。その最も顕著な現れは、中国自身の国内産業が衰退し、人々の暮らしも国も弱く貧しくなったことである。それ以来遅れていた経済基盤の上に築かれた上部構造は、政治代表が腐敗した政治支配者であり、政府が最も腐敗したものであった。それが経済的にも文化的にも後進国であった中国には、先進の資本主義国に先駆けて革命が起こった理由である。貧困は変化の兆しである。旧中国の貧困は、生産関係や上部構造が、生産力の発展にとって重大な障害であることを示した。中国社会そのものの生産力と生産関係、経済基盤と上部構造との間の矛盾の激化こそが、中国革命の必然性の本質的根拠であった。

　中国の台頭は社会の基本的矛盾の激化だけでなく、革命党の存在と意識的な革命精神に依存していた。中国におけるマルクス主義の普及、中国共産党の創立、中華民族の文化的伝統、これらすべてが中国革命の主体的な要因であった。中華民族のような生命力と5000年の伝統文化を持つ民族が、近代においての生産力と生産関係、経済基盤と上部構造の間の解決できない鋭い矛盾によって絶望的な状況に陥ったとき、必ずその矛盾の中から反対の積極的な力が生じる。その力が人々を窮地から救い、必死になり劣勢を挽回する歴史上の傑出した人物、運動を生み出すに違いない。李大釗はかつて次のような言葉を語った。「歴史の道は常に平坦ではなく、時には困難で危険な状況に陥ることもあり、その時は雄健な精神で乗り越えるしかない」[4]。

　中国で中国共産党が誕生し、中国革命を勝利に導いたのは、社会矛盾の激化と民族の自彊不息精神が結びついたからである。中国共産党の指導の下、マルクス主義とマルクス主義の中国化理論の指導の下、中国は28年間の苦闘の末に中華人民共和国を建国することができた。中華人民共和国

の建国は、中国人民が立ちあがった証である。新中国誕生前夜、中国人民政治協商会議第一回全体会議で、毛沢東同志は出席した代表者に向かって、「我々の仕事は人類史に記されるであろう、人類の4分の1を占める中国人民が今立ち上がったことを示すであろうという共通の思いを持っている」[5] と述べた。

　歴史の弁証法は、しばしば歴史の連続性、因果的特性によって表現される。中国革命の勝利あってこそ、半植民地・半封建的状況から解放された独立した新中国の成立があってこそ、中国人民が立ち上がってこそ、数十年後に大規模かつ広範囲な影響を伴う改革開放が実現でき、人民が豊かになっていくことができたのである。同様に、改革開放以来の膨大な物質と経験の蓄積、中国の特色ある社会主義建設の道と理論の発展があってこそ、社会主義現代化強国を建設する新時代を開き続けることができた。習近平総書記が中国革命の歴史論理を強調しているのは、立ち上がる、豊かになる、強くなるという三つの段階のどれかを飛ばすことができないからである。人は自分の意志で、自分の選んだ条件の下で歴史を作るのではなく、過去から受け継いだ既定の条件のもとで歴史を作る。歴史の発展は連続的であり、本質的につながり、因果的な条件が付いているものである。

　過去百年の中国の歴史の論理は、立ち上がらずに豊かになることは不可能であり、豊かにならずに強くなることは不可能であることを示している。我々はその相互の結びつきを法則性という観点から理解すべきである。百年に及ぶ中国の歴史的発展の弁証法は、その三つの段階の連続性とその重大な転折を理解することなしには、把握できない。改革開放の偉大な成果と、それが中国の特色ある社会主義の実践と理論において切り開いた新たな次元は、以下二つの事実を証明している。すなわち、それが中国の特色ある社会主義の歴史的連続性におけるもう一つの重大な転折であり、世界の社会主義運動の歴史における偉大な快挙でもある。

　立ち上がり、豊かになる、強くなるという三段階の歴史の連続性と転折

の節目を弁証法的に理解することは、改革開放前後の歴史の評価に関連するだけでなく、我々の歴史観、百年近くの中国史の法則性と理解可能な性質にも関連する。改革開放前後の歴史を絶対的に対立させる者は、改革開放がどのような基礎に基づいて行われたかを真に理解することはできない。中国革命の勝利と社会主義経済・政治基本制度の確立、比較的完備された産業体系の確立がなければ、改革開放は経済的・政治的前提を欠くものであろう。改革開放の前後の歴史を対立させず、弁証法的唯物論と史的唯物論を堅持するという習近平総書記の見解は、哲学的・政治的な知恵に満ちている。彼は第十九回党大会の報告で、「わが党は人民を団結させ、指導して社会主義革命を完成させ、社会主義基本体制を確立し、社会主義建設を推進し、中華民族の歴史上最も広範囲で深遠な社会変革を成し遂げた。わが党は現代中国のすべての発展と進歩の根本政治前提、制度基礎を築き、中華民族の現代の連続衰退から根本的な運命の捻転、繁栄と富強への持続的な前進への偉大な飛躍を実現した」と述べた。

　習近平総書記が「飛躍」という言葉を使い、立ち上がることの偉大な意義を表現したのは偶然ではない。中国革命の勝利と中華人民共和国の建国は、まさに中国の近代史における偉大な飛躍である。なぜなら、それは一部の人々が中国が陥ったと表現する陰鬱な世界、悲惨な世界、権威主義の世界ではなく、中国の将来の発展に最高の展望を切り開いたものだからである。極少人数の人々が「民国スタイル」、あるいは「北洋スタイル」でそれぞれの時代を美化し、しがみつくことは得策ではない。実際、知識のある欧米の学者でさえ、改革開放の前後を絶対的に二分することはできないことを認めている。イギリスの学者スティーブン・ペリーは、『グローバル・タイムズ』新聞社の記者の質問に答えた時、その問題に言及した。「新中国を鄧小平以前と以降に分けようとする人がいるが、それはあまりに単純すぎる。改革開放以前の時代は、『毛沢東がいなければ、現代の中国はなかった』といえよう。1978年の改革開放では、中国をいかに統一

するか、貧困や大病、教育・医療資源の不足にどう対処するかなど、長年の努力と実験があった。それらの準備がなければ、改革開放はあの時点では実現しなかったであろう」⁽⁶⁾と彼は言った。

　その三つの段階は不可分であり、中国の現代化をどうとらえるかという問題にも関連する。ある学者は、中国は洋務運動から現代化への道を歩み始め、それを中断させたのが中国革命であるという。彼らによれば、中国共産党と中国共産党が主導する革命がなければ、中国は現代化することも依然としてできたという。それは歴史的事実と矛盾する謬論である。中華人民共和国建国以前の旧中国は、強大な帝国主義経済の支配下にあり、国内産業の存続と発展は極めて有限であり、中国独自の産業化など語ることもできなかった。茅盾の『子夜』という小説を読み、主人公の呉蓀甫の運命を知っている人なら、その点は理解できるであろう。革命の勝利がなければ、中国が立ち上がった歴史の大転折がなければ、国家主権を持たず、民族独立のなかった中国が現代化するなど愚の骨頂であろう。「四つの現代化」は中国人民が立ち上がった後に提唱された国家戦略目標であり、社会主義現代化国家の全面的建設は中国が強くなった後に提唱された中華民族の偉大な復興を実現する重要な内容である。植民地化は現代化ではない。一部の植民地化された国で新しい産業やインフラが開発されたとしても、それは植民者に奉仕する利益を得る需要のために開発されたもので、植民地化された国の現代化のためのものではない。中国でも「中国が300年植民地化されていたら、とうに現代化されていただろう」という不条理な発言が現れた時期があった。今でもその謬説をさまざまな形で言い続ける人々がいる。それは、国家の独立と現代化の関係、ましてや社会主義現代化と社会主義制度の不可分の関係を理解していない無知な発言である。圧迫された国家が現代化することは、足かせをはめられた人間が遠くへ跳ぶことが不可能であるように、ありえない。

　弁証法的に見れば、立ち上がること、豊かになること、強くなることは、

中華民族の偉大な復興の事業に不可欠な部分であり、どれが欠けても達成することはできない。それは過去百年近くの中国の歴史的発展の弁証法でもあり、マルクス主義と中国の現実を結合した理論革新の弁証法でもある。

二、歴史は古い問題を解決し、新しい問題を提起して前進する

　マルクスは、『「集権問題」の質問自体と1842年5月17日火曜日の「ライン新聞」137号補足』の中で、世界史そのものが、新しい問題に答え、古い問題を解決する以外に方法はないと主張した。実は、ここ百年の中国史の歴史法則も同じである。毛沢東同志は、天安門広場で中華人民共和国の建国を正式に宣言することによって、戊戌の変法[7]から辛亥革命[8]まで解決されなかった古い問題を解決した。それはつまり、中国はどこへ行くのか、出路は何か、「全面的に西洋化」なのか「中体西用」[9]なのか、という長年の論争を解決した。中華人民共和国の建国は、中国の出路の問題の解決は、維新でもなく、変法でもなく、改良でもなく、革命であることを示した。マルクス主義を指針とし、中国の現実から出発してこそ、中国の真の出路を見出すことができる。習近平総書記は第十九回党大会の報告で、「中国の先進的な人々は、マルクス・レーニン主義の科学的真理に、中国の問題を解決する出路を見た」と明言している。

　立ち上がったことで、中国の出路がどこにあるかという古い問題は解決されたが、それ以来、国民党が残した混乱をどのように片付けるかという新しい問題に直面しなければならなかった。つまり、中国がどのようにすぐ「一窮二白」から脱し、比較的短期間で豊かになり、さらには強くなるのかという問題である。その問題は経済、政治、文化の各分野の建設に関わるものであり、中国が立ち上がった後の歴史的発展の必然的要求でもあり、中国共産党の歴史的使命でもあり、中国人民全員の熱烈な期待でもあ

る。もし中国が革命の勝利によって政治的に立ち上がっただけで、社会を全面的に変革し、豊かになり強くなる方向に進み始めるのでなければ、革命の必要性もなくなるであろう。革命それ自体は目的ではなく、中華民族の偉大な復興を実現するために必由の道である。

　中華人民共和国建国後の30年間は、新民主主義革命が完成し、社会主義建設に向けて前進した歴史時期であった。社会主義の発展段階から見れば、その時期は社会主義初級段階の初めであり、必然的にどんなものでも最初に持っている不完全で未熟な部分がある。「始まりは簡単であるが、終わりは巨大になる」という古いことわざのとおり、それは規則的な現象である。中国の社会主義建設は、自らの建設の経験もなく、「一窮二白」を基礎に建設された。かつての「左派」の過ちに加えて、中国の社会主義の発展はボトルネックに突入していた。その根本的な理由は、社会主義建設の実践そのものが投げかけた新たな問いである。すなわち「人々が貧困にあえいでいれば、それは社会主義社会なのであろうか。『階級闘争が綱領である』は、社会主義建設の基本路線であろうか。中国の社会主義は、計画経済と単一公有制を基礎として、活力を得続けることができるであろうか」。改革開放は偶然ではなく、歴史的転換期における過去30年間の問題や体制の不備に対する新たな答えを探す時期であり、経済、政治、社会、世論の基盤が深く、中国社会主義発展の歴史的論理に沿ったものでもある。

　改革開放は中国の特色ある社会主義への道における偉大な快挙であり、百年近くの中国の歴史におけるもう一つの重大な転折である。中国社会主義の歴史的発展に新たな次元を切り開き、中国の特色ある社会主義における実践と理論の革新の新たな次元を切り開いたのである。1976年10月、「四人組」[10]が打倒され、中国が引き続き前進する政治的な障害も排除されたが、思想は往々現実に遅れている。政治的論理と思想的論理の弁証的関係からすれば、政治的枠組みの変化は一夜にして実現できるが、思想の解放ははるかに困難である。1978年、真理の基準問題の大討論が思想を

大きく解放することに役割を果たした。中国の社会主義の発展が新たな勢いと活力を取り戻したのは、思想の解放と「実事求是」という思想路線の回復に基づくものであった。

　歴史の論理から言えば、最初の30年間の成果はさらなる発展の基礎となり、そこにある問題や体制の欠陥はさらなる発展の障害となった。それらの障害は、「なぜ改革するのか」、「何を改革するのか」、「なぜ開放するのか」、「どのように開放するのか」という新たな問題に取り組むべきものとなっている。社会主義とは何か、どのように建設するかという問題は、前段階に存在した問題に対する総括的な質問であり、その中には経済、政治、思想、体制の面の豊かな中身が含まれる。「階級闘争が綱領である」が諦められ、経済的な建設が中心となり、「一つの中心と二つの基本点」という党の基本路線が打ち出された。計画経済体制は徐々に社会主義市場経済への転換、単一公有制は公有制が主体、多種所有制がともに発展する方向への転換などは、中国の経済発展にかつてない新しい勢いを与えた。習近平総書記が指摘したように、「わが党は、中華民族の偉大な復興を実現するために、時代の流れに沿い、人民の願いに応え、改革開放に大胆に取り組み、党と人民の事業が勇気を奮い前進する強い原動力を注がなければならないと深く認識している。わが党は人民を団結させ、指導して改革開放という新たな偉大な革命を行い、国と民族の発展を妨げるあらゆる思想・体制の障害を打ち破り、中国の特色ある社会主義への道を切り開き、中国が大きく時代に追いつくことを可能にした」。改革開放がなければ、今の中国はありえない。我々が改革開放40周年を熱烈に祝うのは、そのためである。歴史的論理、政治的論理、思想的論理の統一は、改革開放によって達成された。

　豊かになることは、40年以上にわたる改革開放の成果を象徴的にまとめたものである。改革開放によって中国はまさしく豊かになり、世界第二位の経済体、世界の貿易大国、最大の外貨準備高を持つ国となった。豊か

になることは、中国の特色ある社会主義が強くなる段階に入る条件を提供した。改革開放によって蓄積された富がなければ、国防、教育、衛生、社会保障、貧困緩和などに多額の投資をすることはできないであろう。民生は国の本であり、人民生活の富裕は社会主義制度の優越性を反映するもので、社会主義の硬軟両面の実力とみなす。豊かになることは、よりしっかりと立ち上がることを実現させるといえよう。また、豊かになることで強くなることも可能になる。経済は基礎であり、総合国力の最も重要な構成要素である。中国の改革開放の成果は、世界的に認められ、注目されている。40年余りの間に、我々は欧米の主要先進国が過去百年間に達成したものとほぼ同等の発展水準を達成した。

　歴史的な発展は弁証的なものであり、問題なく発展することはあり得ない。立ち上がる段階では、民族独立の問題を解決し、社会主義の新しい中国を建設する道を歩み出したが、人民はまだ悲惨な生活を送っており、体制にはまだ多くの不完全な部分や欠点があった。それらの問題は、改革開放により豊かになる段階で、よく解決された。概して我々は貧困から脱却し始め、旧制度の欠点が調整され、新しい体制も徐々に確立された。社会は富を求め、富に向かって走る活力に満ちている。しかし、豊かになるにはそれなりの問題があり、急速な発展の過程で新たな問題や矛盾を蓄積してきた。政治生態では腐敗、自然生態では深刻な環境破壊、文化生態では理想と信仰の欠如、社会生態では貧富の大きな差などある。それらの問題は、強くなる道に潜む危険であり、強国の途中に解決しなければならない。

三、強くなり、豊かになることで取り残された古い問題を率先して解決し、出てきた新しい問題を積極的に片付ける

　貧乏には貧乏の、富裕には富裕の、強大には強大の問題があるように、

段階によって問題が異なる。貧しければ生活に困窮し、生活水準の向上を阻む。富めば贅沢や傲慢になりやすく、好ましくない社会現象を生む。強ければ外部からの忌みが多く、さまざまな形で発展の妨げになる。したがって、強国への道は、豊かになることで取り残された古い問題を解決するだけでなく、強くなることで新たに発生する問題にも立ち向かわなければならない。習近平総書記は「現在、改革・発展・安定の課題の重み、矛盾・リスク・挑戦の課題の数、国政運営の試練の難しさは全て未曾有である。優位性、主導性、未来を勝ち取るためには、マルクス主義を利用して現実的な問題を分析し解決する能力を絶えず高めるべきである。その他、重大な挑戦に対処し、リスクに抵抗し、障害を克服し、矛盾を解決し、問題を解決する時、科学理論をその指針とする能力を絶えず高めることが大切である。最後、広い視野と長い目で将来の発展に直面する一連の重大問題を検討し把握しなければならない。我々はマルクス主義の信仰と共産主義の理想を引き続き強化していく必要がある」と強調した。

　習近平総書記は、人民の日増しに増大する素晴らしい生活への需要と発展の不均衡・不十分との新時代の主要な社会矛盾を指摘した。また、彼は「我々の発展は不均衡・不十分であり、豊かになることはまだ相対的であるため、中国はまだ社会主義初級段階にある」と何度も強調した。我々は広い領土と多くの人口を持ち、14億人を超えて平均した国内総生産（GDP）は、世界でもまだ相対的に低い位置にある。しかも、人民の素晴らしい生活への願望は、GDPだけでは測れず、その内容は多面的なものである。我々は、「新発展理念」を実行し、人民を中心とし、人民群衆が最も関心を寄せる現実の利益を把握し、民生を絶えず保障・改善し、社会の公平・正義を推進すべきである。それと同時に、我々は改革の成果をより大きく、より公平な形で全人民に恩恵を与え、人々の全面的発展を絶えず促進し、全人民の共同富裕の目標に向かって進まなければならない。さらに、我々は生態環境を力強く改善し、人間と自然の調和的共存を堅持し

て、美しい中国を建設する必要がある。最後に、我々は科学技術イノベーションを強力に推進し、コア技術を自らの手に収め、他者から制限されることを避け、科学技術大国と文化的に強い大国を築き上げることも重要視されている。

歴史の弁証法に従うと、我々は立ち上がること、豊かになること、強くなることを、歴史の中で相互に取って代わる段階と考えることはできない。後者の段階は、前段階の成果を含み、前段階に生じた問題を引き続き解決する。我々はここ百年の中国の歴史における変革の重要性、つまりそれはまさに数千年にわたる中国の歴史において前例のない変化であることを十分に認識すべきである。しかし、同時に現実的に考えて、我々の「豊かさ」や「強さ」はまだ相対的なものであることを実証的に認めなければならない。

歴史は単純に比較することはできないが、歴史的な経験は学ぶことができる。特に、社会主義の歴史的経験は直接的な参考性を持っている。1917年の十月革命からクレムリンの赤旗が地に落ちるまでの期間は74年間であった。ロシアは十月革命を通じてレーニンの指導のもとに立ち上がり、イギリス、フランス、アメリカなど14カ国の軍隊によってそれを揺りかごの中で首を絞められることはなかった。ソ連崩壊前、GDPがアメリカの約6割と豊かな国といえよう。人口を考えると、一人当たりは今よりずっと豊かであった。強い面から考えると、世界で唯一米国に対抗できる強国であった。アメリカとソ連は世界の二大超大国、二つの覇権国であった。しかし、ソ連が崩壊し、ソ連の社会主義が失敗することは、誰も予想できなかった。そのことは以下のことを示している。社会主義国が堅固に立ち、豊かになり、強くなり、不敗の地位を維持するためには、共産党の指導を堅持し、マルクス主義の旗を高く掲げ、マルクス主義の基本原理とその国の現実を結合させなければならない。そうでなければ、破壊的な過ちが一旦発生すると、失敗することになる。

習近平総書記は、政治の方向性の問題、中国の道の問題、理想信仰の問題を非常に重要視している。彼は常に、憂慮意識を持ち、破壊的な過ちを防ぐことを教えてくれる。第十八回党大会以来、習近平同志を核心とする党中央委員会は、巨大な政治的勇気と強烈な責任感を持ち、国政運営における新しい理念、思想、戦略を次々と打ち出した。また、一連の重大な措置を導入し、一連の重大な仕事を推進した。その他、長年望んでいたが解決できなかった多くの難題を解決し、これまで望んでいたができなかった多くの重大な仕事を成し遂げてきた。党と国家の事業には、歴史的な変革が現れ、歴史的な成果も出てきた。特に心強いのは、習近平総書記が党の建設を重視し、社会革命と自己革命の一致を主張することを重んじることだ。それだけでなく、党内の厳格な統治を全面的に進め、腐敗に躊躇なく反対することも大切にしている。さらに、イデオロギーでマルクス主義の指導的立場を堅持し、マルクス主義の旗が中国の空に高く掲げられることも必要としている。社会主義国では、共産党の指導、マルクス主義の指導的立場、社会主義制度の繁栄と発展は不可分である。クレムリンの赤旗が地に落ちることは一瞬で起こりうるが、ソ連社会主義の失敗は一夜にして起こったものではなく、数十年にわたる政治的、思想的変質の時期を経たものである。三尺の氷が張るのは一日の寒さだけによるものではない。前車の覆るは後車の戒めであり、我々は油断してはいけない。

マルクスの生誕200周年の記念日は、中国で最も厳粛に祝われた。中央政治局常務委員全員と数千人のマルクス主義理論家が出席した厳粛な人民大会堂で、習近平総書記はマルクスの偉大な人格と歴史的業績を偲び、その崇高な精神を想起する重要な演説を行った。そのような大儀で、そのような荘厳な雰囲気で、そのような盛大な場面で、中国がどれほど発展しても、中国共産党は決して初心を忘れず、使命を心に留めておくという重要なメッセージが世界に発信された。中国共産党が中国の道を捨て、西洋のいわゆる「普遍的価値」を受け入れることを、誰も期待してはならない。

習近平総書記がマルクス生誕200周年記念大会で力強い声で伝えたメッセージは次のようなものである。「前路には、マルクス主義の大旗を掲げ続け、マルクスとエンゲルスが描いた人類社会の明るい未来を中国の大地で鮮やかに示し続けよう！」マルクス主義の旗は永遠に中国の空に掲げられ、中国の特色ある社会主義の道は永遠に続き、習近平の新時代の中国の特色ある社会主義の思想は永遠に堅持されるべきである。

世界は穏やかではなく、社会主義の道も平坦ではなく、改革も一度だけで絶対に、完璧に成功するということはありえない。古い問題を解決し、新しい問題を防がなければならない。改革には完全な停止はない、なぜなら問題には完全な停止はないからである。新しい問題が解決されるたびに、中国の特色ある社会主義はより高い段階に進み、中国の特色ある社会主義の理論にとって新たな発展、新たな次元を意味する。エンゲルスが「社会主義はありきたりなものではなく、絶えず変化し改革される社会である」と述べたように、それは社会主義発展の法則に合致しており、『矛盾論』と『実践論』に示された「対立物の統一」の法則と「実践と認識の関係」の法則にも合致している。中国の特色ある社会主義の実践が理論の発展を牽引し、中国の特色ある社会主義の実践と理論がともに矛盾を解決しながら前進していく。

四、中国と世界の関係も弁証法の法則に支配されている

中国が立ち上がり、豊かになり、強くなっていく歴史的過程は、中国の歴史における重大な変革であると同時に、世界の政治情勢や世界史の流れに影響を与える変革であり、中国と世界の相互作用の性質に属しているものである。

中国と世界の関係も同様に弁証法の法則に支配されている。1853年、『ニューヨークデイリートリビューン』に掲載された評論『中国革命と

ヨーロッパ革命』で、マルクスが中国とヨーロッパの関係は、「両極が連なる」という歴史弁証法、すなわち「対立物の統一」という観点から検討された。マルクスは、「『両極が連なる』という単純なことわざは、生活のあらゆる側面に適用できる偉大で揺らぎない真理であり、天文学者がケプラーの法則やニュートンの大発見から切り離せないように、哲学者から切り離せない定理である」[11]と述べた。彼はさらに、「中国革命が文明世界に及ぼすであろう影響は、その原則の一つの明確な例である」[12]と付け加えた。マルクスのその判断は、現代中国の社会変革によって最も明確に証明されている。

　中国は5000年の伝統文化を持つ古い文明国である。過去数千年の歴史の中で、明代初期までの中国は依然として世界において重要な地位を占め、中国文明により世界に貢献し、他国の文明的成果も吸収した。中国と世界との交流は平和的であり、互恵的である。中国は平和を愛する国である。西洋資本主義の生じる近代において、すなわち外部へ侵略し植民地化した時代において、中国は帝国列強の俎板の鯉のごとく侵略の犠牲者となり、被害者であり、圧迫される側でもあった。欧米列強は中国と世界の関係において、矛盾の主導的な側面であった。中国は立ち上がって以来、徐々に世界の周辺から中心へと移動してきたが、決して世界の支配を目指したことはない。その方針は、中国が強くなり始めたときから変わっていないし、これからも変わることはない。2001年の世界貿易機関（WTO）への加盟から、「一帯一路」を共に建設し、人類運命共同体を構築するイニシアティブまで、現代世界の枠組みの中においては、中国は昔しばしば侵略されてきた地位を変え、強国の道を歩む発展途上大国になったが、強くなったら必ず権威主義になるというよく見られる道を歩まない。中国は各国の人民と協力し合い、人類運命共同体を積極的に構築し、人類の平和と発展のために新たな貢献をしている。中国の対外開放の主張は、世界経済の発展に寄与し、同時に中国の発展にも寄与している。中国の開放政策は、歴

史の潮流と世界各国の利益に合致している。中国と世界の関係は、互恵的、積極的、相互作用的な弁証法的関係である。世界は中国と切っても切れない関係にあり、中国も世界と切っても切れない関係にある。

註
1) ややゆとりのある社会の全面的完成の決戦を勝利し、新時代の中国の特色ある社会主義の偉大の勝利を勝ち取り——中国共産党第十九回党大会における報告．北京．人民出版社．2017：36．
2) 多難興邦：国が多事多難であれば、人民はかえって奮起して国の興隆をもたらすこと。——訳注
3) 毛沢東．毛沢東選集．第1巻．2版．北京．人民出版社．1991：3-4．
4) 李大釗．李大釗全集．第4冊．北京．人民出版社．2013：487．
5) 毛沢東．毛沢東外交文選．北京．中央文献出版社．1994：113．
6) イギリス48クラブ会長スティーブン・ペリーは改革開放について述べた時、中国の成功は科学的手法の適用にかかっている．グローバル・タイムズ．2018-05-25．
7) 戊戌の変法：1898年、戊戌の年に康有為などが光緒皇帝を擁して行った政治改革運動。明治維新などをモデルとしたが、約100日で失敗した。「戊戌維新」、「百日維新」ともいう。——訳注
8) 辛亥革命：1911年、辛亥の年に起こされた中国のブルジョア民主革命。この革命により、300年ほど続いた清朝が滅び、2000年来の専制統治が終わりを告げて、中華民国が生まれ、民主共和政治の基礎が作られた。——訳注
9) 中体西用：中体西用論。中国の伝統的思想・文化・制度を根幹にすえ、運用の面では西洋文明の科学・技術を導入しようとする考え方。——訳注
10) 四人組：中国の文化大革命期に毛沢東の周辺で実権を振るった江青ら4人の上海グループ。1971年の林彪事件後に権力を奪い「四人組」と称されるようになり、周恩来・鄧小平と対立。——訳注
11) マルクス・エンゲルス．マルクス・エンゲルス選集．第1巻．3版．北京．人民出版社．2012：778．
12) マルクス・エンゲルス．マルクス・エンゲルス選集．第1巻．3版．北京．人民出版社．2012：778．

第三章

社会主義の必然性と
その実現方法

二つの必然性についての史的唯物論の見解によれば、資本主義が社会主義に取って代わられることは歴史的必然である。しかし、その必然性の実現とその方法は非常に複雑である。ソ連の崩壊は史的唯物論に新たな歴史的教訓を与えている。

一、ソ連社会主義の失敗は必然的であったのか、それとも偶発的であったのか

ソ連は世界の社会主義超大国であった。中国も世界の重要な社会主義大国であるが、その発展の手段と運命はあまりにも違っている。ソ連は強大な社会主義国から資本主義国へと変貌を遂げながらやがて崩壊し、相対的に貧しかった社会主義国の中国は、改革開放の過程で急速に発展し勃興してきた。同じ社会主義国にもかかわらず、なぜ二つの異なる運命があるのであろうか。社会主義が資本主義より優れているのであれば、なぜソ連は崩壊したのであろうか。社会主義が資本主義より優れていなければ、なぜ中国は社会主義の基本制度を堅持する枠組みの中で、これほど重大な発展を遂げたのであろうか。社会主義社会が資本主義社会に取って代わることは必然なのであろうか。中国とソ連の社会主義社会の発展の運命は、歴史的偶発性、すなわちある歴史的時期に政治の舞台に立った歴史上の人物によって、どれほど左右されたのであろうか。それらは歴史的・哲学的な問題でもあり、同時に現実的な問題でもある。問題とその答えは、ソ連と中国の社会主義事業のそれぞれの歴史的展開の中に存在している。

ソ連の崩壊以来、理論家は、それは必然的なものなのか、それとも偶発的なものなのかと論争してきた。もしそれが必然的であったとすれば、十月革命は誤りとなり、失敗する運命にあった冒険となる。ソ連の社会主義は時期尚早であっただけでなく、まさに奇形であったことになる。もしそれが偶発的なものであったとすれば、米国をはじめとする西側資本主義国

に対抗できる唯一の社会主義国であったソ連が、戦後、それらの欧米諸国のやりたい放題を阻止してきたソ連が、世界に冠たる栄光の時代を経てついに偶然的な要素で崩壊したのであろうか。資本主義の復権が偶然にもたらされたというのは説得力がない。偶然に出現した社会制度が、それほど輝かしい歴史的業績を持つはずがない。必然的に出現した社会制度が、偶然だけで滅びるはずもない。

　ソ連崩壊の必然性と偶然性をこのように論じる理論家の最大の誤りは、自然の法則と社会の法則を混同していることである。ソ連崩壊の必然性は、まるで月食や日食のように、最初から失敗するに決まっている歴史的出来事として認められる。実は、ソ連で起こったすべてのことは、ソ連の歴史的な展開の中で、ソ連共産党の主導した活動の中で存在したものである。ソ連社会主義の歴史がなければ、ソ連崩壊の必然性の問題も、ソ連崩壊をもたらしたさまざまな人物の出現の偶発性の問題も存在しなくなる。

　十月革命は、世界史的に偉大な革命である。それが純粋に偶発的なもので、レーニンの陰謀であったというのは、完全に間違っている。世界史的に偉大な革命は、純粋に偶発的なものではありえない。偶発的な要因はきっかけになることはあっても、歴史の発展に対しての決定的な要因にはならない。十月革命の勝利後、ソ連があれほど華々しく活躍し、一時は西側世界がそれに恐怖したことは、十月革命が合理的なものであり、歴史の潮流と民意に合致していたことを示している。

　十月革命の必然性は、人間社会の形態変化の法則とロシアの個性的な条件との結合にある。人間社会が資本主義社会に入らず、資本主義社会から社会主義社会への、それ自体の矛盾による必然的な移行という法則がなかったら、十月革命は起こりえなかったであろう。もし当時のロシアが資本主義世界の矛盾が最も鋭く薄弱な位置に当たらなかったら、社会主義革命が最初にロシアで勃発することはなかったであろう。世界史の一般法則と、第一次世界大戦後のロシアが直面した矛盾という個性的な条件が、十

月革命を誕生させたといえよう。レーニンによってつくられたロシア・ボルシェビキ党の強く正しい指導は、二月革命の勝利後のロシアの状況、ブルジョア臨時政府の戦争解決、および農民の土地とパンの問題の解決への無能を利用し、十月革命を可能から現実へと転換させた。十月革命の必然性は、世界資本主義発展の法則、ロシアの個性的な条件と社会の矛盾、レーニンとロシア共産党の活動の結合にあった。主体の参加は、社会の法則が働いている特徴であり、社会主義革命も例外ではない。

　歴史はソ連の必然的な崩壊や、社会主義の確実な失敗を予見したわけではなかった。しかし、ソビエトの政権がその栄光後に崩壊したという状況は無情の現実になった。その崩壊の必然性は同様に国際情勢とソ連国内の情勢、そして支配者であったソ連共産党の活動にあった。ソ連崩壊の必然性はある歴史的条件のもとで、ソ連共産党自身の活動によって一歩一歩引き起こされたものである。

　スターリンは政権を握った後、ソ連の勃興に重要な功績を立てたが、社会主義社会の変則的な発展には歴史的な責任を負い、隠れた危険も残している。彼は階級闘争や党内闘争を通じて政権を強化し、社会主義社会にも矛盾があること、異なる性質の矛盾を異なる方法で処理し解決する必要があることを認識せず、独裁的・高圧的政策をとった。しかし、決定的な役割を果たしたのは、スターリン死後のソ連共産党の歴代の指導者であった。彼らはスターリン後の当局者や意思決定者として、ソ連の現実に照らし、社会主義の原則に真に従って、スターリンとスターリン主義時代の過ちを正すことができたはずである。なのに、彼らは別の道を歩んだ。ソ連共産党の指導者は、スターリンの死後に現れた二つの可能性のうち、間違った選択をした。

　フルシチョフ以降のソ連共産党の指導者は、一方では、スターリンの全面的な否認に起こった社会主義体制の誹謗や中傷に転じたソ連の反マルクス主義の思想傾向を理論的にも公的に容認していた。他方では、経済と政

治の面では、スターリン時代に確立した体制を実質的かつ有効な改革なしに維持し、ソ連経済を行き詰まらせた。その経済基礎と上部構造との矛盾、すなわち社会主義やマルクス主義を誹謗や中傷するイデオロギーの普及と、原来の経済体制の追求との矛盾は、ソ連の生産力や科学技術の発展に深刻な影響を与え、国民の生活水準を西側の先進国に比べて大きく遅らせてしまった。イデオロギー領域では、マルクス主義は疎外され、醜く描かれ、思想も極めて混乱していた。史的唯物論によれば、すべての社会的な衝突は、究極的には社会の基本的矛盾の中に見出される。ソ連のイデオロギーが極度に混乱し、生産力や科学技術の発展が行き詰まり、国民の生活水準が貧困に陥ったとき、その崩壊の必然性が不満の中から思いがけず生まれたといえよう。

　ソ連共産党の指導者であるミハイル・ゴルバチョフやボリス・エリツィンは、適切なタイミングで政治の舞台に登場した。抽象的には、社会主義にはもちろん民主、透明性、社会主義的な人道主義が必要である。しかし、ゴルバチョフが新たな思惟を提唱し、いわゆる民主的で人道的な社会主義を推進したのは、スターリンとソ連政治体制の独裁や暴行、つまり反人道主義の政治傾向が長年続いている中で提出したものであった。その矛先は、体制の欠陥よりも社会主義制度そのものを狙った。それはすでに混乱していたイデオロギーの混乱に拍車をかけた。社会主義制度、ソ連共産党、かつ指導的イデオロギーとしてのマルクス主義は、長期に汚名を着せられ続けたために、今や多くの人々の心の中でその正当性と最後の尊厳を失っていた。エリツィンが、経済基礎に根本的な変化をもたらした全般的な私有化という新自由主義の「ショック療法」を導入したとき、ソ連の崩壊と資本主義の復活は避けられなくなった。議会における少人数派の抵抗は、失敗に終わる運命にあった。

　ソ連共産党の解散とソ連社会主義の失敗に直面し、もしくは高みの見物をした人民は、政治冷淡主義という形で出現した。あるいは非理性的な狂

熱主義という形で街頭に出て積極的に参加した人民もいた。それはソ連社会の生産力と生産関係、経済基礎と上部構造との間の矛盾が長年にわたって蓄積された結果であった。十月革命の必然性とソ連崩壊の必然性との間に、長い歴史的過程があったからである。ソ連共産党の実践活動が、ソ連崩壊の経済的、政治的、思想的条件を社会の中に徐々に作り出していったのも、その歴史的過程の中であった。ソ連の崩壊とソ連社会主義の失敗の必然性は、主として後期のスターリン時代におけるソ連共産党がマルクス主義の漸進的な離脱と放棄にあり、ソ連共産党の路線と政策によって一歩一歩積み上げられたものであった。

　ソ連社会主義の失敗の教訓は、社会主義社会には独自の発展の法則があり、その自身の矛盾は、単なるプロレタリアートの完全独裁と階級闘争の適用だけでは解決できないことを示している。社会主義社会の発展の決定的な要因は、依然として物質資料の生産様式である。スターリンは亡くなるまで階級闘争を緩めることなく、厳しい政治運動と党内闘争を駆使し、「清廉潔白」であったが、それでもソ連は崩壊した。ソ連の崩壊と十月革命の成果の喪失は、史的唯物論の基本原理の正しさを十分に証明した。

　社会的必然性は、社会から切り離された「運命の神」ではない。社会的必然性は、社会の発展の過程で存在するものであり、したがって、歴史的出来事の同じ時代、背景、条件のもとでは起こりえない。具体的な歴史的出来事は繰り返さない。歴史にはさまざまな主人公がおり、歴史的巨人もいれば歴史的小人もいる。歴史上の人物が活動する社会的条件も、国際的背景も異なる。十月革命は人類革命の新次元を切り開いた偉大な勝利であり、ソ連の崩壊は社会主義の偉大な実践における失敗である。それらの異なる出来事の中に、異なる性格、異なる水準、異なる任務を持った歴史上の人物を見出すことができる。スターリン後期の歴史が、ソ連社会主義の成果を否定する方向に発展するとき、政治の舞台には十月革命を可能から現実に変えたレーニン式の天才も、ソ連を木の鋤から原爆のある国に変え、

ドイツファシズムに勝利し、忍耐と独裁の二重人格と戦略的視野を持つスターリン式の人物も、現れることはないであろう。ソ連の社会主義建設の成果とマルクス主義を全面的に否定するには、「新思想」の旗印の下に、完全に転覆的な人物だけが必要である。

十月革命の必然性は、ソ連社会主義の最終的な勝利の必然性にはつながらない。それは二種類の必然性である。どんな偉大なマルクス主義理論家も革命家も、彼らの背後にある国のために永遠の治国の案を提供することはできないし、彼らが始めた大義が将来頓挫することがないことを保証することもできない。古人が言うように、事業を始めるのは難しいが、それを維持するのはもっと難しい。社会主義の偉大な事業は、どんな封建王朝とも異なり、絶え間ない変革を通じてのみ、改善、強化、発展させられる。

歴史は偶発的なものである。ソ連共産党の他のどの指導者でもなく、ゴルバチョフとエリツィンが、ソ連社会主義の最後の埋葬の主役であった。ソ連崩壊の劇的な細部の多くには、もちろん多少なりとも偶然の産物があったが、最終的に決定的な役割を果たしたのは、偶然の背後にある歴史的必然性であった。社会主義国が基本的な社会矛盾を適切に解決せず、逆に激化させ、基本的な社会主義制度の範囲で解決できず、人心を失ったとき、ソ連式社会主義の失敗も避けられないものになった。

二、毛沢東の先見性と歴史的な限界

毛沢東の作った「空に衛星、地に赤旗」といったソ連についての予測のように、彼はソ連の社会主義制度の転覆と資本主義の復権を予見した。

毛沢東はなぜそのような結論に至ったのであろうか。その判断の根拠は何であったのであろうか。毛沢東は社会主義発展の歴史的必然性に依拠したのである。社会主義国家の指導思想はマルクス主義であるべきで、そのイデオロギー領域内の指導力を失えば、社会主義国家は危うくなる。毛沢

東はフルシチョフがスターリンに強く反発し、スターリンを全面的に拒絶しているという状況を見た時、ソ連がスターリンを全面的に否定する限り、必然的にレーニンをさらに否定することにつながることを予測した。ひいては、レーニンとスターリンの旗印が失われれば、ソ連は崩壊すると結論付けた。社会主義の上部構造では、ひとたびイデオロギーギャップが開けば、あらゆる反マルクス主義、反社会主義の思想が急増し、社会主義制度を崩壊させてしまう。そのことは、ソ連崩壊前の長い間、哲学・社会科学や文学・芸術の世界で支配的であった傾向を見ればわかる。社会主義制度は醜く描かれ、新聞、ラジオ、テレビでは、「公開性」の呼びかけの下で多くの聞いたこともなかった「暴行」や「暗黒面」が絶えず露呈された。社会構造は全体である。イデオロギー領域のようなある側面から切り裂けば、社会構造はその裂け目から拡大し、社会の重心の傾きや民意の崩壊を招き、ひいては社会構造全体の崩壊と解体のきっかけになる。人々の心の中で正統性・合法性を失った社会制度が存在し続けることはありえない。

　歴史的活動において、個人の動機は決定的なものではない。フルシチョフは1956年に社会主義を破壊するという考えを必ずしも持っていたわけではなく、改革を望む気持ちは真摯であったかもしれないが、歴史は個人の主観的な意思に左右されるものではない。スターリンとソ連社会主義の歴史を全面的に否定する水門を開けたとたん、そこから汚水が押し寄せてくる。最初は小さな流れかもしれないが、次第に圧倒的な激流となる。毛沢東はその危険を察知し、社会主義イデオロギーの問題には始終警戒していた。しかし、毛沢東はソ連の社会主義体制の問題ではなく、イデオロギー的な側面に関心を寄せていた。彼はソ連社会主義体制が改革されなければ、いずれ「空に衛星、地に赤旗」になるかもしれないことを知らなかった。

　毛沢東は当時、社会主義観念の古い範型にとらわれていた。ソ連の『政治経済学教科書』のノートや関連談話で、毛沢東は資本主義を排除してか

らさらなる資本主義への進出の可能性、価値法則が大型学校、経済計算を学ぶ必要性など重要な考えを打ち出していたが、「八層制」を「資産階級法権」と呼び、商品経済を「資本主義が復活する温床」と表現する思想が依然として支配的であり、当時の中国の社会主義発展の段階も過大評価した。彼はフルシチョフのスターリン全面否定に反対し、スターリンの功罪を正しく評価することを主張したが、社会主義国において「個人崇拝」に反対すべきという問題では、明確な立場を欠いていた。それは中国における「個人崇拝」の排除と、党の集団指導体制の確立・健全に資しなかった。毛沢東は、社会主義のイデオロギー領域においてマルクス主義の指導的立場を堅持することは正しかったが、社会主義のある観念が現実の状況に照らして進化しなければならないというマルクスとエンゲルスの考えを強調しなかった。毛沢東はマルクス主義の中国化の提唱者や実践者であり、中国社会主義の道の探求者であったが、ソ連を「空に衛星、地に赤旗」と結論づけたとき、イデオロギーに焦点を当て、ソ連の経済・政治体制の欠陥に気づかなかったため、依然としてソ連と概ね同じ体制を堅持していた。ソ連の「空に衛星、地に赤旗」という毛沢東の予測は、先見の明があると同時に、歴史的に大きな限界があった。その限界は、中国の20年間にわたる「左翼」の誤謬の重要な理論的源泉となった。

　エンゲルスは、人は一定の条件のもとで物事を理解するが、理解の程度は条件が達成された程度に応じたものとなると述べた。偉大な人物も歴史的な限界を持っている。歴史的必然性を認識することは過程であり、代価を払うものでさえある。毛沢東時代の中国は、西の方には西側資本主義世界、特にアメリカの封鎖がある。東の方はソ連の対抗に挟まれた状態であった。毛沢東にとって、「対外開放」は無論、一部の人間がまず豊かになることを提唱することもさらに不可能であった。敵が我を滅ぼす心は確定している国際政治情勢と国がまだ「一窮二白」という状態に陥っていたとき、均等主義や「大鍋飯」は、社会を安定させ政権を固めるのに必然

的な選択であった。

　毛沢東の執政生涯においては、社会主義政権の政治的・思想的強化が最重要課題とされた。王朝の興亡の歴史に精通していた毛沢東は、社会主義政権が失われても再び得られる可能性をよく理解していた。1945年、彼は黄炎培[2]と「歴史周期説」をめぐって討論したことがある。全国の解放が近づくにつれ、これから手に入れる全国政権をどう固めるかという問題は、毛沢東がまず考えなければならないことになった。第七期党中央委員会第二回全体会議での報告で、彼はすでに全党に警鐘を鳴らしていた。それ以来、党中央委員会が西柏坂[3]から北京に移行した時、李自成[4]を例に挙げ、「我々は決して李自成にはならない。皆は試験で良い成績を収めたいだろう」と言った。毛沢東の先見の明は、プロレタリアートが政権を得た後、どのように失うことを防ぐのにかかわった。いかに政権を固め、都市に進出したら堕落した農民革命指導者と同じ道をいかにたどらないかという問題が重んじられた。毛沢東は人民の内部矛盾の正しい処理、社会主義社会の基本的矛盾と生産力との不適合の調整、十大関係の正しい処理という問題を提起したが、中国の社会主義建設の道と社会主義制度の強化にとって、全局性、展望性、戦略的意義を持つそれらの思想は、毛沢東の存命中には真剣に実行されなかった。

　中国の社会主義建設の歴史は、「階級闘争が綱領である」の路線で社会主義を固めようとする試みが、社会主義体制の自己改善にも、人々の生活の向上にも、ひいては社会主義制度の強化にも役立たないことを証明している。中国社会主義社会の基本的矛盾は、依然として生産力と生産関係、経済基礎と上部構造との間の矛盾であり、決定的な役割を果たすのは生産力の水準と状況である。ある社会は政治闘争だけに頼って政権を強化することはできないし、均等主義に頼って人民を安定させることはできない。文化大革命では、階級闘争が繰り広げられ、官員や知識人に久しく癒えない痛みがついていた。人々の主観的な願いにかかわらず、史的唯物論の基

本原則と社会主義社会発展の客観的法則に逆らうことはできない。

三、中国社会主義の発展の必然性と中国共産党の正しい選択

　毛沢東の逝去後、貧しい社会主義国をどのように豊かな社会主義国に変えるかという問題は、中国共産党の重大な課題であった。それは国際情勢と中国社会の発展によって提出したものであり、「四人組」の粉砕もその政治的可能性を作り出した。時代の要請は、歴史の重任を担うことのできる人物、思想の解放およびマルクス主義の中国化である。時代が問題を提起したからには、必ず答えがある。その答えとは、中国の特色ある社会主義理論の出現である。それは中国社会主義の歴史的発展の必然性であり、社会主義歴史の発展の必然的な道に対する中国共産党の正しい選択である。

　社会主義は発展の段階によって異なる特徴を持っている。毛沢東は社会主義政権がまだしっかりと確立されていなかったときに、政治的な側面から政権の強化に注目し、階級闘争が一定の歴史的な合理性を持つことを重視した。しかし、社会主義時代の指導思想として「階級闘争が綱領である」を採用した結果、民主と法制の建設における政治的努力の不足、および二つの異なる性質の矛盾が混同される事態になった。経済的な面では、建設に集中しておらず、いわゆる「革命に努力する」という概念で生産を促進した行為は、実際には生産力の発展を妨げ、社会主義社会体制の優越性も十分に発揮させなかった。

　中国は長い間の探索、苦痛、挫折を経て、国際社会主義の実践経験を総括した上で、鄧小平がまず「社会主義とは何か、いかに建設するか」という問題を提起し、次第に「一つの中心と二つの基本点」の基本路線を形成していき、改革開放のペースを定め、中国の社会主義発展の謎を解き明かした。

我々は鄧小平理論を歴史的必然性という観点から理解すべきである。社会主義とは何か、いかに建設するのかという問題は、社会主義の歴史的必然性の実現という抽象的可能性と具体的可能性の相互関係を問うものである。資本主義が社会主義に取って代わられるのは必然であるという説は、人類社会が資本主義社会に入ってからのマルクスとエンゲルスによる人類社会発展の一般的な歴史的傾向の科学的総括である。しかし、その法則の実現は、それぞれの国の条件や特徴から切り離せない。それぞれの国の条件と特徴に照らす場合に限って、社会主義が資本主義に取って代わることが可能となり、現実的となる。そうでなければ、抽象的なスキーマとなり、ユートピアに陥ってしまうかもしれない。

　鄧小平の「社会主義とは何か、いかに建設するか」に関する理論は、社会主義が資本主義に取って代わるという法則の実現を現実的な基盤に置いている。それによって社会主義社会を、人類社会発展の社会形態の定説から、中国の現実における社会主義建設の理論と実践に変容させる。それは科学社会主義理論と中国の現実の結合の優れた典範である。

　「一つの中心、二つの基本点」という基本路線は、社会主義社会構造の高度からその合理性と現実性しか理解できない。経済建設を中心とすることは、生産力が社会発展の究極の決定力であるという法則をしっかりと把握することである。マルクスの墓前でエンゲルスは、「ダーウィンが有機的自然の発展の法則を発見したように、マルクスは人類の歴史の発展の法則を発見した。すなわち、人間は衣食住の需要を満たしてからこそ、政治、科学、芸術、宗教などに関心を持つという、これまで思想的な覆いの下に隠されていた基本的事実を発見したのだ」[5]と言った。物質資料の生産は人類のすべての活動が実現される基礎である。「二つの基本点」は、同様に社会主義社会の構造と不可分であり、社会主義社会の存在と発展の必然的な要求を表現する。「四つの基本原則」を堅持するのは、社会主義の上部構造が経済基礎に対する反作用という観念を堅持することである。「四

つの基本原則」を堅持しなければ、改革開放は社会主義の必然性の方向から逸脱する。さらに、改革開放を堅持しなければ、変革し続ける社会主義社会が凝固され、中国における社会主義の歴史的必然性も実現されないであろう。改革開放が四つの基本原則から切り離されれば、社会主義社会の基本的矛盾が激化されることになる。

　鄧小平理論は、マルクス主義の歴史においても、社会主義実践の歴史においても、偉大な創造物である。数十年にわたる改革開放の過程で、中国の特色ある社会主義の理論体系は時代と歩調を合わせてくる。経験によると、中国の特色ある社会主義の道を歩むことが、中国におけるソ連の悲劇の再発を防ぎ、社会主義を堅持、発展、改善し、中華民族の偉大な復興を実現する必由の道である。

　「新たな発展観」の提出は、脱産業化社会に入った人類社会が直面する共通の問題への対応であると同時に、中国社会主義社会の発展に必要な要求でもある。人類社会の発展は長い歴史的段階に自然発生的なものであった。前社会主義社会では、どの社会でも社会発展の一般的な計画を持つことはできなかったし、不可能であった。資本主義社会において、あらゆる企業が計画を持っているとはいえ、経済生活の全領域が依然として市場の「見えざる手」によって自然発生的に規制され、弱肉強食の法則に支配されている。

　1970年代に入り、欧米の資本主義諸国は発展の問題に注目するようになり、国連の学者も専門研究を行い、モノグラフや研究書を発表していた。しかし、社会発展の問題では、欧米はその一面、すなわち生態環境の悪化による人間と自然の矛盾にのみ注目し、人間と人間の関係については大概何もしてこなかった。彼らは欧米の既存の社会経済・政治制度から離脱し、発展の問題を純粋に生態保護の問題にまとめてきた。人間と自然の関係は、人間と人間の関係から切り離せない。それは人間と人間の社会的関係の中で行われ、その関係は、人間と自然の関係を基礎としている。その二つを

一緒に考えてこそ、現代の人間の社会発展の必然的な要求に真に適合することができるのである。西洋の発展についての理論は、人間と自然との必然的な関係に関しては一定の認識を示しているが、社会の必然性に関しての理解はまだ盲目的状態にあるといえよう。

「科学発展観」の「科学」は、まず社会主義社会一般の構造が概ね経済的発展に基づくことから表現している。生産力の発展がなければ、経済の発展がなければ、総合的国力の増大がなければ、また社会生活の他の分野の発展がなければ、経済発展は必要な物質的基盤を欠くことになる。物質資料の生産様式は、社会の存在と発展の基礎であり、生産力は最終的に社会発展の決定力である。資本主義に対する社会主義の究極的な勝利、資本主義と比較した社会主義の優越性は、最終的に物質的生産力の向上と生産率に反映される。科学発展観の第一の原則は発展であるという要義は、その重要な原理を集中的に反映した。

価値観からすれば、新時代の科学発展観の中心に人々を据えることは、同様に社会主義の本質に基づくものである。人民群衆は社会の主体でもあり、歴史の創造者でもある。しかし、以前の歴史において、人民群衆の創造的役割と地位は大きく制限されてきた。搾取階級が支配する社会では、真の意味での人民中心主義が存在しなかったし、存在し得なかったといえよう。「人民中心」という考え方はあるが、少人数派の進歩的な思想家の理想と追求に過ぎず、決して社会の現実にはならない。階級社会では人民中心主義は実現できないのは歴史的必然である。社会主義社会では人民中心主義は社会主義本質の必然的要求である。人民の生活を改善し、人民の感情に注意を払い、人民の意見に耳を傾け、発展の成果を社会のすべての成員で共有することなく、社会主義社会は長期的に存在し発展することはできない。その問題を人類の歴史的発展の観点から理解する鍵は、マルクスの「人間発展の三つの形態」に関する議論にある。

社会主義の必然性の実現は、矛盾のない過程ではない。利潤追求という

資本の論理があり、「公のための立党、人民のための執政」という共産党の論理があり、道徳規範と道徳的理性の高度から個人と集団を不正な経済利益への隷属から解放するという道徳の論理がある。利潤の追求がなければ、資本は躍動しない。資本による利潤の追求は、社会の発展に資するものである。しかし、社会主義社会では、企業家は単なる資本の人格化の産物ではなく、中国の特色ある社会主義の建設者であるべきである。資本の本性も社会主義制度の制約を受けるべきである。しかし、「応然」と「実然」とは等しくない。社会主義市場経済では、企業家は必ずしも人民中心の理念の指示に意識的に従うとは限らず、一部はしばしば資本の論理に従う。それが社会主義市場経済において、さまざまな模倣品や粗悪品の出現が避けられない経済的理由である。

　欧米の資本主義市場経済も模倣品や粗悪品が市場に氾濫した長い発展の時期を経た。日本や韓国の発展もそうであった。アメリカでは、ニューヨークの「スウィルミルク」事件（別名残滓牛乳事件）があった。資本主義市場経済とは不誠実な企業家が競争によって市場のルールに従わざるを得なくなる。その方式はつまり、企業家の信用が失われ、企業も倒産してしまうものである。エンゲルスは資本主義経済の発展について、次のように述べている。「現代の政治経済の法則の一つは（一般的な教科書には明示されていないが）、資本主義的生産が発展すればするほど、その初期段階の特徴としての小細工や詐欺に頼ることができなくなる」[6]。資本主義の高度な発展につれ、「商業道徳は、倫理的な熱意からではなく、純粋に時間と労力を無駄にしないために、ある水準まで発展するに決まっている」[7]不正な手段で利益を上げたら、得より損のほうが大きくなる場合、企業が倒産する。その倒産の脅威は企業に市場競争のルールに従うことを強いる。競争によって商業的不正は減少するが、資本主義では不正はなくならず、その不正な行為もますます隠蔽され、危険なものになる。以前のアメリカの世界的な金融危機は、資本主義金融資本の本質が大きく露呈さ

れたものであった。

　社会主義市場経済は無論市場そのものの力を使って、そうした不誠実な企業や企業家を罰する。しかし、社会主義の条件下では、市場自身の力だけに頼って、不誠実な企業や企業家を罰することではない。市場だけに頼れば、「悪貨は良貨を駆逐する」事態を招くか、企業の倒産を招き、大量の失業と社会不安を招くことになる。いずれも社会主義社会にとって有害なことである。「三鹿粉ミルク」事件[8]は、乳製品産業の危機、食品の安全に対する国民の不信感まで招いた。それは市場だけに頼っていては調節と処罰はできないことを示した。市場の役割を盲目的に崇拝することは、かえって人々を法則の奴隷に変えてしまうものになる。

　社会主義社会構造の全体的な要求は、国家が必要な経済的役割を果たすと同時に、社会主義法制と道徳の役割を重要視することを求めることである。国家が市場を監督することは、「公のための立党、人民のための執政」という原則に立脚する社会主義国家の性質を反映するものである。それはミクロ経済への介入ではなく、企業への行動指導であり、消費者、すなわち人民への保護である。人々を第一とするという考え方は、資本の論理を制御する法律制度や道徳規範に置き換えられなければならない。市場の法律だけに頼っていると、社会主義市場経済の改善の過程が長引くことになる。それは中国共産党の人民中心思想にも、社会主義社会発展の法則にも合致しない。社会主義基本経済制度と市場経済の結合は、社会主義社会の必然性と人間の能動性と制度の優越性の結合であり、市場の法則が意識的に使いこなされるものである。

　社会主義市場経済では、資本の論理と人民中心思想は絶対的な対立項ではない。企業家は「経済の人」ではなく、「現実の人」であり、現実的な社会に生き、社会的関係によって付与された本性を持つ人間である。資本の本性が企業家の唯一の特徴ではないが、人民中心思想は制度化されなければならず、抽象的な人間性への訴えに転化してはならない。法的・道徳

的規制のない「ヒューマニゼーション」のようなスローガンは、空虚で実用的な可能性がないものにしかならない。古来より、人間性に訴えて社会問題の解決に成功した政府はない。今日の世界において、政府の支配が比較的清明で、社会秩序が比較的良好な社会は、人間化や人間性の回復という空虚な叫びからではなく、法治の支配と厳格な管理制度、長い間の道徳教育から派生したものである。科学社会主義は、空想社会主義の抽象的な人間性を放棄した上で生まれたものであり、社会主義市場経済の改善についても同じことにすべきである。

調和のとれた社会主義社会の建設も同様に、社会主義の必然性から理解されなければならない。社会主義社会そのものから見れば、調和のとれた社会主義社会を構築できるかどうかは、社会の発展が「科学発展観」の要求に従っているかどうかの現れである。高い GDP 成長率を誇っても、全面的に調和され、かつ持続可能な発展を遂げられない社会は、社会主義の必然性を究極的に実現することを保証できない。調和がとれていない社会、鋭い矛盾を抱えた社会は、危機に満ちた社会に違いないからである。社会主義社会の調和、社会の安定と発展は、相互に補強し合い、相互に支え合うものであり、社会主義の必然を実現するための重要な要素でもある。

価値観の面からすれば、調和のとれた社会の構築は、現在の社会主義経済発展の段階における必然的な要求である。調和のとれた社会主義社会は自動的に実現するものではなく、構築される必要がある。構築は社会活動の主体の行動である。我が国の社会主義の初級段階には、さまざまな経済的利益集団が存在し、貧富の差もあり、多くの矛盾がある。長年の経済発展を経て、人々の生活水準は普遍的に向上したが、二極化、貧富の差という矛盾が大きくなったという事実に基づいて、調和のとれた社会の構築は必然的な要求となる。現代中国において、調和のとれた社会を構築する主導者は中国共産党であり、主役は官員と社会全体の構成員である。その構築においては、歴史の必然的な要求と社会主義社会の構成員の熱意の一致

が十分に実現されなければならない。中国共産党第十七期中央委員会第三回全体会議が『農村改革・発展の推進におけるいくつかの重大問題に関する決定』を採択するのは、農民の熱意を全面的に動員し、農業生産力を解放・発展させ、農村の社会経済全体の発展を促進する戦略的措置である。それは科学的発展の理念を全面的に実行し、調和のとれた社会主義社会を構築するための要求である。

　歴史によると、中国の特色ある社会主義の成果、経験、各段階で取り組むべき問題が、中国の特色ある社会主義理論の発展に寄与してきたことを示している。鄧小平理論から「三つの代表」、「科学発展観」、さらに「習近平による新時代の中国の特色ある社会主義」に至るまで、その前進は中国の歴史的発展の必然的要求に組み込まれている。歴史の必然性が中国共産党の指導者の正しい判断に変換されてこそ、歴史の必然性の要求が実現され、盲目的で破壊的な力になることはない。

　ソ連崩壊後、欧米諸国は中国が第二のソ連になることを期待してきたが、彼らを待っていたのは中国の特色ある社会主義の台頭である。改革開放以来40年来、特に中国共産党第十八回全国代表大会以降、我々が成し遂げた偉大な成果は、社会主義だけが中国を救うことができ、改革のみが社会主義を発展、強化、向上させることができることを証明した。中国共産党の正しい選択こそが、中国における社会主義の完成と台頭の可能性を徐々に現実にできる。

　ある可能性の実現が他の可能性の実現を妨げるということは、他の可能性が完全に消滅することを意味しない。中国の新時代の最も顕著な特徴は、人民が満足する急速な発展であるが、わが党は全党と全国の人民に対して、「安に居て危を思う」意識と「憂患意識」を高めることを切実に教えている。「安に居て危を思う」および「憂患意識」というのは謙虚謹慎、絶えず経験を総括し、中国の特色ある社会主義の法則の把握を深めるとともに、あらゆる偶然な事態、すなわち自然界と社会界、国際や国内におけるあら

ゆる不測な非常事態に対処することを意味している。

　改革開放は完全に正しい選択であり、後戻りすれば出路はない。中国の発展は何に頼っているのであろうか。答えは改革開放である。過去40年間中国で起こった変化は、改革開放によって実現したものである。改革開放は現代中国の運命を決定する肝要な選択であり、中国の前途を決定する戦略的方向である。しかし、改革開放は一種の試練でもある。「四つの基本原則」の堅持と改革開放の関係をいかに正しく対処するかが問われている。我々は改革開放の過程で生じた問題を理由に再び閉鎖し硬直化にしたり、欧米の「分裂」者の陰謀に陥って、改革開放を理由に旗印を変えるという横道を歩むことはない。

　中国共産党は弁証法的・歴史的唯物論に導かれ、思想の解放と「実事求是」の結合を主張し、機械的決定論と主意主義の両方に反対している。ソ連の崩壊と中国の特色ある社会主義の成果は、反駁できない事実で中国共産党の哲学的な思考路線の正しさを証明している。

註
1) 大鍋飯：楽観的な平等主義の中、毛沢東と党の指導下に、1958年の秋には265万の公共食堂が成立した。社員はもはや自宅で食事をとることはなく、公共食堂で食事した。党は公共食堂が労働力を解放したと賛嘆した。多くの公社では、個人の廚房は自私自利の象徴として廃棄され、農民が収蔵していた食物は捜し出して集体化された。鍋は鋼鉄生産のノルマを達成するために集めて熔かされた。――訳注
2) 黄炎培：1878―1965、清末、中華民国、中華人民共和国の教育者・政治家。職業教育を推進し、また中国民主同盟（「民盟」）・中国民主建国会の指導者としても知られる。――訳注
3) 西柏坂：70年前、中国共産党は北京から300キロ離れた河北省の西柏坂で遼瀋戦役、淮海戦役、平津戦役の三大戦役を指揮し、全国土地会議を開き、中国全土を解放した。――訳注14
4) 李自成：李自成は、明末の農民反乱の指導者。明に対して李自成の乱と呼ばれる反乱を起こして首都の北京を陥落させ、明を滅ぼした。順王朝（大順）を建国して皇帝を称したが、すぐに清に滅ぼされた。もとの名は鴻基。李継遷（西夏の初代皇帝李元昊の祖父）の末裔

と称した。──訳注
5) マルクス・エンゲルス．マルクス・エンゲルス選集．第 3 巻．3 版．北京．人民出版社．2012：1002．
6) マルクス・エンゲルス．マルクス・エンゲルス選集．第 1 巻．3 版．北京．人民出版社．2012：65．
7) マルクス・エンゲルス．マルクス・エンゲルス選集．第 1 巻．3 版．北京．人民出版社．2012：65．
8)「三鹿粉ミルク」事件：その発端は三鹿グループが作った粉ミルクを食べた赤ちゃんたちが腎臓結石を患っていることが明らかになり、その粉ミルクで化学工業原料のメラミンが検出された。──訳注

第四章

中国の道と中国の案

中国の道に関する問題は、世界の人々に注目された重要な関心事である。中国がどのような道を選び、どこへ向かうかは、中華民族の運命や中国人全員の切実の利益にかかわっているだけでなく、世界の政治情勢や大国間のパワーバランスの変化に影響を与える。「中国脅威論」や「中国経済崩壊論」は、本質的に中国の道の偉大な成果に対する不安と恐怖が含まれる言説である。

一、中国の道と中国の案

　一般的な意味での「中国の道」は、中国の革命、建設、改革の全過程を包含している。過去において中国の道は中国の革命と社会主義建設の歴史であり、現実においては中国の現代の社会主義実践であり、未来においては「二つの百年目標」と中華民族の偉大な復興を達成し、最終的に共産主義を実現するための中国の奮闘である。全体として、それは中国共産党が中国人民を率いて革命と建設を行う実践的・歴史的過程である。中国共産党が過去百年間に歩んできた道には、中国共産党の文化的自信が埋め込まれており、その深い本質は、共産党の執政、社会主義建設、人類の社会発展の法則への把握である。

　「中国の道」という言葉は「中国モデル」よりも適切であり、マルクス主義哲学の意図により沿ったものであろう。「モデル」は局所に使う分には問題ないが、全体に使うと中国の特色ある社会主義道路の本質を表現するのは難しい。意味的には、モデルは静的で安定し、成型されたものである。国家発展の文脈では、モデルは自国の発展を他国とは異なる唯一かつ最も優れた発展の方法と考える排他的なものである。あるいは、すべて一つの型から作られるお菓子の製造模式のように、モデルには他国に対して既製の発展モデルを提供できる普遍的な意味がある。どの意味でも、モデル論は中国の特色ある社会主義の道には当てはまらない。

史的唯物論の立場からすれば、国によって発展の道は異なり、どの国にも適用できる発展モデルもなく、唯一のモデルも存在しない。欧米の発展の道は、欧米諸国自身の歴史と文化によって決定されるものであり、世界のためにモデルを提供するものではないし、提供することもありえないものである。中国の改革開放は、中国共産党が世界の他の国々、特に西側の先進資本主義国の経験から学ぶ意欲を示しているが、西側の発展モデルを真似ることはない。習近平総書記は、「人類文明のあらゆる成果を参考する意思はあるが、どの国の発展モデルも真似しない」、「一つのモデルで全世界を変革しようとすることはしない」と述べている。

　史的唯物論は社会形態の発展論であり、社会発展模式論ではない。中国の特色ある社会主義への道は、空から降ってきたものではなく、中国共産党の指導のもとで、中国人民によって開拓されたものである。中国の歴史全体から見れば、中国の特色ある社会主義は数千年にわたる中華民族の文明と文化の継承から導き出されたものである。近代史から見れば、1840年以降の民族の復興のための中国人民の闘争と犠牲、絶えず受けた挫折から得た苦い経験と教訓から導き出されたものである。道は縦のものであり、国の過去の歴史的・文化的特徴とは切り離せない。中国の歴史の発展と中華文化の蓄積がなければ、中国独自の発展の道はありえない。

　道の特徴は実践であり、模倣や見様見真似ではない。中国の道は中国人の実践であり、実践がなければ道ではなく、道もなくなる。もちろん、中国の特色ある社会主義の建設において、計画やトップダウン設計、「二つの百年目標」、中華民族の偉大復興の目標などを持つことはできるが、目標は道とは等しくない。目標はあくまでも道の重要な部分であり、道の指向や到達する地点である。その地点にどのように到達するかについては、道の問題になる。歴史の弁証法によれば、修正、改良、調整の必要がない中国の道の詳細な地図が詳しく描かれることはありえないが、実際の状況に応じて常に調整されるべきものであると、我々は大胆に言えよう。それ

はトップダウンの設計と、渡石を探りながら川を渡ることの組み合わせである。したがって、中国の道は固定された模式ではなく、回り道や紆余曲折、さらには分かれ道も含んでいる。中国の特色ある社会主義への道は成型されたものではなく、未完成で、まだ続いているものである。一言で言えば、中国の道は、より良い社会制度を探索する人類にとって既成のモデルではなく、中国の案を提供する実践的な過程である。

改革開放の数十年間、我々は中国の道で偉大な成果を上げてきたが、同時に多くの問題にも遭遇してきた。その中には、改革の本来の意図に反した新たな問題や予想外の問題もあり、我々はその解決策を次第に講じている。社会主義建設には法則があり、まだ習得していない盲点やまだ会得していない新しい法則も出てくる。我々は絶えず模索し、総括する必要がある。鄧小平は改革の初期に、生産力の解放とその発展に重点を置いた経済建設を中心とする提案をした。その中で「発展こそ根本的道理」という有名な論断を提出した。中国共産党は改革・実践の過程で、「発展こそ根本的道理」という原則を訴え続け、「科学発展観」を打ち出し、さらに今の「革新・調和・グリーン・開放・共有」の新たな発展理念に発展させてきた。最初の「先に豊かになれる者たちを富ませ」という「先富論」から、今の「共同富裕、法に基づく国家統治、公平・正義」を強調する論断まで、すべて40年以上にわたる改革の経験の蓄積から一歩一歩積み重ねたものである。過去40年間の経験は、中国の特色ある社会主義への道が実践の中で絶えず改善されていることを証明している。その過程はまだ終了しておらず、中国の道は明確な方向性を持っている。社会主義とは何か、どのように建設するかについて、どのような党を建設するか、どのように建設するかについて、どのような発展を実現し、どのように発展させるかという問題についての根本的な理論問題を深く議論することによって、我々の理論意識が高まり、各種方針や政策の策定、各種課題の推進に科学的指導を与えている。

中国の計画案の提出は、重要な理論的・実践的意義を持っている。中国の計画案は中国の道の中に存在する。中国の道がなければ中国の案は存在しない。中国の案が提出されなければ、中国の道は空虚な言葉になってしまう。中国モデルのみに世界的な意義があり、中国の道には世界的な意義がないと言う人がいるかもしれない。それは史的唯物論的な考え方に沿うものではない。モデルが提供するのは定型である。我々が欧米の推進する「普遍的価値」に反対するのは、自由、民主、人権の解釈に関する言説の覇権に反対し、西洋の資本主義民主制度を型に嵌めることに反対することである。実際、各国の国情や文化の特徴に合った自由、民主および人権の制度が必要とされる。もちろん、その長所から学び、西洋の積極的な成果を吸収することはできるが、西洋の型からコピーされた据え物ではなく、我々独自の発展の道と案を持つべきではないか。

　中国の道は、中国の特色を持つものであると同時に、世界的な意義を持つ中国の道でもある。中国の歴史的・民族的・文化的特徴が備わっているため、中国の特色を持つ中国の道になる。西洋の発展の道とは異なる中国の案を人類に提供しているため、世界的に意義を持つ中国の道になる。その案は百年近くも列強に圧迫され侵略されてきた国、欧米の先進国に遅れをとってきた国が、自らの力を完全に頼りに、自らの民族的特徴に沿った制度と発展の道を確立し、民族の偉大な復興の道に踏み出すことができるということを世界に示している。

　資本主義社会は地上の天国ではないし、資本主義の経済・政治制度が人間社会発展の唯一の方法でもないし、資本主義の価値観がすべての人に支持されるべき絶対的価値観でもない。現代では、国によって発展の選択肢は異なっていてもかまわない。中国の台頭は中国の案の成功だけでなく、西洋が売り込む資本主義体制の「優越論」や「永世論」という「万能薬」を受け入れなくても、現代において自国と民族を復興する他の道があることを意味しているため、欧米の一部の資本主義諸国は、中国の平和的発展

を必死に封じ込めようとしている。中国の案はマルクス主義と中華文化の精粋を組み合わせたものであり、その影響力と説得力は、中国の世界に対する貢献である。これに対して、一部の欧米諸国が、八方手を尽くし中国の道に泥を塗り、「自由の世界」への道路からの逸脱と見なそうとする。

二、中国の道をめぐる論争

　方向が道を決定し、道が運命を決定する。中国では、異なる道をめぐる論争は、異なる文化をめぐる論争という形で現れる。中国がどのような道を歩むべきかという議論は、今に限らず、1920年代に中国共産党が創設されて以来、始終続いてきた。それは三つの道に関する論争である。つまり、中国共産党が提唱する中国革命の道、文化保守主義が提唱する「中国文化の本位主義」の道、および一部の人が提唱する「全面的に西洋化」という資本主義の道である。1949年の中国革命の勝利は、その問題を実践的に総括したのに対し、毛沢東の論文『人民民主独裁について』は理論的に総括した。中国革命の勝利から30年間、もともとその議論は沈黙していた。しかし、中国が改革開放後に文化大革命の教訓をまとめ、中国の伝統文化が再び正しく理解され、経済のグローバル化に伴い欧米から新自由主義の思想が入ってくるにつれて、中国の道をめぐる論争が再浮上した。それぞれの議論とその現れ方は、中国革命の勝利以前と比較して、新時代の特徴と理論的裏付けを持つようになる。その理論的裏付けの文化的特徴は、三つの「化」に集約される。一つ目は中国の特色ある社会主義への道の核心、「マルクス主義の中国化」である。二つ目は伝統回帰、儒学回帰、中国社会主義と中国共産党の再構築の核心、「儒教化」である。三つ目は人類への回帰、世界への回帰の核心、「西洋化」である。その三つの「化」の本質を史的唯物論の高度から把握しなければ、中国の特色ある社会への道という問題において、文化的自信を欠くようになる。

中国が世界人類文明発展の共通の道、世界文明の道を歩むべきだという意見もある。彼らの考えでは、ヘブライ・ユダヤ教と古代ギリシャ哲学を源流とする西洋文化は最高の文化であり、西洋の道は世界の普遍的な道である。それに対し、中国の特色ある社会主義の道は、世界文明からの逸脱であり、秦始皇帝の時代以来の中国封建社会の専制主義を踏襲した道であり、世界の趨勢から外れた道である。それは国際的にも中国国内的にもよくある言説であり、欧米の「普遍的価値論」の政治的切り札を明らかにするものである。資本主義の道が、どうして世界文明の道、人類世界の共通の道となりうるのであろうか。史的唯物論の観点からすれば、西洋文化はただ一種の文化に過ぎず、資本主義の道は人類社会の発展における重要な段階に過ぎない。資本主義が人類に他のどの時代よりも大きな貢献をしたことは事実であるが、同時に自ら墓穴を掘ったことも事実である。資本主義社会は、文明と野蛮、光と闇が共存する社会である。マルクスとエンゲルスは『共産党宣言』の中で、資本主義の成果を情熱的に賞賛しながらも、同時に容赦なくその死を宣告し、資本主義の弔鐘を鳴らし、資本主義社会の過渡的性格を指摘していた。資本主義社会の出現と発展には、人類社会発展の法則が含まれているが、決して人類の良い理想を代表するものではなく、人類社会発展の普遍的法則でもない。

人類の共通の道とは何であろうか。人類社会発展の普遍的な法則とは何であろうか。歴史的な遠景から見れば、共通の道や普遍的な法則は、少人数者が豊かになる資本主義ではなく、公平・正義・共同富裕・調和のとれた社会主義と共産主義である。数千年前から存在する階級社会や搾取社会とは対照的に、階級と搾取をなくし、公平・正義・共同富裕・調和のとれた社会を建設することこそ、人類の共通する道である。中国哲学の用語では、それは「天下もって公を為す」、「世界大同への道」と呼ばれる。社会形態の発展に関する史的唯物論の理論では、それこそ人間解放の道、共産主義の道である。世界がその共通の道に到達する方法と手段はさまざまで

あり、順番の差や遅い早いといった違いもあるが、人間社会にとって、搾取制度は永久不変のものではありえない。私的所有制は、私的所有の発展の最高段階である資本主義体制の形態と同様に、一定の条件のもとに発生し、一定の条件のもとに終了する。人類の発展の普遍的な法則は、搾取の排除、二極化の排除、私的所有制の根絶であり、公平で共同富裕である社会への移行である。『共産党宣言』の不滅の価値は、その普遍的法則を全人類に明らかにし、世界の労働者をそのために闘いに団結することを呼びかけたことにある。

　欧米諸国の政治的意図をはらむ「普遍的価値論」を拒否することは、世界の発展の潮流に逆らうものではなく、またそこから切り離されたものでもない。我々は、人類が認める自由・民主・平等・人権・法治という共通の価値に反対するものではなく、逆に社会主義の自由・民主・人権体制の確立に努力している。我々が反対しているのは、西洋の価値観や制度を普遍的な模式としている一部の西洋諸国や学者の文化的傲慢さや優越感である。「普遍的価値論」の本質は、西洋制度の「パターン化」であり、「普遍的価値」をソフトパワーとする西洋資本主義体制の優位性や不屈な言説的覇権でもある。

　国内外の学者の中には、中国の特色ある社会主義の道は、世界の発展や人類の発展の道から切り離されていると批判し、中国が人類の発展の道に戻ること、つまり「普遍的価値」の道に戻ることを求めている人もいる。それは中国が「専制主義」「独裁主義」の社会主義から「自由主義」「民主」の資本主義に回帰することであるという。実際、彼らは中国が自らの歴史的伝統を断ち切り、文化的特徴と社会主義の道を放棄し、「地に赤旗」という過ちを繰り返すことを望んでいる。

　また、道の問題にはもう一つ、儒教や伝統への回帰を求める論調もある。最も過激な表現は、「中国共産党を儒教化する」「社会主義を儒教化する」という言説である。表面的には、世界へ回帰、人類へ回帰する新自由主義

と双璧をなすようなものであるが、実は結果は同じである。中国の特色ある社会主義が我々の生きる現実的な社会であり、共産主義社会が我々の理想である。人は立つとき、必ず地面に足をつけ、背中を後ろに向け、目線を前に向けて立っている。社会の発展も同じである。社会は始終現実に基づき、伝統に裏打ちされ、未来を見据えるべきものであり、逆に現実から離れ、顔を過去に向け、背中を未来に向けるものではない。社会の発展は前向きであり、人の追求は社会と反対の方向には進めず、同じ方向にしか進めない。

　伝統に頼ることは、伝統を継承し、発揚し、革新することであり、伝統に戻ることではない。儒学と同様に回帰ではなく、継承や発揚が必要とされる。歴史は過去の存在であり、現実は現在の存在である。伝統とは、歴史と現実を連続させる文化の糸である。歴史は現実に深い影響を与え、すなわちその文化的遺伝子はある種の遺伝性を持っている。儒学の伝統は継承されなければならないが、時代とともに進化すべきで、回帰してはならない。習近平総書記が明確に指摘しているように、「歴史は常に前進しており、躊躇する者、様子見する者、怠ける者、弱い者を待つことはない。歴史の歩調と時代の運命を合わせる者のみが、明るい未来を勝ち取ることができる」。

　「『治世不一道、便国不法古』（天下の統治に画一的な方法はなく、国にとって有益であれば、旧体制を模倣する必要はない）」という『史記』の諺のとおり、社会主義には独自の発展法則がある。中国の現代の現実は、社会主義社会の現実である。社会主義には、これまでのどの封建社会とも異なる独自の経済基礎と上部構造、どの社会制度とも異なる新しい指導思想や新しい政治体制がある。我々は21世紀を生きる現世代であり、中国の特色ある社会主義の建設に生きる現世代である。我々は現時点では、中国の伝統文化を重視し、中国の伝統文化の優れた思想を吸収すべきであるが、社会制度の建設と思想指導の概念において、伝統と儒学に戻ることは

不可能である。儒教化を中国の道と方向性の指導にすることは、中国の社会主義の終焉を意味するだけである。

　中国の特色ある社会主義への道は輝かしいが、同時に困難に満ちた道である。中国共産党は、人民が現実の問題の一部に不満を抱いていることをよく承知している。現代の問題は現実の問題であり、古代人の問題ではない。現実の問題を解決するためには、マルクス主義の指導に従い、問題を志向し、史的唯物論の分析方法を採用し、その現実的な原因を探り、有効な解決策を提供すべきである。支配的な地位にある儒教の学説を含む伝統文化は、問題解決の知的資源、教訓と知恵を提供してくれるが、2000年後に経験したことのない問題に対して対策や答えを提供することはできない。中国の道に存在し、発生する問題に対して、儒教化はその対策ではないし、西洋化もさらにその対策ではない。打開策は、社会主義発展と中国共産党の執政の法則を深く研究・把握し続け、社会主義の方向性と党内の厳格な統治を堅持することである。社会主義の基本法則に違反できず、与党の法則にも違反できない。党内では厳格に統治を行わなければならない。もし党が適切に管理されず、厳格に統治されず、人民の意向を強く反映した党内の深刻な問題が解決されなければ、中国共産党は遅かれ早かれ政権を担う資格を失い、必然的に歴史に淘汰されるであろう。歴史の弁証法と、一定の条件のもとで得と失が転換できることを理解していないのは非常に危険である。過去の教訓は目の前にあり、忘れてはならない。『周易』という古籍には、「『君子終日乾乾、夕惕若厉、无咎』（昼は勤勉に、夜は自分に厳しくすれば、過ちはないであろう）」という名言が書かれている。それを我々の座右の銘にすべきである。我々は必ず初心を忘れず、勤勉な態度とまるで深淵に臨むが如き、薄氷を履むが如く姿勢で、社会主義の法則にのっとった中国の道を歩まなければならない。

三、中国の道と社会主義現代化

　習近平総書記は、「現代中国の偉大な社会変革は、単なる歴史的・文化的な母体を引き継いだものではなく、単なるマルクス主義の権威のある作家が構想した雛形でもなく、他国の社会主義実践の再版でもなく、外国の現代化の重版でもない」と述べている。それは、毛沢東の文章『人民民主独裁について』に集約されている中国革命の歴史的経験を、新たな歴史的条件のもとで習近平総書記によりさらに発展させたものであり、中国の特色ある社会主義への道の創造性を示している。

　上記の四つの「ない」には、三つの「化」が含まれている。「単なる古典的なマルクス主義作家が構想した雛形でもない」、「他国の社会主義実践の再版でもない」という言葉は、マルクス主義の中国化、マルクス主義と中国の現実・文化との結合の必要性を強調している。「単なる歴史的・文化的な母体を引き継いだものではない」という言葉は、中国の社会制度と道を儒教化してはならず、儒学が支配する伝統文化を創造的に転換し革新的に発展させるべきだという意味を表している。「外国の現代化の重版でもない」という言葉は、中国の現代化が社会主義的な現代化であり、「西洋化」ではないと強調している。

　マルクス主義の中国化は最も根本的な「化」である。それがなければ、何も語ることはできない。中国革命と社会主義建設、特に中国の改革開放、中国の特色ある社会主義への道は、マルクス主義の権威のある作家が想定した雛形の単なるコピーでも、ソ連の社会主義実践の再現でもない。マルクス主義を指導思想として、中国の現実から中国の発展にふさわしい道を模索するからである。中国の民主革命は、マルクスとエンゲルスが想定した街頭戦でもなく、ソ連の武装した都市武装蜂起でもなく、農村武装割拠と農村から都市を包囲するという道をたどった。社会主義革命と社会主義建設という点では、我々はロシアを師とすることから独自の道を歩むこと

になった。社会主義革命の時期には、民族ブルジョアジーと官僚買弁ブルジョアジーを一つの鍋で煮るのではなく、区別して「平和な買取」を実践した。社会主義建設の時期には、十大関係と二種類の性質の矛盾の正しい処理を強調した。改革開放の時期には、社会主義の方向の堅持と「一つの中心、二つの基本点」などを強調した。それらが、ソ連の社会主義実践と改革の復刻はおろか、マルクス主義の権威のある作家が想定した雛形を簡単にあてはめることではないことは明らかである。中国の革命、建設、改革がマルクス主義の中国化の道を歩んできたことは、説明するまでもない。中国の革命、建設、改革は、「現実から出発する」と「実事求是」というマルクス主義の基本原則を堅持しなければ、成功することはできなかった。もちろん、習近平総書記が「初心を忘れず、前進し続けることを主張するならば、マルクス主義の指導的立場を堅持し、マルクス主義の基本原則と現代中国の現実、時代の特徴を緊密に結合し、理論的・実践的革新を推進し、マルクス主義の中国化を絶えず推し進めなければならない」と述べているように、マルクス主義の中国化は終了していない。

　それは単なる歴史的・文化的な母体を引き継いだものではなく、中国の伝統文化を創造的に転換し、革新的に発展させるものである。中国の歴史上、母体はおろか、社会主義革命も一度も現れなかった。したがって、中国革命は歴史的・文化的な母体の継続ではありえない。中国共産党が主導する革命は、古い社会体制の打倒、社会形態の転換であり、中国史における王朝の交代ではない。中国共産党の創立が天地開闢ほどの中国の偉大な出来事であり、中国革命や社会主義建設が中国史上の母体を持たない偉大な創造物である。『礼記・礼運』の「大道之行也、天下為公（大道が施される時、天下は公と為す）」からの「大同」の理想にも、「太平天国」時の『天朝田畝制度』による封建的な土地の私有を廃止し、貧富の差を埋める思想にも、豊かな知的資源が含まれているが、中国革命と社会主義建設の母体にはなりえない。それらは原始的な空想的社会主義、あるいは農業社

会主義である。我々が堅持したのは科学的社会主義であり、中国の特色ある社会主義は本質的にマルクス主義の科学的社会主義であり、他の主義ではない。

儒教の学説は、封建王朝の母体であり、革新を開拓する母体ではなく、王朝の守成の母体である。歴代王朝が国を治めるのに儒教の利用を唱えたのはそのためであり、中国の特色ある社会主義の道の母体となれるわけがない。もちろん、儒学が母体でないからといって、中国伝統文化の奥深さが損なわれることはない。儒学が中国伝統文化の主軸として、我々の考え方、道徳の育成、人文教化、国政運営に大きな知的価値を持つことは、何ら損なわれることはない。儒学の政治化、宗教化には反対すべきであるが、逆に社会主義の時代には、儒学の文化的本質を重視しなければならない。しかし、道と旗の観点から、理想と信仰の再構築の観点から、儒学で国家と党を教化する道を歩んではならない。我々が治めるのは社会主義国家であり、我々が再建する理想、信仰、価値観は、社会主義と共産主義の理想、信仰、価値観である。中国共産党が中国共産党と呼ばれるのは、結党の日から共産主義を大志として確立してくるからである。

中国共産党の腐敗分子や寄生虫が、儒学への信仰ではなく、社会主義や共産主義への信仰を失っていることは現実に注意を払う人なら見ればわかるであろう。我々の社会における道徳的な不祥事や価値観の混乱の一部も、儒学への信仰の喪失によるものではなく、現代中国社会の深い変化の副産物、あるいは社会的コストによるものである。

唐詩や宋詞などの文学を含む中国伝統文化の古典を研究し、総じて言えば中国伝統文化の中で価値のあるものを大切にすべきだということには筆者は賛成している。しかし、社会の矛盾は常に現実のものであり、我々が直面する問題は永遠に現在のものであることも理解すべきである。現代人の信仰や価値観は、永遠に時代に即したものでなければならない。

伝統的な状態から脱出したどの国でも、必ず現代化を実現する。中国も

その例外ではない。しかし、中国の現代化は社会主義的な現代化であり、西洋の現代化を模倣したものではない。現代化とは、最もよく使われる概念の一つである。とはいえ、何が現代化で、どのような現代化を実現するかという問題は、時代の背景、各国の歴史的・文化的特徴、そして何よりも社会制度の本質に依存する。

　社会主義制度の確立以来、中国は工業、農業、国防、科学技術の現代化を徐々に実現するということを目標に掲げてきた。建設から70年を経て、国家統治体制と統治能力の現代化、社会主義市場経済の発展、社会主義協商民主制の発展、中国の特色ある社会主義法治体制の建設など、現代化の中身を深め続けてきた。しかし、中国における現代化の意味をどのように深めても、資本主義的現代化ではなく、社会主義的現代化に取り組むという一点に変わりはない。以下の行為は実際には現代化の名の下に、社会主義現代化を「西洋化」の再版としてすり替える。例えば、中国の特色ある社会主義の基本的な経済・政治体制を放棄し、中国の道から逸脱し、西洋の言説が抽象的に提唱する国家の現代化を分析せずに受け入れ、中国共産党の指導による多党協力・政治協商制度を変更し、中国共産党の指導を放棄し、思想の市場化を唱え、マルクス主義の指導的立場を放棄し、思想の多元化を利用して指導思想の一元化に反対し、軍隊の国家化を唱え、党が軍隊に対する指導に反対するなど、全部上述の行為に属している。

　資本主義的現代化が、伝統社会から解放された人類社会にとって、歴史的に大きな進歩であることは間違いないが、西洋の現代化は、海外での植民地化によって達成され、侵略、略奪、搾取、拡張と不可分なものである。日本も「脱亜入欧」を提唱し、その現代化を通じて軍国主義の道を歩み、外部への拡張や侵略へと向かっていった。我々は、欧米の先進資本主義諸国が豊かになり、文明化する姿ばかりを見ているが、資本主義の現代化が世界と植民地化された国々の多くにもたらした巨大な災いを忘れてしまっている。マルクスはかつて、「ブルジョア文明の故郷から植民地に目を向

けるとき、ブルジョア文明の極端な偽善とその野蛮な性質が、我々の前にむき出しにされる。故郷ではまともな顔をしているが、植民地では骨抜きにされる」と言った。

　資本主義的現代化の本質は、資本本性の拡張である。海外植民地化は資本の拡張であるが、それは「文明の輸出」であると主張する。実際、マルクスが当時述べたように、植民地化された国々は「新しい世界を得ることなく古い世界を失い、それが今彼らが苦しんでいる災難に特別な悲劇的色彩を与えている」のである。西欧資本主義が「文明の輸出」というスローガンのもとに世界に災いをもたらしたとすれば、現代資本主義は「普遍的価値の輸出」というスローガンのもとに同じ災いを世界にもたらしている。中東やアフリカの「民主化」された国々を見れば、戦火の日々や家庭崩壊、難民の波という状況を見れば、そのことが理解できるであろう。

　社会主義的現代化は、西洋の資本主義的現代化と共通する点があるかもしれないが、決して西洋の現代化の複製ではない。時代・社会制度・文化的背景や伝統が異なれば、現代化の道筋は違っている。中国の文化は平和の文化であり、拡張の文化ではない。中国の現代化は、民族独立を果たし、社会主義制度を確立した後に徐々に行われたものである。資本主義世界の封鎖の下で、独立自主や自力更生、党の指導、および人民の力を頼りに現代化したのである。経済のグローバル化や世界との付き合いの背景で、改革開放の深化を通じて社会主義的現代化を続けてきた。我々の現代化は、植民地化や略奪ではなく、互恵両得であり、血と炎や戦争がなく、人類の運命共同体を構築するものでもある。中国の社会主義的現代化は、世界平和と戦争防止の力であり、世界の平和的発展の力でもある。それは西洋の現代化に伴う植民地化、戦争、略奪とは全く異なる二種類の現代化である。中国の現代化は、世界と人類の平和に大きく貢献するものである。

　社会主義の現代化は西洋の現代化の模倣ではないが、西洋の現代化の研究を大切にしている。その成績と問題は、我々に経験と教訓を与えてくれ

る。西洋現代化の問題を回避する条件が備わり、後進国である我々は、それらの問題を回避すべきである。我々は中国の現代化に対する西洋の影響とその貢献を忘れることはない。しかし、中国の現代化の原動力が外来的なもので、中国自身の歴史の内的要件とは無関係であるということには同意できない。外的要因は条件であり、内的要因は根拠である。中華民族は数千年の文化伝統を持つ民族であり、数千年の文明の内なる力を秘め、蓄積してきた民族であり、現代では侵略と略奪にさらされ、民族復興、民富国強、および強い国力を目指す民族である。現代化は中国革命にあるべく筋道である。中国の現代化を、中国の内なる力の要求ではなく、外部に対する反応という単純なモデルとする考え方のは、誤った歴史観である。そのような歴史観は、中国が現代化したのは西洋の侵略のおかげということを主張し、一部の恥知らずな人々が主張するように、中国が300年間西洋に植民地化されていれば、外国人から既製の現代化した中国を引き継いでいたであろう、という結論につながるのである。そのような見方は、いかにも荒唐無稽である！

結論

中国の特色ある社会主義の道は、現代化と人民のより良い生活を実現する必由の道である。その道に対する我々の自信は、文化に対する自信に由来している。中国には、5000年以上の文明の発展によって育まれた優れた伝統文化だけでなく、中国共産党と中国人民の偉大な闘争によって育まれた革命的文化や先進的な社会主義文化がある。文化とは、知識や知恵の蓄積だけでなく、民族の最も深い精神的な追求でもある。中国がその百年近くの惨事を悔いなく乗り切り、「拼将十万頭顱血、須把乾坤力挽回（十万人の兵士が、自らの命を犠牲にしても、祖国の地を取り戻さなければならない）」という詩のように、「我以我血荐軒轅（血の滲むような思い

で祖国に尽くすことを誓う)」という中華民族の文化の精神はその中に輝いている。

第五章

歴史のサイクルと
中国の特色ある社会主義

ソ連の崩壊と社会主義の挫折は、人類史の偉大な変革としての社会主義の確立への道は平坦ではなく、後退や逆転の危険もあるという重要な真理を明らかにした。

一、歴史のサイクルは社会主義社会にとっても同様に重要

アヴリルの銃声に包まれて生まれたソビエト政権が、世界の栄光を浴びた後に、滅びるとは誰も想像できなかったであろう。ソ連は崩壊し、社会主義制度はソ連で終焉を迎えた。歴史には、スターリングラード攻防戦、ベルリン陥落、ガガーリンの宇宙船、スターリンの他の偉大な功績などの記憶が残された。もちろん、スターリンへの蔑視、ソ連社会主義へのさまざまな否定や恨み言も含まれている。

円明園の焼失や南京大虐殺事件といった各種の不平等条約の屈辱を経て、帝国列強に分割された中国が、再び平和発展の新たな姿で世界に自立し、中華民族の偉大な復興の道に踏み出すことができるとは、同様に誰も想像できなかったであろう。

世界史の絵巻には浮き沈みが激しく、風雲の変化も多い。歴史は予測しにくいが、従うことができる法則がその中にある。歴史には天下る奇跡がなく、奇跡の創造者は民族の闘争と覚醒である。習近平は、中国人民抗日戦争・世界反ファシズム戦争勝利70周年記念式典で、「我々は歴史を忘れず、烈士を追懐し、平和を大切にし、未来を切り開くべきである」と述べた。それは中国共産党の指導の下、中国人民の闘いを論理的に再現した。特に、中国の特色ある社会主義の理論体系や中国の特色ある社会主義の道を堅持する論述は、歴史のサイクルから脱却する上で重大な指導的意義がある。

歴史のサイクルの問題は、1945年抗日戦争勝利の前夜に延安を訪れた

黄炎培先生が毛沢東に投げかけたものである。黄炎培先生は毛沢東に、中国共産党は「勃興も思わず、滅亡も突然」という歴史のサイクルから脱却できるかと尋ねた。毛沢東は、「できると思う。我々はすでに新しい道を見つけた。それは民主である。人民が政府を監督してこそ、人民や政府は没落しないだろう」と答えた。当時、中国共産党は延安にあり、国民党は攻めてきたかもしれず、内戦は勃発する寸前である。黄先生が提出したのは歴史的経験に基づく抽象的な可能性であったのに対し、毛沢東の返答は最も重要な原則を示したものであった。民主は中国共産党が政権を取った後の政治体制建設の重大な課題であり、歴史のサイクルを有効に防ぐことに対する重要な保障でもある。当時は社会主義建設の実践経験や現実的な緊急性もなかったが、毛沢東の「民主」という処方箋は、大所高所に立ち、政治的な達識が見られ、今日でも有効である。

　新中国建国前夜、政権を手に入れた後いかに権力を強固にするかという問題は、すでに中国共産党の目の前にあった。毛沢東は、第七期中央委員会第二回全体会議の報告で、すでに全党に警鐘を鳴らしていた。「銃を持った敵に征服されたことのない、その敵の前では英雄と呼ぶにふさわしい共産党員がいるが、彼らはオブラートで包んだ砲弾には耐えられず、敗北してしまうかもしれないだろう」。それ以来、党中央委員会が西柏坂から北京に移ったとき、毛沢東は李自成を例にして、「我々は決して李自成にはならない、みんな試験で良い結果を出したいだろう」と言った。

　毛沢東のそれらの先見の明は、すべてプロレタリアートが政権を握った後の歴史のサイクルの問題に関連していた。毛沢東の関心は、いかにして政権を固め、都市に移って自らを堕落させた農民革命指導者の歴史的な古い道をたどらないということにあった。毛沢東が国家的勝利後の「三反」「五反」運動で張子善と劉青山を処刑したのは、プロレタリア新政権を固めるという戦略的配慮に基づくものであった。張と劉はともに革命の功労者であり、彼らの死刑宣告は「『揮涙斬馬謖』（泣いて馬謖を斬る。規律を

保つためには、たとえ愛する者であっても、違反者は厳しく処分するという意味)」の物語にたとえられる。

　社会主義政権が安定した後、社会主義建設による歴史のサイクルの出現をいかに防ぐかという問題は、毛沢東にとっても大きな課題となった。人民の内部矛盾の正しい処理、社会主義社会の基本的矛盾、十大関係の正しい処理に関する毛沢東の論述は、中国の社会主義建設の道と社会主義制度の強化にとって、グローバリティがあり、かつ前衛的・戦略的な意義を持つものであった。にもかかわらず、全体として、毛沢東は政治に、階級闘争に、政権をいかに強化するかに関心を集中させた。彼が打ち出した一連の政治運動は、右派との闘い、右傾化の日和見主義との闘い、そして最後にプロレタリアートの「文化大革命」に発展した。毛沢東は党と国がブルジョア的復権の危機に面すると考え、そのために「階級闘争が綱領である」ことを強調し、「文化大革命」を打ち出した。「階級闘争が綱領である」という路線で社会主義を固め、歴史のサイクルを防ごうとする試みは、社会主義制度の自己改良に役立たないばかりか、人民生活の向上、ひいては社会主義制度の真の強化にも役立たないことが、経験によって証明されている。

二、ソ連社会主義の失敗からの教訓

　社会主義国は確固不抜であるという考え方は元々認められていた。すでに政権を手にした社会主義国が、それでも歴史のサイクルから脱却できないとは想像しにくい。しかし、東欧革命とソ連の崩壊は、極めて現実的かつ鋭く人々、特に中国の共産主義者の前に示された。すなわち、プロレタリア政権は再び失われ、社会主義社会は「滅亡も突然」の可能性があるということである。

　ソ連における社会主義の失敗は、プロレタリアートの完全独裁と階級闘

争だけでは社会主義が固まらないことを証明した。スターリンは階級闘争の手を緩めることなく、厳しい政治運動と党内闘争でソ連共産党をいわば「清廉潔白」なものにした。にもかかわらず、ソ連は崩壊した。その解体や十月革命の成果が失われたことは、歴史の悲劇的な教訓となった。スターリンはソ連の産業化、防衛戦争、強大化に貢献したが、最後には悲劇の人物となった。

　十月革命はまさしく人類史上最も偉大な革命の一つであった。十月革命がロシアの歴史、伝統、社会の性質とは相容れず、失敗する運命にあったという議論は説得力に欠けている。もしその主張が成り立つなら、中国革命当時の社会発展の水準と社会の性質は、ロシアの十月革命のそれよりも進んでいないことになるではないか。そうすると、中国は社会主義革命を行うべきでもなく、政権を握るべきでもなく、ブルジョア民主革命を行うか、もしくは政権を利用し資本主義社会を建設すべきのみであったという考え方になるのではないか。それは新しい創造物ではなく、党の創立以来議論されてきたことである。いま、一部の理論家はソ連の崩壊を利用し、それを明示的に、婉曲的に、露骨に、あるいは壁訴訟のように、我々の前に突きつけている。実は、それは条件が整った後政権を奪取すべきか、そして奪取した後どのように建設するのかという二つの問題を混同させる考え方である。レーニンはかつて『わが革命について』のスカーノフへの反論のなかで、そのことを語っていた。今でもレーニンの言う通りであると思う。

　歴史の流れは絶えずに進化している。歴史上の出来事全体が、異なる背景、異なる時間、異なる条件、異なる主人公のもとで起こったのであるから、古い決着をつけるために過去に立ち返る必要はなく、それぞれを個別に決着させればよいのである。歴史の巨人もいれば、歴史の小人もいる。十月革命は人間革命の新紀元や偉大な勝利である。74年後のソ連崩壊は社会主義の偉大な実践におけるある失敗である。そこから導き出される教

訓は、革命を引き起こすべきかについての問題ではなく、革命後にどのように建設していくかという問題である。それは後継者自身が独自に解決すべき問題であり、創始者の歴史的任務ではない。偉大なマルクス主義理論家も革命家も、時代を超えた国政運営の案を提供することはできないし、彼らが始めた事業が数年後に頓挫することがないことを保証することもできない。要するに、すべては「丸い卵も切りようで四角」という諺のように、人間次第なのである。

古代中国の歴史観によれば、その一方は天下を手に入れることであり、他方は世界を治めることである。賈誼の『過秦論』によれば、「攻守所が変える」という言葉である。政権を奪取するということは、国を治めず、食の世話にもならず進むだけである。政権を握った後は、自分が国を支配し、民衆の衣食住や交通の世話をし、善政や善法を施さなければならない、つまり守りの立場である。マルクス主義史的唯物論から見れば、共産主義者の革命精神と信仰は変わることはないが、革命前後の任務は異なり、一方は打破、他方は確立、一方は革命戦争、他方は社会主義建設である。国情が異なり、伝統が異なり、国際情勢が異なる以上、その道や手段は同一にはなりえない。

十月革命は世界史的に偉大な革命である。それが完全に偶発的なものであり、レーニンの陰謀であったというのは完全な誤りといえよう。世界史的に偉大な革命が、純粋に偶然であるはずがない。十月革命後の偉大な成果、欧米諸国が警戒するほど世界に注目されたソ連の顕著な発展は、その革命が正当であり、必要であり、歴史の流れに沿い、人民の願いに沿ったものであることを示した。ソ連は、それ以来後継者が次々と、直面する矛盾をその実情に応じて適切に解決し、社会主義の原則に沿った改革を行う限り、存続することがまさしく可能であった。歴史はソ連に崩壊や失敗を運命づけたわけではない。

しかし、旺盛な群衆革命運動のなかで勝利したロシア革命とソビエト政

第五章　歴史のサイクルと中国の特色ある社会主義　　111

権は、国や党の内外の政治勢力、群衆の不満や参加のもとに崩壊した。なぜであろうか。スターリン統治後のソ連の功績を否定することはできない。チャーチルでさえ、「スターリンは木柄の鋤で国を乗っ取ったが、原子爆弾のある国を残した」と言った。しかし、彼の過ちもまた甚大であった。彼の主な過ちは、階級闘争と党内闘争によって政権を強化すること、社会主義社会には矛盾があり、異なる性質の矛盾を異なる方法で対処し解決する必要性を認識しなかったこと、さらに独裁と高圧的な政策を実行したことにある。スターリンの個人的な独裁と群衆の彼に対する個人崇拝は、長期的な要因としてソ連の社会主義が失敗したことに責任があった。しかし、最も重要であったのは、スターリンの後継者である。彼らはスターリンの死後、政権を握った者であり、スターリンの個人崇拝の影響を拒絶しながら、ソ連の現実と社会主義の原則に従って、スターリンとスターリン時代の誤りを正すことは可能であった。にもかかわらず、彼らは別の道を歩んだ。彼らは、スターリンの個人崇拝への批判を、スターリンとレーニンへの醜い描写や誹謗中傷、マルクス主義と社会主義への攻撃に転化した。あらゆる種類の間違った思想傾向が現れた。指導者は理論的にも世論的にも放任的な態度を取ったが、経済的・政治的にはスターリン時期で確立された旧体制を維持し、効果的な改革を実行することができなかった。そのような社会主義やマルクス主義への中傷の拡散は、人民の思想に大きな混乱や右往左往の情緒をもたらし、ついには、ソ連の指導者が社会主義制度を根本的に放棄し、いわゆる新思想や新自由主義という私有化を遂行させた。人民も傍観してしまった。「水は舟を載せ又舟を覆す」という歴史の法則は、社会主義国のソ連でも働いていた。

　史的唯物論によれば、十月革命は必然であり、74年後のソ連の崩壊も必然であった。その二つの必然性は、火と氷のように矛盾しているように見えるかもしれないが、実は共存できる。歴史の必然性とは、人間の営みの外にある運命の神ではない。十月革命の必然性は、第一次世界大戦後の

ロシアが直面した各種の複雑な矛盾の中にあった。二月革命後に樹立された臨時憲政が戦争、土地とパンの問題を解決できなかったとき、プロレタリア革命と人民の蜂起は不可避となった。ソ連の崩壊とソ連社会主義の失敗の必然性は、30年以上続いたスターリニズム後期のソ連の共産党の活動そのものにあった。ソ連の崩壊とソ連社会主義の失敗は、ソ連共産党自身の誤った路線と政策によって、一歩一歩構築されていったのである。ゴルバチョフによるソ連共産党の解散、エリツィンによるソ連社会主義建築の基礎とソ連マルクス主義イデオロギーの廃墟への完全破壊、そしてソ連共産党で政権を握っていた二人の人物によるソ連とその社会主義の埋没は、最も生き生きとした実例で、社会主義国においては、共産党自身とその指導者にしか社会主義を埋没できないということを説明している。社会主義国における与党共産党の路線、方針、政策は、その社会主義国の将来と運命を左右する鍵である。ある学者の考えによると、制度は決定的ものであるが、実際、制度は改革できる。改革の勇気、方法、方向性を決めるのは、共産党がどのような理論を指導理論とするかということであり、共産党が追求する路線、政策、指針である。

　当時、毛沢東は、中国革命の勝利を万里の長征の第一歩にたとえた。それは今考えると、実に達識である。革命の勝利後、社会主義の長期的な建設に存在しうる問題や危険、およびその複雑さは、まさしく政権を奪取したときよりはるかに大きい。

三、中国の特色ある社会主義の理論と道の偉大な意義

　プロレタリア革命と政権奪取の時代、革命群衆を含む革命の指導者は理想主義者であったことが容易に理解できる。社会的理想は革命の精神的原動力である。しかし、革命の勝利後、自分の社会的理想を実現するために、手にした政権をどう使うかという問題は、革命的高揚の理想に基づく

のではなく、現実の状況に基づいて再び決定される必要がある。したがって、社会主義とは何か、いかに建設するかという問題は、プロレタリアートが勝利後に直面しなければならない問題となる。真に社会主義的な社会は、生産力が高度に発達し、人民が国家の主人であり、人民の物質的・文化的生活水準が絶えず引き上げられる社会でなければならない。そのような社会主義は、経済建設を中心とし、全面的な改革開放を実行するものでなければならず、階級闘争のみで確立・建設・強化することはできない。

　もちろん、ミネルヴァのフクロウは夕暮れ時にしか飛び立たないように、賢者の歩みは常に現実より遅れている。歴史的活動にいる人々にとって、経験が必要であり、教訓が必要であり、蓄積が必要であり、立ち止まって自分の歩んできた道を反省する必要がある。新中国での長い手探りや挫折の後、国際社会主義の実践に関する経験を総括した後、鄧小平はようやく中国における社会主義の真の建設が、科学社会主義の基本原則と中国の現実との結合に基づかなければならないこと、さらに社会主義とは何か、いかに建設するかという問題をまず確かめるべきであることに気づいた。我々の政策的な失敗や挫折の多くは、書物主義や抽象的な理想および狂熱に根ざしており、そのため中国の現実から離れ、中国の国情を知らず、社会主義の初級段階にあることに了承していなかったのである。

　鄧小平は科学社会主義の基本原則を中国の現実と結びつけ、社会主義本質論を創造的に打ち出し、「社会主義とは何か、いかに建設するか」という問題を初歩的に解決し、「一つの中心と二つの基本点」の路線を形成し、改革開放を始めた。それからというもの、中国の社会主義は世界の注目が集まる急速な発展の道を歩み、中国龍は飛び立ち始めた。その偉大な転折がなければ、また、「階級闘争が綱領である」から「経済建設を中心し改革開放を始める」への転換がなければ、内外の政治勢力に後押しされた中国は、別の形でソ連の失敗を繰り返すかもしれない。歴史のサイクルが中国で繰り返されないという保証は誰もできない。

科学的な社会主義の理論と実践の観点から、中国の特色ある社会主義の理論と道は、相互に関連している三つの大きな問題を解決した。第一に、社会主義の発展の道を見出すことである。第二に、中華民族の偉大な復興の道を見出したことである。第三に、社会主義社会が歴史のサイクルから脱却する道を見出したことである。改革開放によってのみ社会主義を発展させることができ、社会主義の自己改善と発展によってのみ社会主義を真に強固でき、ひいては歴史のサイクルから脱却できる。その過程は同時に中華民族の偉大な復興の過程でもある。歴史のサイクルの問題には、特別かつ重要な研究価値がある。社会主義社会は安定する運命にあるように見え、群衆は自然に社会主義を支持するであろうという誤解を理論的に打ち砕いたのだ。その結果、支配的立場にある中国共産党が公のための立党、人民のための執政および政権を担う能力を絶えず高めることの重要性をさらに意識しなければならない。

　中国の特色ある社会主義の理論は、マルクス主義の歴史においても、社会主義実践の歴史においても、偉大な創造物である。中国の特色ある社会主義の道は、歴史のサイクルを防ぎ、社会主義を堅持、発展、改善し、および民族の偉大な復興を実現する最も有効な方法であることが、経験によって証明されている。

　中国の特色ある社会主義の理論は、時代と共に進んでいる科学的体系であり、歴史のサイクルから抜け出す方法を模索する過程でもある。社会主義政権が海外で敵に囲まれ、中国国内で反動的な政治勢力がまだ存在し、新政権がまだしっかりと確立されていなかった時代に、毛沢東が政治的な権力強化や階級闘争を重視したことは、一定の歴史的正当性があった。しかし、「階級闘争が綱領である」ということを社会主義時期全体の指導思想とするならば、中国共産党が民主と法制度の建設に力を入れず、社会主義制度の優越性が十分に発揮されないことになるのは必定となる。毛沢東同志を核心とする党中央指導部の第一世代が社会主義の改革開放のために

築いた経済的・政治的基盤を決して忘れてはならないが、「階級闘争が綱領である」という誤った路線と政策を実行し続けることはできない。経済建設を中心とすることから、生産力の解放・発展まで一連の理論と政策からなる鄧小平理論、「三つの代表」、「科学発展観」、習近平による新時代の中国の特色ある社会主義に関する思想まで、我が党は中華民族の偉大な復興を実現し、歴史のサイクルから抜け出す新たな道を切り開いた。

四、「安に居て危を思う」と憂患意識の向上

　改革開放の過去40年間、特に第十八回全国代表大会以降、我々の事業の偉大な成果は、社会主義のみが中国を救うことができ、改革のみが社会主義を発展、強化、改善できることを証明した。現代中国において、中国の特色ある社会主義の理論体系を堅持することは、マルクス主義を堅持することである。中国の特色ある社会主義を堅持することは、社会主義を堅持することである。

　新時代の最も顕著な特徴は急速な発展である。我々はすでにこれほど人民が満足している大きな成績を上げ、世界の注目も集めた。習近平同志はなぜ始終全党と中国人民に対して、「安に居て危を思う」と憂患意識の向上を指導するのであろうか。世界では、挑戦と機会に同時に直面しており、挑戦よりも機会が多い。中国国内では、問題よりも成果が多く、問題は発展の中での問題である。機会がある限り、挑戦があり、挑戦は機会の中に存在する。矛盾がある限り、問題があり、問題は矛盾の中に存在する。習近平総書記は、「安に居て危を思う」と憂患意識の向上を提起すると同時に、「リスク」と「困難」に留意するよう党内に警鐘を鳴らす。

　中国では、小康社会（ややゆとりのある社会）の全面的な建設や社会主義現代化の実現、および「二つの百年目標」の実現を達成するには、数世代の弛み無い努力を要している。その歴史的な時期に、我々は国際情勢の

変化に対応し、国内のさまざまな矛盾や困難を乗り越え、改革の正しい方向性を揺るぎなく守り、中国の特色ある社会主義の道を堅持しなければならないが、その道には困難とリスクが伴っている。

そのリスクはどこから来るのであろうか。困難から生じる客観的なリスクと、それに対する我々の対処能力や意思決定という主観的なリスクがある。現在の世界は資本主義と社会主義が共存し、相互に付き合っている世界である。「西洋化」「分裂化」の危険は決して無視できない。しかし、我々としては、客観的なリスクを研究する場合、それを解決する能力の研究、すなわち党の執政能力の研究、官員集団の建設、およびマルクス主義理論の建設にも力を入れるべきである。

(一) 党の執政能力について

中国共産党は、革命期も社会主義建設期も、自らの能力の建設を重要視している。特に改革開放後、どのような党を建設するか、どのように建設するかという問題は、中国の特色ある社会主義の科学的理論体系の中で重要な位置を占めるようになった。誠心誠意人民に奉仕することが、我が党の宗旨である。現代中国において、わが党は与党であるだけでなく、改革開放という偉大な革命を主導する党でもある。我々の任務はさらに困難で厳しくなるが、戦争の時代とは完全に異なる環境にいる。経済構成が多様になり、配分や就労形態が大きく変化し、さまざまな立場の党員がいるのは、現在の時代の特徴である。社会主義国では、最大のリスクは、与党そのものから来るかもしれない。我が党は中国労働者階級の前衛部隊として、常に中国人民と中華民族の先鋒隊の本質を堅持し続け、中国の特色ある社会主義大義の指導的な核心となり、党の基本路線を堅持してこそ、その前進のどのリスクでも解決できる決定的な力となりうる。党の先進性を維持することは、中国の特色ある社会主義の道を堅持する根本的な保障である。

（二）リスクは官員から来る可能性

　社会はどのような状況にあり、人民が満足し支持するかどうかという問題の中で、最も重要なのは官員の治め方である。柳宗元は『元饒州の論政書簡への返信』の中で、国家にとって最も有害なものは「賄賂が盛んになり、税金がむやみに徴収されること」だと述べている。それはもちろん封建社会への言及である。しかし、その言説はわが国の官員の建設に対する警告的な意味でもある。わが国では、党の正しい路線が確立されれば、官員は決定的な存在となる。中国の特色ある社会主義の旗は、まず各級の官員が掲げなければならず、中国の特色ある社会主義の路線、方針、政策は、まず各級の官員が実行しなければならない。誠心誠意人民に奉仕する高い資質を持つハイレベルな官員集団がいなければ、中国の特色ある社会主義の大義と道は挫折してしまうであろう。改革開放以来、党官員の文化レベル、才能、政治的質は大きく向上している。しかし、一部の官員の中に、権力と金の癒着、腐敗行為と堕落現象も驚くべきほどあるのは言うまでもない。

　特に多くの高官の落馬は憂慮すべき事態である。我が党は、腐敗行為との闘いが党と国の運命と未来に関わる重大な問題であることを常に強調している。中国共産党第十八回全国代表大会以降、我々は腐敗行為を処罰する上で大きな成果を上げ、腐敗行為を防止するための新しい政策や措置を導入し続けてきた。しかし、腐敗行為との闘いは依然として長期的かつ複雑で困難な任務である。我々は腐敗や汚職が「安に居て危を思う」と憂患意識の向上における重要な問題であり、社会主義国家に対する重要な脅威であることを認識すべきである。

（三）社会主義の思想理論の分野における混乱からくるリスク

　ソ連における社会主義の失敗は、長期にわたる思想的混乱とさまざまな誤った傾向からなる世論の占拠という時期がある。理論的な立場と世論的

な立場が最も重要である。理論の混乱は必然的に思想の混乱となり、思想の混乱は必然的に行動の混乱につながる。

　中国共産党は、理論構築とマルクス主義理論陣の建設を常に重要視している党である。しかし、中国の特色ある社会主義理論の科学的体系を全面的かつ正確に理解するためには、まだまだ研究し解明しなければならない問題が山積している。マルクス主義理論における我々の仕事の性質と、それが引き受ける任務からすれば、我々は中国共産党第十八回全国代表大会の文書を真剣に勉強し宣伝するだけでなく、中国共産党第十九回全国代表大会が提起した一連の重大な理論的・実践的問題を深く研究しなければならない。

　理論的な問題は極めて重要である。理論分野にはさまざまな傾向があることは言うまでもない。「左翼」路線と思想傾向によって中国にもたらされた損害を繰り返してはならない。しかし、新自由主義や歴史ニヒリズムも台頭している。マルクス主義の理論家として、左派・右派の思想や理論に抵抗・解明し、現代中国のマルクス主義と習近平による新時代の中国の特色ある社会主義に関する思想を深く研究する必要がある。それは歴史と時代から与えられた我々の責任である。

第六章

人民を中心とした中国の道

習近平はマルクス生誕200周年記念大会で、「マルクス主義は人民が自らの解放を実現する思想体系を、初めて創立した人民の理論である。マルクス主義は深遠であるが、最終的には『人類の解放を求める』という一言に尽きる」と述べた。

一、人間という概念の異なる文脈を区別する

「人民に奉仕する」ということは、中国共産党の終始一貫した主張である。中国の特色ある社会主義への道の建設において、我が党は「人民中心」、「公のための立党、民のための執政」という原則を堅持し、「誠心誠意人民に奉仕する」という根本的な宗旨を実行し、すばらしい生活に憧れる人民の願いを目標とし、最終的には、自由で全面的な人類の発展という偉大な理想を実現しように奮闘している。

マルクス主義の人間解放に関する思想は、西洋史の人本主義からある種の批判的継承を受けたものであるが、根本的な相違点がある。中国の特色ある社会主義道路の建設において、「人民中心」の路線を堅持するためには、マルクス主義の人間論を史的唯物論の高みから理解することが必要である。

「人民中心」ということは科学的な哲学命題であり、抽象的な人本主義的命題でもある。重要なのは「人間」をどう理解するかということである。「人間」という言葉の中身と外延は、文脈によって極めて異なる。人間という言葉の日常的な用語、文学的な用語、哲学的な用語、そして哲学的な用語の中のさまざまな哲学的な学派を区別すべきである。エンゲルスは『詩と散文におけるドイツ社会主義』の中で、グリュンのゲーテに対する誤読を批判した。エンゲルスは、「ゲーテは文人として、しばしば人間という言葉をかなり誇張した意味で使ったが、ゲーテの『人間』は、フォイエルバッハの意味での哲学的な用語ではなかった」と述べている。「特

にゲーテでは、それらの言葉の大概は、完全に非哲学的な、身体的な意味を持っている。ゲーテをフォイエルバッハの弟子や『真の社会主義者』にした功績は、すべてグリューン氏に属する」[1]と彼は加えつけていた。人間という言葉が使われる文脈を区別しなかったら、人間について語るとき、時には不安な顔色に変え、哲学的な混乱に陥るかもしれない。

　日常生活では、人間という言葉が最も頻繁に使われる。けんかでは、「本当に人間ではない」、「人間らしくない」という、相手にとって耐え難い言い方もよく耳にする。しかし、「人間らしくない」とはどういうことなのであろうか。「人間らしくない」と非難する人は、人間とはどうあるべきかという基準を持っているのであろうか。真の人間とはどのようなものなのであろうか。答えは彼らの心には明らかにそのような基準がない。なぜなら、哲学的な議論ではないからである。そこでの「人間らしくない」という言葉は、非難される人が社会で受け入れられている一般的な道徳的規範、あるいは人間としての逸脱行為を批判していることは、誰の目にも明らかである。したがって、そこでの批判者は一般的な道徳的慣習によって人間や「非人間的」を測っているのである。

　詩の中で「人間」という言葉を使うのはよくある。「『前不見古人、后不見来者』（前には古人が見られず、後には来者も見られない）」、「『空山不見人、但聞人語響』（人気のない寂しい山には、人の姿は見えず。ただどこからか人の声が響いてくるだけである）」、「『春潮帯雨晩来急、野渡无人舟自横』（春の潮が満ち、春の雨が急激に降ると、西の流れの水は急に速くなる。荒野の渡し場には誰もいなくて、ただ一葉の舟が自ら横たわるだけである）」のような詩の例は枚挙にいとまがない。そこでの「人間」も哲学的な言葉ではない。そこでの人間とは、美的な文脈を持つフィクションの人物であり、景物描写と感情吐露が溶け合う接着剤である。文学批評では、その文脈における「人間」が具体的な人なのか抽象的な人なのか、その意味を哲学的な根拠で探ろうとはしない。それは文学であり、詩であ

るからである。

　しかし、哲学は違っている。哲学的命題として、「人民中心」というものは、「人間」というものへの異なる理解で、完全に異なったり、あるいは対立する哲学的な路線を表現したりするのである。史的唯物論の「人民中心主義」は、さまざまな抽象的な人本主義の教義が提唱する「人間本位主義」とは歴史観や世界観では根本的に異なっている。

　人間を解けない謎として、また究極の研究対象として捉える考え方は、哲学的な思考や人間の本質を探る形而上学的な探求に由来している。哲学の分野では、古代から現代に至るまで、多くの哲学者が人間について苦悩してきた。その苦悩の根源は、哲学的な思考法そのものにあり、現実に存在している人間の外にある、いわゆる「人間」を求めることにある。古代ギリシャに、昼間にランタンを持って街をさまよう哲学者がいて、「なぜ昼間にランタンをつけているのか」と聞かれると、「『人間』を探すから」と答えたということがある。そこでの「人間を探す」というのは、そういう「人間」を探すという意味である。今日に至るまで、人間は「人間」を探しているのである。アメリカの哲学者ロロ・メイは、人間についての著作に直接「失われし自我を求めて」というタイトルをつけている。彼の見解では、我々は不安の時代に生きており、自分を知ることがわずかな幸せの一つであり、自我の探求に再び投げ込まれるのである。

　現代では、自然に対する認識と人間自身に対する認識との間のギャップが広がっているように見える。医学の分野では、人間のクローンを作ることができるようになったが、哲学の分野では、人間とは何かということがまだ議論されている。ジョン・デューイによれば、2500年前にソクラテスが哲学の助産婦に指定したこと、すなわち「汝自身を知れ」を実行することが、今日哲学に求められる最高の仕事である。人間とは何かということは、哲学が永遠に探求し続ける任務であるように思われる。

　実際、人間の本質を認識するという観点からは、自然科学は哲学以上に

人間をわかっているわけではない。科学技術は人間のクローンを作ることができるまでに進歩したが、真の意味でわかっているわけでもない。人間を解剖し、解剖台の上で人間の生理的構造を明らかにし、遺伝子をマッピングすることさえできるが、彼らが知っているのは生物学的人間、人間の肉体であり、人間の本質や人間性ではない。我々は科学技術が人間に対する研究の成果に夢中になりすぎてはならない。人間の本性や需要を哲学的に解明することなく、自然科学の理解に満足してしまうと、20世紀後半以降の生態環境の劇的な悪化が示すように、結果的に大きな被害を受ける可能性が高い。

　人間を哲学的に理解することは非実体的で可視化不可能な分野であり、実に難しく、どんな機器や先端ツールも役には立たない。1万年後も同じである。人間の哲学的思考力次第で、「人間とは何か」という問題に対して、哲学が違えば答えも違ってくる。

　人間とは何かという問題のもう一つの難しさは、哲学者が人間に関する独自の理論に基づいて独自の哲学体系を構築しようとしたことである。哲学にとって、人間とは何かという問題が極めて重要であることは言うまでもない。人間の問題の正しい解決なくして、どの哲学の根本的な問題の解決でもあり得ないといえよう。世界の本質の理解や認識の本質と基準の把握において、歴史の法則と意味の解釈において、および価値と科学の関係の対処において、「人間」という言葉を避けて通ることはできない。世界は人間の世界である。人間が宇宙の窓、世界の解釈者、ショーペンハウアーのいう「世界の明眼」として設定され、ひいては世界はただ人間の意志と外観にすぎず、世界の本質と意義は人間を通してのみ図示され、解明されるとすれば、それらはすべて観念主義的な哲学路線を表しているといえよう。あらゆる時代における観念主義が、せいぜいその同じ路線の異なる停留所である。人間が主体であるという客観的事実が、多くの哲学者を主体の自我のジレンマに陥らせたのである。

ルネサンスのブルジョワ的抽象的人道主義からフォイエルバッハの唯物論的人本主義、そして現代西洋の観念論的あるいは無神論的実存主義に至る西洋哲学の歴史を通じて、「人間本位主義」が、古い唯物論の枠組みでも観念論の枠組みでも、誤った命題であることは明らかである。それが誤った命題であるのは、命題そのものが原因ではなく、人間に対する理解が誤っているからである。彼らは人間を歴史的条件や社会関係から切り離された生物学的個人として理解するか、あるいは人間を「類」として理解している。その結果、現実の人間を現実の世界、現実の社会から切り離された「人間の一般性」に変えてしまう。唯物論者のフォイエルバッハでは、人間は依然として自然によって制約され、自然の一部であるとすれば、観念論者の人本主義では、自然はすでに人間の一部となり、人間の依存となっている。したがって、世界観と歴史観のいずれにおいても、人間は縛られずに絶対的に自由な主体になる。「人間本位主義」は、人間に自然、社会、およびその法則に対する至高な地位を占めさせる。そのいわゆる人間は、実際にはエンゲルスがかつて批判した漫画としてのキリストの「創世説」を思弁的に表現するものである。

　人間の認識のジレンマに直面し、一部の哲学者は人間が何であるかは不可解であると主張した。その発言は半分正確である。もし「人間」としての「人」、いわゆる疎外のない本来の人間、真の意味での人間を見つけようと思えば、人間とは何かはまさしく不可解である。そのような人間を見たことがある人はいないし、存在したこともない。現実に目を向ければ、人はある歴史的な時代、ある社会の中で生きている現実の人間であることがわかる。現実の人の外には人はいない。イギリスの経済学者バザンが現代の「ブローカー」、特にイギリスのブローカー、すなわちイギリスのブルジョワを「標準的な人間」と表現し、その尺度で過去、現在、未来を評価していることはマルクスに批判されてしまった。実際、ブルジョワはただ資本主義社会における人間であり、資本主義社会関係の擬人化であるに

すぎない。もちろん、ブルジョワが個性を持った人間であることを排除するものではないが、その個性は抽象的な人間の個性ではなく、具体的なブルジョワの個性、すなわちブルジョワの「その人」である。個体は集団の中に生きているため、人間は絶対的な個体ではありえない。現実の個体の外には「類」は存在しないので、抽象的な「類」でもない。ひとたび人間が独立自存する個体、あるいは「類」になると、人間は理解不能な怪物になる。マルクスはその問題を、「人間は人間の世界であり、つまり国家、社会である」2) という有名な言説で説明した。エンゲルスは、フォイエルバッハの抽象的人間観に対する批判の中で、「フォイエルバッハの抽象的人間から現実の生きた人間に移行するには、歴史の中で行動する人間としてそれらの人間を考察しなければならない」3) と明言している。

　抽象的な人本主義は、人間は人間の目を通して世界を見るので、人間の目に映るような世界しか見ていないと提唱する。それは間違っていないが、もう一つの、そしてもっと重要な側面がある。それは自分の目に映る世界は現実の世界なのか、それとも逆さまのねじ曲がった世界なのかという問題である。それは、世界の客観性や真実性の問題である。世界の価値や意味を、その真実から切り離して語ることは、観念論に陥ることでしかない。しかも、自分の目で世界を見る人間は、抽象的な人間ではなく、自分が観察している世界の中にいるのである。彼が自分の目で世界を観察する前に、世界（特に社会）は自らの力で彼の観察をさまざまな形で決定する。人間は社会的存在であり、人間は究極的には世界の一部であり、観念論者が主張する「世界は人間の一部」のようなものではない。人間と人間の本質は人間が存在する自然や社会、および人間の歴史から離れれば、理解することができない。「人民中心」の命題の科学性は、その出発点と理論的支柱の世界観と歴史観に依存する。新時代において、「人民中心」の命題の科学性は、その人間理解が弁証法的唯物論と歴史的唯物論に基づくという事実にある。その命題を、かつて抽象的人文主義が唱えたからという理由で

否定する人は、まるで「間違いを犯すのを恐れて、やるべき仕事まで放棄してしまう」という意味を表している中国の成語「因噎廃食」のように、理論的にも実践的にも間違っている。

二、「人民中心主義」を堅持し、抽象的人文主義の誤読を防ぐ

「人民中心」というものの科学性は、人間とその本質に関する歴史的唯物論的理解だけでなく、人間の主体地位と客観的法則の関係を正しく処理することにかかっている。「人民中心」は孤立した命題ではなく、中国の特色ある社会主義の建設とその法則と結びついているのである。

自然界は進化している。人間はその発展の過程に参加することもしないこともできる。参加しないことは自然界そのものの発展の過程であり、参加することは人間による自然の変容である。社会は本質的に実践的なものであり、人間の活動によって形作られる過程であるが、人間の意志によって自由に決定されるものではない。社会にとって、人間は劇作家であると同時に役者である。したがって、発展は人間の活動の範囲内における客観的な過程であると同時に、主体的な烙印が押される。「発展観」というのは発展の本質、目的、中身、および要求に関する総括的な見解や根本的な観点である。発展観の変化はしばしば古い発展過程に対する批判的な反省と、古い発展観の揚棄を伴うものである。主体の視点から発展を考える発展観は、客観的な発展方式、目標、価値が主体によって付けられるので、異なる社会の発展観は発展の道、パターン、戦略、そして客観的・現実的な発展の過程に根本的かつ全般的な影響を与える。

どんな発展も人間本位という思想に支配されるとは抽象的に言えない。なぜなら、人なくして発展は成り立たないし、自分の欲求のために発展に参加するのは人だからである。それは抽象的な人々を活動の主体とする言

い方である。実際、階級社会では、発展の目的と期待は支配的な地位を占める支配者の意志に左右される。資本主義以前の社会では、支配者に規定される発展の目的は自分の支配を強化し、それを永続させることである。発展の目的は人間のためや「人間本位」ではなく、人間の一部である支配者層自身のためであった。支配者は人間であるから人間本位というのは、思弁ではなく詭弁である。

　資本主義社会では、発展とは富を増やし、生産性を高め、ひいてはライバルに勝ち、最高の利益を得ることを目指すものである。したがって、資本主義社会では、資本家は利益を上げることを目指し、国家はGDPを増やすことを目指している。両者の統合には、生産力の発展、生産性の向上が優先されることが必要である。マルクスは『1844年の経済哲学手稿』の中で、リカルドの言葉を引用している。「国家は単なる生産の作業場であり、人間は消費と生産の機械であり、人間の生命は資本であり、経済学の法則は世界を盲目的に支配する。リカルドにとって、人間は取るに足らない存在であるが、生産物はすべてを意味する」[4]。それ以来、マルクスは『資本論』の中で、資本家の生産目的について、資本家が「価値の増殖を熱狂的に追求し、人類に憚らなく生産のために生産をさせ、ひいては社会の生産力を発展させ、生産の物質的条件をつくり出す」[5]と述べた。生産の目的という点では、資本主義社会は生産のために、すなわち富の増大のために生産する。資本主義社会が生産を目的とし、社会の発展や生産力の進歩に大きく寄与してきた功績を無にすることができないが、「人間本位」という点では、人間は資本主義生産の目的の視野には含まれない。

　欧米の学者の中には、人間性があらゆる科学の基礎であり、社会の合理性を判断する基準であると考える人がいる。彼らは人間の本性、人道主義に基づいた人間性のある社会を築くと考えている。それは悪い願いではないが、階級対立や貧富の差が激しい社会では、甘い夢としか言いようがない。何千年もの間、学者はそれを夢見てきたが、思想家の承諾や牧師の伝

道を除けば、そのような人間本位主義的な社会は一度も存在しなかった。昔はそのようなものは人間本位主義や人道主義のアピールとして、もしくは現実的な不正への抗議として、もしくは貧しく力のない人々の傷を癒す鎮痛剤として提唱されたことがあるが、実際に実現されたことはない。階級社会における人間の人間に対する直接的な依存関係や、物を媒介とした間接的な依存関係を無視し、人間本位を抽象的に語れば、まさに人道主義に対する「越権行為」である。フランソワ・ペローは、「現代の歴史では、制度的な暴力によってもたらされた血なまぐさい行為を代償として、そのような比較的拙劣な詐欺（経済成長が必然的に発展をもたらすことを指している——引用者注）は白日の下にさらされたのである。政治家、経済学者、研究者の間で、すべての人の、そして全人格の発展が、一致して受け入れられる目標であるべきである」(6)と述べた。その願いは善意であるが、理論的にはやはり「すべては人のために」「すべての人のために」を、社会制度の性質とは無関係な結論としており、発展の「応然」と「実然」の矛盾についての抽象的な結論である。

　マルクス主義の言説では、「人間本位」の本質は、人民を抜きにしていわゆる「人間」を中心とするのではなく、人民を中心とすることである。人間本位主義の誤釈を防ぐことが重要である。史的唯物論の観点からは、人間本位の正しさと巨大な指導力には、抽象的な人本主義とは完全に異なる科学的・価値的な中身が含まれる。それは人間が最高の価値であり、世界の解釈者であり、人間は手段ではなく目的であるべきだという理論に基づいているわけではない。それが指している「人間」とは、小康社会（ややゆとりのある社会）の全面的な建設に努め、中国の特色ある社会主義という偉大なる事業を開拓する建設者、すなわち社会主義社会のすべての構成員である。そのような人間は、その現実性において、社会主義的生産関係の総和である。人間本位主義における「人間」は人民であり、「本」が「本位」である。人間本位主義を平たく言えば、それは人民本位主義、つ

まり人民の利益がすべての問題を考察する出発点と立脚点である。人民のためにすべてを行い、人民を頼りにし、人民の増大する多面的な欲求の充足や人民の全面的な発展の促進を、発展戦略や計画の根拠とし、社会の発展や進歩を測る物差しとすべきではないか。

　人間本位主義のなかの「人間」が抽象的な人間でないことを強調するからといって、他の人が「非人間的」な扱いを受けることを許すわけではない。人間本位主義が社会主義人道主義の原則を体現していることは間違いなく、それは歴史上の人道主義の最良の伝統から受け継がれている。我々は国際社会で通行している人権や人道の原則の一部を賛成している。わが国は、一般人民の人権を重視し、人民の生命、健康および基本的人権を優先させるだけでなく、あらゆる犯罪者の人格を尊重し、法律上どのような判決を受けるべきかにかかわらず、彼らのあるべき各種の権利を保護している。しかしそれは、例外なくすべての人間が「本位」のなかに含まれるという意味ではなく、抽象的な「人間」を信じるという意味でもない。人民が享受する人権には、政治的・経済的・文化的権利が内包され、あらゆる反社会的勢力や犯罪者の人道的管理・更生・教育という方針の中に具現化される人道主義的原則と混同してはならない。

　人民を本位とする「人民本位主義」は、中国の伝統的な政治文化の「民本主義」と簡単に同一視してはならない。「民本主義」の思想は絶対君主制を制限する進歩的な政治教義であることは確かである。「『民惟邦本、本固邦寧』（国民が国の根本であるという意味）」、「『民為重、君為軽、社稷次之』（民を貴しとす。社稷之に次ぐ。君を軽しとす。）」という諺から学ぶべき思想は多い。しかし、民本主義の立脚点は人民ではなく支配者であり、君主権力の安定と封建社会の永続的な平和にあるものである。民本主義が唱えた人民の愛とは、遊牧民の自分の動物の群れに対する愛に似ている。それは共産主義者が目指したものでも、啓蒙された人民が期待したものでもない。韓愈は『原道』の中で、「是の故に君は令を出す者なり。臣

は君の令を行いて、之を民に致す者なり。民は粟・米・麻・絲を出し、器皿を作り、貨財を通じ、以て其の上に事うる者なり。君、令を出さざれば、則ち其の君たる所以を失わん。臣、君の令を行いて之を民に致さざれば、則ち其の臣たる所以を失わん。民、粟・米・麻・絲を出し、器皿を作り、貨財を通じ、以て其の上に事えざれば、則ち誅せられん」[7]と述べた。そのような言葉は耳障りであるが、事実であり、まさに封建社会の現実である。中国の 2000 年以上にわたる封建社会では、いわゆる開明な「有道の明君（物事の理を知り、かつ徳行のある君主）」の少人数派がいたものの、民本主義はいつでも一部の思想家の社会的理想に過ぎない。実際、中国の封建社会は君主制至上主義を特徴としており、庶民はいつでも「粟・米・麻・絲を出し、器皿を作り、貨財を通じ、以て其の上に事うる者なりコシ、米、麻、絹を生産し、道具を作り、金品を配分してお上に仕える人」である。庶民はこれまでも、そしてこれからも、封建社会の主人にはなり得ない。

そのことから、史的唯物論における人間本位は、根本的に変化した社会、根本的に変化した人間と社会との関係に基づく社会発展論であることがわかる。それは、抽象的な人間の訴求に基づくものではなく、社会主義革命がこれまでのいかなる革命とも異なっており、社会主義制度が理論的・実践的な政策の点で、これまでの社会体制とは異なっているという二つの事実に基づくものである。人間本位主義という言葉の中の「人間」は、その最も根本にあるのは広範の人民である。それは人民の利益に奉仕する中国共産党の主張と完全に一致するものである。

三、人間の全面的な発展を重視し、純粋な論理的推論を超える

マルクス主義の人間の全面的発展論は、誰もが堯と舜になれるという中

国の伝統的な道徳的人間模式や、空想社会主義者が思い描く人間性の備わる人間とは根本的に異なっている。マルクス主義哲学において、人間の全面的発展の問題は、単なる道徳的完成でも、いわゆる人間性の実現でもない。それは人間の理想的・主観的かつ完璧な模式ではなく、社会発展の法則にもとづく人間の発展過程に関する科学的理論である。人間の全面的な発展は、人間本位の命題から純粋に論理的・演繹的に導かれるものではなく、その統一された基礎は社会主義制度そのものにある。人間本位主義は社会主義制度の本質を反映しているのに対し、人間の全面的な発展は社会主義社会の発展水準を反映している。人間社会の発展と社会主義の本質を史的唯物論的に分析しなければ、人間の全面的な発展を正しく解釈することはできない。

　人間社会の発展において、社会の発展、社会の進歩、および人間の全面的な発展は相互に関連しながら相互に異なっている。社会は発展し、社会の基本的な矛盾によって、永遠に同じ状態にとどまることはできない。社会の進歩は社会の発展の中に存在している。社会発展の一般的な方向は、上昇と前進であり、生産様式に基づく社会形態の交替の過程として現れる。人類の歴史における各種の社会形態の交替は、社会進歩の現れである。しかし、社会的発展と社会的進歩は単純に同一視することはできない。社会的発展の成果は、社会的矛盾や階級的対立によって、社会の全体構成員に共有されるわけではない。したがって、社会進歩は社会対抗の基礎のもとで築かれる。つまり、社会発展の物質的・文化的果実を所有し、享受している人々にとっては、確かな進歩であるが、他の人々の物質的・精神的貧困状態を変えていない。生産力の高い資本主義社会で、社会保障や社会福祉制度が大幅に改善されたとしても、スカイスクレーパーとスラムが共存し、億万長者と大量の貧困・失業者が共存し、発展した大都市と比較的遅れた農村地方が共存し、高学歴者と大量の非識字者が共存している。その意味では、社会の経済的発展は社会の進歩を意味せず、逆に社会の進歩に

は退行と循環のようなものが存在しているといえよう。マルクスとエンゲルスが『聖家族』で言っているように、「『進歩』という贅沢な希望に反して、退行と循環がしばしば見出される」[8]。

　人間の発展という点でも、社会の進歩と人間の発展はアンバランスである。一般に、人間の自然改造能力、社会活動能力、科学技術利用能力は、社会発展の水準に正比例している。モノを媒介とする資本主義社会では、人間対人間の直接的な肉体的依存や束縛がないため、人間の才能が新たに発揮される。資本主義社会における科学技術の進歩や生産力の急速な向上は、人間自身の能力の発展をもたらした。それでも、資本主義社会における人間の発展は全面的なものではあり得ず、むしろ一方的で倒錯的なものである。頭脳労働と肉体労働の二項対立、旧式の配分方式が人の生涯を一つの職業に縛り、潜在的な才能の発揮も大きく阻害された。物質的な快楽の果てにある精神の貧困化、人間労働が創造力の発揮よりも苦痛と自虐といったものはマルクスが労働を疎外することによって表現した人間の疎外である。疎外のねじ曲げの中に人間の能力の発達があるが、人間の疎外という現象は人間の全面的な発達と二項対立である。

　マルクスは1840年代に、資本主義社会の産業化は非産業化国の未来を予測すると述べた。資本主義社会の産業化の進みは、その市場化と付き合いの拡大、生産における科学技術の利用が、現代化の過程における必然的現象であることを示している。しかし、資本主義的な現代化過程のさまざまな欠点は、後発工業国が資本主義的な現代化の過程とその欠点を繰り返すことが必然でないことを示している。資本主義的な産業化が発展への唯一の道ではない。現代化の過程で、社会主義社会は社会的発展と社会的進歩の間の分離、そして社会的進歩と人間の全面的発展の間の分離を変えている。社会主義社会は人間の全面的な発展を実現する可能性と必要性を提供している。

　人間の全面的な発展は、単に人が何でもできることとして理解すること

はできない。人間の発展は人間の能力や技能という点で、決して絶対的に全面的なものではない。社会的な分業をなくすことはできないし、人間の能力や興味の違いをなくすこともできない。人間は常に個性的な人間である。個人の命は限られているので、個人はある分野の中での活動しかできない。人間の全面的な発展の本質は、社会が人の潜在的な才能への開発、人間の個性の発揮、人間の全体の素質としての最適化、人間の専門への転換に、最も有利な条件を提供することを指している。人間は生計を立てるために、古い自己破壊的かつ旧式な分業に一生縛られることはない。したがって、人間の全面的発展に関するマルクス主義の理論は、社会発展の理論と不可分であり、前者は後者の最も重要な内容である。マルクスは人間の全面的な発展を、社会の変革や社会の発展から抽象化して語ることはなかった。彼は、「個人の全面的な発展は、外界が個人才能の現実的な発展の原動力となる場合にのみ、理想、職責ではなくなるのであり、それこそが共産主義者の目指すところである」[9] と指摘している。共産主義社会とは、「各個人の全面的かつ自由な発展を基本原則とする社会の形態」[10]である。共産主義的な社会形態と切り離して、人間の全面的な発展を人間性の要求とすることはできない。社会形態の変化なしには、人間の全面的な発展は決して実現できない。できるのはユートピアや千年王国だけである。しかし、人間の全面的な発展は、人間発展のレベルを目指す共産主義社会の価値尺度を提供することは言うまでもない。このように、共産主義は社会形態の変化が、人間自身の発展に関する価値理想と一体化した過程となる。共産主義社会をめざす人間の闘いは同時に、人間自身の発展、人間自身の完成をめざす闘いでもある。

　人間の全面的な発展は、人間本位の論理的推論ではなく、社会発展の法則の反映であるため、ユートピアではない。その最も深い根源は社会の発展そのものにある。人類の全歴史が客観的に人間の全面的な発展の条件を整えているとすれば、我々が行っている小康社会（ややゆとりのある社

会）と中国の特色ある社会主義の全面的な建設という大業は、その偉大な理想を実現する歴史的過程の出発点であり、社会主義の初級段階で行っていることはすべてその方向への進みである。

　社会進歩の促進という点では、社会発展における生産力の究極的役割というマルクス主義の見解を堅持することによってのみ、社会主義の社会進歩を先進的な生産力を代表する要求に基づくことができる。我々は発展をGDPの成長に還元することには反対しているが、経済発展が社会発展において重要かつ基本的な役割を果たすことは知っている。経済発展がなければ、どのような発展論も空虚なままである。それは人間の発展についても言えよう。生産力が高度に発展し、物質が高度に豊かにならなければ、人々が依然として貧困にあえぎ、生存のために苦労しているときに、すべての古いもの、退廃的なものが復活し、人間の全面的な発展は語られなくなってしまうであろう。したがって、人間の全面的な発展を推進するにあたっては、経済建設を中心とするという原則をしっかりと把握する必要がある。マルクスは、「人はその人間に関する理想によって決定され、許容される範囲内ではなく、既存の生産力によって決定され、許容される範囲内で自由になる」[11]と言った。生産力の高度な発展がなければ、自由時間はなくなり、したがって発展の自由な空間もなくなり、人間の全面的な発展は永遠に達成できない幻想になる。同様に重要なことは、人間の全面的な発展は社会的関係の豊かさに直結していることである。人間の発展の全面性とは概念的な全面性ではなく、現実、つまりコミュニケーションにおける全面性である。全面性である。狭い生産関係に縛られている人間の発展は全面的であり得ない。マルクスは、「社会関係は実際に、人間が発展しうる程度を決定する」[12]と言った。今日、世界的な付き合いの強化とわが国の対外開放の政策は、明らかに人間の全面的な発展に寄与している。

　生産力や生産関係は社会の構造の基礎に過ぎない。社会は経済・政治・

文化の有機的な統一体である。社会の構造に関するマルクス主義哲学の理論を理解してこそ、経済、政治、文化および三大文明の調和のとれた発展が社会主義社会の進歩に対する重要性が理解でき、経済と社会発展の関連性を理解できる。人間と自然の関係についてのマルクス主義哲学を理解してこそ、人間と自然の調和のとれた発展や持続的発展の問題が提起できる。現代中国社会を正しい方向に導く「人民中心」という新たな発展理念は、マルクス主義哲学の現代的な応用と発展であることがわかる。

　人間の全面的な発展において、上部構造の役割は極めて重要である。精神文明の建設は人間の素質の全面的な向上とは不可分である。人間の素質の向上なしには、人間の全面的な発展はありえない。多面的な人間の素質には、思想的・道徳的質、政治的質、文化的質、職業的質、肉体的・精神的質などがある。現在、道徳教育の緊急性は特に高い。マルクスが「共産主義者は道徳説教を完全に説かない」「人々に道徳的な要求をしない」と言ったという理由で、道徳教育を否定することはできない。そういうことは完全な誤読である。マルクスの発言は、抽象的な人道主義を説き、共産主義運動を「道徳説教の塊」にしてしまい、シュタイナーに代表される「真の社会主義者」に対して向けられたものであった。マルクスにとって、共産主義は単なる道徳的な説教によって達成できず、現実を変え、対立の物質的な源を根本的に排除する実践的な運動である。

　政権が人民自身の手にある社会主義社会では、社会の全体構成員に思想・道徳について教育し、全体の民族の思想、道徳、科学、文化の素質の向上に努めることは、人間の思想と精神生活の両面から人間の全面的な発展を促進する重要な内容である。家庭を含む社会の多くの部門がその点で重要な責任を負っているが、最も直接的で重要なのは、小学校から高等教育までのあらゆるレベルの教育部門である。我々は詰め込み教育が含まれている中国の長年の教育の伝統を変え、教育改革における「素質教育」に焦点を当てる必要がある。そうでなければ、全面的な発展という全体的な

目標を達成することは困難であろう。

　もちろん、人間の全面的な発展は教育の問題だけでなく、より重要なのは実践の問題である。なぜなら、多面的な人間の才能の発揮や形成は、人間の実践的な活動から切り離された教室の中だけでは達成できないからである。しかも、我々が言っているのは、社会の構成員の全面的な発展のことであって、一個人の全面的な発展のことではない。それは社会を変革する実践活動によってのみ達成されるものである。マルクスは長い間、「自分の境遇を変えることによってのみ、彼らは『旧式の人』でなくなるのであり、したがって機会があれば断然変えようと決意する。革命的な活動において、彼らは環境だけでなく自分自身を変えるのである」[13]と明言してきた。マルクスのその主張に照らせば、現在の社会主義建設において、人間の全面的な発展の推進と経済・文化発展の推進と人民の物質生活の改善を結合し、それを積極的に相互作用させるべきである。人間の発展が全面的になればなるほど、社会に物質的・文化的な富が多く創造され、人の生活がよりよく改善される。物質的・文化的条件が整えば整うほど、人間の全面的な発展が推進される。その二つの歴史的過程は相互に統合され、相互に促進するものでなければならない。このようにして、人間本位から人間の全面的な発展への純粋に論理的な導出を超越し、人間本位と人間の全面的な発展の堅持をあらゆる面で小康社会（ややゆとりのある社会）を建設する実践的基盤に真に位置付けられることになる。

　「人民中心」新発展観の堅持が、中国の特色ある社会主義建設の理論と実践に対する大きな意義を持つことは自明である。しかし、複数の所有制経済が共存し、共に発展し、市場規制が経済運営に支配的な役割を果たす経済模式においては、社会と集団の代表としての国家が個人と対立しうることを十分に認識しなければならない。人民は抽象的な「類」ではなく、社会主義制度におけるすべての現実の個人を含んでいる。人民中心主義が真に実践されるためには、「人民」の個人的利益と集団的利益の関係が正

しく処理されなければならない。

註
1) マルクス・エンゲルス．マルクス・エンゲルス全集．第 4 巻．北京．人民出版社．1958：255-256.
2) マルクス・エンゲルス．マルクス・エンゲルス選集．第 1 巻．3 版．北京．人民出版社．2012：1.
3) マルクス・エンゲルス．マルクス・エンゲルス選集．第 4 巻．3 版．北京．人民出版社．2012：247.
4) マルクス・エンゲルス．マルクス・エンゲルス全集．第 42 巻．北京．人民出版社．1979：72.
5) マルクス・エンゲルス．マルクス・エンゲルス全集．第 23 巻．北京．人民出版社．1972：649.
6) ペロー．新たな発展観．張寧．豊子義訳．北京．華夏出版社．1987：4
7) 韓愈『原道』の意味解釈：よって、君主とは政令を出す存在であり、家臣とは君主の政令を実施してこれを民に行わせる存在なのである。そして民とは穀物・米・麻糸・絹糸を生産し、器物を製作し、財貨を流通させ、これらの仕事によって上の君主・家臣に仕える存在なのである。もし君主が何の政令も出さないのであれば、君主に存在意義はない。もし家臣が君主の政令を実施して民に行わせることをしないのであれば、家臣に存在意義はない。もし民が穀物・米・麻糸・絹糸を生産せず、器物を製作せず、財貨を流通させず、上の君主・家臣に仕えることを何もしないならば、これはもう死刑に処するしかない。――訳注
8) マルクス・エンゲルス．マルクス・エンゲルス全集．第 2 巻．北京．人民出版社．1957：106.
9) マルクス・エンゲルス．マルクス・エンゲルス全集．第 3 巻．北京．人民出版社．1960：330.
10) マルクス・エンゲルス．マルクス・エンゲルス全集．第 23 巻．北京．人民出版社．1972：649.
11) マルクス・エンゲルス．マルクス・エンゲルス全集．第 3 巻．北京．人民出版社．1960：507.
12) マルクス・エンゲルス．マルクス・エンゲルス全集．第 3 巻．北京．人民出版社．1960：295.
13) マルクス・エンゲルス．マルクス・エンゲルス全集．第 3 巻．北京．人民出版社．1960：

234.

第七章

新しい社会主義的財産観

財産にどう対処するかという問題は、理論的なものであると同時に現実的なものである。ある民族の文化的伝統は財産観の概念に深い影響を与えるが、最終的には、生産様式が決定的なのである。財産観の秘密は生産様式にある。歴史上財産観の概念の変化と生産様式の変化の間には本質的な相関関係がある。「小国寡民」[1]と「安貧楽道」[2]は、農耕的な生産様式からしか生まれない。「経済人」仮説とプロテスタンティズムの倫理は資本主義的生産様式の産児である。社会主義的生産様式はそれ自身の新しい財産観を持っている。史的唯物論は、財産観の進化を解き明かす鍵である。

一、「小国寡民」と「安貧楽道」

「小国寡民」と「安貧楽道」は、かつて中国古代の財産観の重要な要素であった。『道徳経』における最高の理想は、いわゆる「小国寡民。什伯の器有れども用ゐざらしむ。民をして死を重んじて遠く徙らざらしめば、舟輿有りと雖も、之に乗る所無く、甲兵有りと雖も、之を陳ぬる所無し。民をして復た縄を結びて之を用ゐ、其の食を甘しとし、其の服を美とし、其の居に安んじ、其の俗を楽しましめば、隣国相望み、鶏犬の声相聞こゆるも、民老死に至るまで、相往来せざらん」という光景である（第八十章）。そのような「遠くに移住せず、国民は老いて死ぬまで、お互いの国を行き来するようなことはない」という社会理想は、商品交換や交流の面で非常に遅れており、自給自足的な小農民の生産様式を徹底的に分析しなければ、理解できないであろう。東洋的な小農経済の理想国は、都市国家や奴隷制度が盛んな時代、および手作業や分業が比較的に発達したプラトンの理想国とは大きくかけ離れたものであった。

生産様式に基づく上部構造の政治体制が、その観念において重要な役割を担っているので、同じ農業生産様式を基礎としている儒教の学説にも、独自の特徴がある。老子や荘子が「在野の派」であったのに対し、儒教の

創始者である孔子は国を治め、天下を平和にする政治的大志を持っていた。儒教の理想は「小国寡民」ではなく、「王道仁政」を実行することである。孔子は国や国民が豊かになることに反対していなかった。国にとって、「之を庶さん、之を富まさん、之を教えん」ということが必要である。多くの人口は農業発展の第一条件なので、「庶さん」は農業労働力である人口を増やすこととなる。「富まさん」とは民を豊かにすることである。「教えん」とは豊かになってから、教育を強化し、豊かになった同時に「礼」、すなわち良い行為をすることである。個人にとっては必ずしも富に反対しているわけでもない。孔子は「富にして求むべくんば、執鞭の士と雖ども、吾亦之を為さん」と言ったことがある（『論語・述而』）。

儒教では、民を豊かにする政策を仁政に置き、その配分方式は均等主義である。「寡きを患えずして均しからざるを患え」と孔子は主張した。「五畝の宅、これに樹えるに桑を以ってすれば、五十の者以って帛を衣るべし。鶏豚狗テイの畜い、その時を失うことなくんば、七十の者以って肉を食うべし。百畝の田、その時を奪うなくんば、数口の家以って飢えることなかるべし」と孟子は主張した（『孟子・梁惠王上』）。仁政という理想は、「小富」「均富」、すなわち「五十の者以って帛を衣るべし」「七十の者以って肉を食うべし」という光景が求められる。生産力があまり発達せず、富もあまり豊かでなかった小農民経済の時代に、それは社会の安定と仁政を実行する最高の理想であった。

小農生産とは小規模で、普遍的な交流がなく、生産力が低く、富が人々の日常的な欲求を満たしたらいいという自給自足の使用価値の形で現れる生産様式である。それは自然な形態のもとでの富であり、資本はおろか、富の等価物として蓄えられた金や銀の貨幣には変えられず、物質的な富として無制限にかつ大量に保存することはできない。そのような状態は必然的に個人の財産観に対する考え方に影響を与える。儒教では、富よりも徳、利よりも義、貧困よりも道徳が重要視される。孔子は、「一箪の

食、一瓢の飲、陋巷に在り。人はその憂いに堪えず。回やその楽しみを改めない」顔回を賞賛し（『論語・雍也』）、「疏食を飯い水を飲み、肱を曲げて之を枕とす。楽亦其の中に在り。不義にして富且貴きは、我に於いて浮雲のごとし」（『論語・述而』）のような状態を提唱していた。荘子は世に無関心で、飢えや寒さを避けることだけを求め、蓄えることにも関心がない。彼は、「鷦鷯深林に巣うも一枝に過ぎず、偃鼠河に飲むも満腹に過ぎず」（『荘子・逍遙遊』）と言っていた。それは、自分が個体としての存在を維持するための最も単純な生理的欲求に基づく富を衡量する尺度である。「足ることを知る」、「安貧楽道」、そして均等主義的な財産観といった小農の生産様式を提唱しているのは、時勢の然らしめるからとも言えよう。

　もちろん、生産と生産力も封建社会で同様に発展した。封建的な生産様式は初期を経て日々発展し、成熟していった。中国の大統一を前にして、「小国寡民」、あるいは「五十の者以って帛を衣るべし」「七十の者以って肉を食うべし」は、次第にその経済的・政治的な存在根拠を失っていった。しかし、儒教と道教の、特に儒教の財産観は今でも主な伝統として重要な役割を果たしている。国家に対しては、道教の「大国を治むるは、小鮮を烹るが若し」、「自然に従う」という「無為の治」の理念が、歴代の建国君主の軽税の実施、民力を養うこと、治国や国家財政の運営の指針となった。儒教の「仁政愛民」という思想の内容は、それまでの「五十の者以って帛を衣るべし」「七十の者以って肉を食うべし」という考え方とは違っていた。しかし、「王道仁政」、「人民を本とする」という思想はまだ働いていた。封建社会では、「王道仁政」はもちろん歴史的事実ではなく理念であったが、皇帝の独裁主義、厳しい課税、および過酷な政治を抑制する効果があった。特に、個人の道徳や人格の育成という点では、荘子の宰相の位をものともせず、権力者や貴族を蔑視する人格も、そして儒教の「学びて優なれば則ち仕う」ことも、個人の不当な富の追求を擁護するものではない。特に、儒教の「義を以て利を取る」、「欲に目がくらみ道義を忘れな

い」という考え方は、富を正しく扱う上で貴重な考え方である。「物質的な欲望に囚われなく、内的な喜びがより重要である」という態度を提唱する成語「孔顔楽処」は、従来の知識人による富の扱いの最高水準となっており、個人の品格を育成する上では、今でも教訓を得る思想的・文化的伝統となっている。

二、「経済人」仮説と富の疎外

　貧困は社会的な苦難である。富の追求は、社会の進歩の一形態である。社会的な富の増大は、社会の進歩、生産力の向上、人間の主体能力の向上を意味している。みんなが「安貧楽道」を実行し、富を求めないと、どのように社会全体の富を増やし、進歩させるのであろうか。逆に言えば、社会的な富の増大によって個人の生活が豊かになることを共有できず、人々の富に対する欲求や渇望が阻害されれば、個人が富を増大させる動機がなくなってしまうであろう。小農の生産様式に基づく富に対する態度は、資本主義的生産様式の下では確かに機能せず、新興市民社会の欲求にも応えられない。

　産業革命当時の新興ブルジョワジーの理論家アダム・スミスは、富の生産に大きく関心し、その『国富論』は経済学の朽ちたことのない古典である。それは新興ブルジョワジーが個人の富の欲求をどのように満たすかを論じながら、国家社会の総富を増大させる方法を示した経済学理論である。彼は政治経済学の目的を論じた時、次のように明言した。「第一に、人民に十分な収入と消費財を与えること、より正しくは、そのような収入や消費財を自ら提供できるようにすることである。第二に、国家と連邦にすべての公的支出を賄うに十分な歳入を提供することである。その目的は、国民と君主の双方を豊かにすることである」[3]。「経済人」仮説と「見えざる手」は、いずれもそのために開発された理論である。前者は富を求める

主体である人間の本質に着目し、後者は富を追求する各個人の努力が結集して形成される「見えざる手」の役割に着目している。どちらも資本主義社会で個人と社会の富が増大するために、必要とされるものである。「安貧楽道」であると同時に利より義を重んじ、個人的な富に対する欲求や情熱を持たない「道徳的な人間」は、新興資本主義経済の要求を満たしていないものである。

　マックス・ウェーバーが『プロテスタンティズムの倫理と資本主義の精神』で示したプロテスタンティズムの倫理は、「経済人」の仮説と本質的に同じである。その違いは、後者が経済学に属しているのに対して、前者は倫理学に属しているということである。資本主義の発展には、「経済人」の利潤追求の本性と、プロテスタンティズムの倫理が提唱する道徳的性格の両方が必要である。倹約、勤勉、守銭、蓄積は、資本主義の富の蓄積の最も価値ある道徳的レバーであり、ウェーバーは富の増加を神への義務と考え、神の名で聖別した。もちろん、資本主義の出現と発展を宗教的道徳に負っているのではなく、資本主義が自らの生産様式から必然的に導き出すそのような倫理概念と「経済人」の仮説に負っている。

　金銭的利益の追求が資本主義固有のものでないことは疑いない。私有財産制度が出現してから、貨幣が普遍的な等価物となったときから、金銭と富の追求は人間の本性に鋳込まれたかのように、さまざまな職業や人物の中に見られるようになった。しかし、資本主義社会では、利潤の追求と富の蓄積は個人の資質ではなく、資本の天職であり、本性でもあるという点が異なる。いわゆるプロテスタンティズムの倫理観の精神は資本主義の精神である。富への欲求は資本主義以前の社会にも存在していたが、資本主義の精神とは資本主義社会の精神であり、資本の本質が概念化されたものである。というわけで、プロテスタンティズムの倫理がブルジョア国民経済学を道徳に翻訳したものであり、逆にブルジョア国民経済学がプロテスタンティズム倫理を経済学に翻訳したものであるとも言えよう。マルクス

の『1844年の経済哲学手稿』は、その二つの道徳観を一つのものとして捉えている。資本主義経済学は「富の科学」であり、「驚くべき勤勉さの科学であり、同時に禁欲主義の科学であり、その真の理想は禁欲的であるが厳しい搾取を行っている守銭奴であり、および禁欲的であるが生産的な奴隷である」と彼は言った。また、「国民経済学は、その世俗的で放縦な外見とは裏腹に、真に道徳的な科学であり、科学の中でも最も道徳的なものである。その基本的な教義は、自我抑制、生活や人間のあらゆる欲求を抑制することである。食べる量を減らし、飲む量を減らし、本を買う量を減らし、劇場や舞踏会やレストランに行く量を減らし、考える量を減らし、愛する量を減らし、理論について話す量を減らし、歌う量を減らし、絵を描く量を減らし、フェンシング量を減らせば減らすほど、より多くのものを蓄積でき、自らの宝、すなわち資本が、虫食いにも泥棒にも盗まれず、より大きくなる」と彼は付け加えた。ウェーバーの『プロテスタンティズムの倫理と資本主義の精神』に60年以上先立つマルクスの『1844年の経済哲学手稿』は、国民経済の道徳が資本主義を生み出すという神話を否定し、資本主義経済の必然的な反映とみなしている。同じことが、プロテスタンティズムの倫理観の性質についても言える。資本主義的な財産観と資本主義経済の発展は、本末転倒してはいけない。それは社会の存在が社会の意識を決定するという史的唯物論の非の打ち所がない真理である。

　富は労働によって生み出される。しかし、労働は単独で富の源泉となることはできず、始終一定の所有制の形態のもとにあるものであり、所有制を通じてのみ労働と労働の対象を一体化している。農業的な生産様式では、個人の労働は土地とその生産物と密接に結びついている。資本主義体制における富の疎外は、私有財産の資本主義体制における労働の疎外の必然的な現れである。

　疎外された労働は富の創造における労働者の主体的な力を合理的に発展させるものではなく、それを一方的に奇形化させるものである。富の疎外

は、それを創造する労働主体の疎外だけでなく、配分の疎外という結果も生み出している。資本主義における富の増大の顕著な特徴の一つは、社会的富の増大が、それを生み出す労働者の貧困に正比例することである。社会的には、生産力の増大、経済発展、社会全体の富の増大は同時に、より多くの人々を貧困に追いやることを伴っている。労働は富を生み出しているが、それは働く人を豊かにするのではなく、働かない人を豊かにし、少人数の人が社会の富の多くを占めさせる。

資本主義社会が誕生して以来、生産力が発達すればするほど、社会全体の富が増大すればするほど、相対的・絶対的貧困にあえぐ人口の増加が進行してきた。労働者個人の富の占有は、社会の富の増大から切り離されてきたのである。マルクスは、次のように資本主義下での富を生み出す労働の疎外を鮮やかに表現した。「労働者がより多くの富を生み、その生産物の力と量が大きくなればなるほど、彼はより貧しくなる。労働者がより多くの商品を生み出せば生み出すほど、彼はより安い商品となる。物の世界の増殖は、人の世界の減価に正比例する。労働は商品だけを生産しているのではなく、商品としての労働そのものと労働者を生産し、しかも一般に商品を生産するのと同じ割合で生産する」[5]。

農業的な生産様式では、農民は自分の小さな土地を持ち、自分の労働で日々を送ることができる。「稲の花から香ばしい香りがし、豊作であることを喜ぶ。蛙がケロッと鳴いたのがはっきりと聞き取れた」という辛棄疾の作品は、しばらくは天候に恵まれ、衣食住の心配もない農民の生活を色鮮やかに描写しているものである。それに対して、資本主義工業社会では、労働者が労働と労働の対象との分離によって失業という悲惨な状況に追い込まれる。かつては、どんなに貧しい小農家族でも、数畝の土地と質素な草屋に住むことができたが、資本主義社会では、労働から排除された「労働者」は、スラム以外に住む所のない、ただの乞食や浮浪者に成り下がる。

住宅は産業化の過程における深刻な社会問題である。マルクスは、『1844

年の経済哲学手稿』の中で、社会的富の増大と富を生み出す労働者が住居の不足のために洞窟に戻ることの不条理を生き生きと表現している。マルクスは、「人間は洞窟に戻ったが、そこは今や文明の毒ガスで汚染されている。彼は洞窟の中で、まるで毎日自分から脱走する異分子勢力のように、心安らかに暮らすことはできず、家賃を払えなければ毎日洞窟から追い出される可能性がある。労働者はその死体安置所のような洞窟に家賃を払わなければならない。アイスキュロスのプロメテウスが、野蛮人を人間に変える偉大な贈り物の一つと呼んだ明るい部屋は、もはや労働者にとって存在していないものになった。光、空気など、最も単純な動物の習慣である清潔さえも、もはや人間の需要にならなくなる。汚物、そのような人間の腐敗や堕落、その文明の溝（本意）は、労働者の生活の要素となっている」[6]。それは、私的所有制のもとでの高度な産業化と都市化がもたらした膿みの塊である。

　もちろん、現代の資本主義は1世紀半前の資本主義とは違っている。マルクスは1840年代に、ブルジョワジーが生き残るためには、あらゆる社会関係を絶えず変革していく必要があると述べていたが、すなわち資本主義が一定の自己調整能力を持ち、資本主義体制内の関係を絶えず調整しながら発展していることを意味している。失業者やホームレスの状況は、資本主義の初期に比べれば改善されるが、富の配分の疎外がなくなるわけではない。それどころか、国際的な独占権をもつ多国籍企業が世界の他の国や地域の経済において強い地位を占めているため、ブルジョアジーによる富の略奪的な蓄積はすでに国境を越えてグローバル化している。富の配分の疎外は、国内の富める者とプロレタリアの間の貧富対立から、富める国と貧しい国の間の世界対立へと変化している。

　先進資本主義国の高所得は、国内の配分における疎外を緩和するのに役立っているが、国内の貧困問題の根本的な解決には至っていない。そのことは一部の発展途上国でも同様である。現代では、新興工業国の発展は、

先進資本主義社会の発展過程を繰り返しているように見えるが、それは特に住宅をめぐるケースで顕著である。住宅の困難さは、新興経済大国でも共通の問題になっている。インドのムンバイでは、1億人以上の人々がその場しのぎの掘っ立て小屋に住んでいる。それはマルクスが暴露した富の配分における疎外の一面である。先進国は、矛盾を緩和する福祉政策や保障政策を採ってきたが、疎外された労働の持病を全く治すことができなかった。

　資本主義的富の疎外現象は、物質的富と精神的富の間の鋭い矛盾にも反映されている。物質的な富の増大は、道徳と価値観の危機を伴っている。それは富の形態の変容と不可分である。物質的な富は使用価値によって構成され、それは物理的な存在である。貨幣が一般的な等価物であるゆえに、富となる。特に資本主義市場経済では、貨幣は人々の間の仲介役となり、あらゆる欲求とその満足を結びつけるものとなる。貨幣の流通は富の流通である。貨幣を持っている人は誰でも富を持つようになり、貨幣を持てば持つほど、富は増える。貨幣は一般的な等価物として、世の中で買えるものは大概何でも買うことができる。貨幣は富の変換形態であると同時に、富の疎外形態でもある。世の中のあらゆるものには量の公理が見られるが、貨幣はその唯一の例外である。貨幣の「量」とは、量的に無限である意味を表す。拝金主義とエゴイズムの根本的な共通点は、どんな手段を使っても、果てしなく、無限に貨幣を追い求めることである。マルクスによれば、疎外された富の力である貨幣は、「既存の価値概念や働いている価値概念として」、善悪を混同し、白黒を反転させる力を持ち、「貞操を裏切りに、愛を憎しみに、憎しみを愛に、徳を悪に、悪を徳に、奴隷を主人に、主人を奴隷に、愚を智に、智を愚に変える」[7]。貨幣フェティシズムでは、カメラに映った人間の姿のように、物事がすべてが反転している。現代の資本主義社会における、いわゆる人道的な危機、道徳的な危機、価値観の危機は、すべて人々にとっての富の形としての貨幣の人に対する魅

惑的な力を反映している。貨幣が疎外された社会は、必然的に拝金主義社会となり、価値観が逆転し、道徳の尺度が失調な社会となる。

　資本主義社会における富の研究において、マルクスの疎外と疎外された労働に関する思想は、社会的富の増大と貧困の増大が並行して進行する現象を理解する上で有益である。資本主義社会における富の増大と富の不平等な配分、物質的富と精神的富の不均衡という矛盾は、生産力と生産関係との矛盾の表れである。しかし、マルクス主義は、資本主義に存在する富の疎外を理由に、生産力の発展、科学技術の進歩、社会の進歩における資本と貨幣の役割に反対することはない。道徳は社会進歩の評価基準にはならない。

　資本主義社会の進歩はまさに血や涙に満ちる過程である。農民が土地を失い、家を失い、大都市のスラムの住人となり、浮浪者となるという犠牲の上に成り立っているのである。マルクスは、そのような理由から資本主義の不合理性を攻撃したが、彼は前を向いて、資本主義の疎外のために、工業的生産様式から農耕的生産様式へ、資本主義の高層建築の現代都市からいわゆる牧歌的、詩的な農家への歴史の反転を求めなかった。都市は文明と開放性を表し、田舎は後進性と孤立性を代表している。農民は都市と都市生活を求め、田舎と土地を離れて都市に憧れているが、都市が林立した鉄とコンクリートの要塞となり、彼らの息を詰めたとき、再び田舎の自然の美しさを羨むようになるであろう。そして、遅れを取った現代文明に「侵入」されたことのない、いわゆる「原生」な地域であればあるほど、人々の憧れるシャングリラのような場所になる。それは社会的な弊害であり、田舎の真の進歩ではなく、現代化によって引き起こされた自縄自縛のジレンマである。欧米のポストモダニズムが花開いたのも、そのためである。都市、特に「メガシティ」は、今でも現代文明の放射点であり、経済、政治、文化の中心地であるが、我々に必要なのは、都市生活をより良いものにすることであって、「農村の牧歌」という幻想に戻ることではない。

現代化とは人間社会の進歩である。富の疎外と疎外現象はより高い社会形態に入る時の煉獄である。歴史の進歩を妨げようとするのは徒労である。マルクスは、封建的社会主義やプチブルジョア社会主義、そしてシスモンディやカーライルなどの歴史観を批判した。富、貨幣、資本が社会全体の富を増大させる力を持っている限り、そこから生じるさまざまな不合理さは、均等主義より社会全体の発展に有益である。マルクスとエンゲルスが『共産党宣言』において、土地貴族の怠惰と富に対する貴族的態度を糾弾し、資本主義社会の生産力の発展と、社会の富を増大させるブルジョアジーの資本拡張の力を賞賛したのは、そのためであった。資本主義社会の生産力の発展と社会的富の出現、その合理的な生産組織と管理の手腕、および経営の才能は、資本主義社会がこれまでのどの社会よりも進歩的な社会であることを示している。富にはさまざまな疎外があるが、社会的富の総量の増大は、社会一般に有益であり、その発展にも役立っており、労働時間の短縮、余暇の増大、人類の自由で全面的な発展の条件を整えているのである。

資本主義社会では、富の所有者の生活は、もちろんプロレタリアにとっては比較にならないし、想像もできないものである。しかし、富の疎外状態においては、資本の所有者も必然的に疎外状態にあるのである。マルクスは、「労働者に外在化した疎外された活動として現われるものは、非労働者に外在化した疎外された状態として現われる」[8]と言った。資本主義市場経済の悪質な競争の中では、「狐と狸の騙し合い」、「牛の角付き合い」、破産、劣化、自殺さえも起こる。金には所有者がいない。富の流通は疎外された状態の下で、富を所有する者の避けられない宿命である。「人が去れば燕もまた去る、屋敷は朽ち果てて」という唐の詩人劉禹錫の詩は封建社会で王朝が勢力交代し、豪族が衰退するという光景を描いた。資本主義市場では、そのような破産の「悲劇」が常に演じられている。資本主義市場で繰り広げられる硝煙のない商業戦争や貨幣戦争は、封建社会の王朝戦

争に勝るとも劣らない激しさともいえよう。

　物質的な富の増大と、それと並行して起こる道徳の崩壊と価値観の危機に悩まされる現代の西洋資本主義社会は、中国の伝統文化、特に儒教文化に目を向けてきた。東洋哲学に関する講演会やセミナー、専門書の出版が数多く行われ、一部の大学では東洋哲学の講義が行われるなど、物質的な富や科学技術の飛躍の上に、精神的な安らぎやゆとりを見出そうと試みている。文化交流は文化進歩の原動力である。中国哲学には現代の西洋人が注意深く研究し、紹介するに値する哲学的な知恵が多く含まれている。確かに、中国哲学、特に儒教の道徳観は、物質主義が行き過ぎて金に溺れている欧米の一部の人々には精神的な癒しを与えるかもしれないが、社会全体に対する効果は限定的であると、筆者は思っている。東洋の薬は西洋の病気を治しにくい。東洋文化は西洋の社会制度の弊害に対する最後の「解毒剤」にはなり得ない。

　西洋の富の疎外は、資本主義体制の本質に内在するものである。それは単に文化的観念の問題ではなく、社会発展の法則の問題である。マルクスは、ハインゼンの抽象的な人道的財産観に対する批判の中で、「財産の問題は、工業の発展段階の違いによって、常に一つの階級あるいはもう一つの階級の身近な関心事となる」[9]、「良心や公平についての言葉という類似の単純な問題に還元することはできない」[10] と述べた。資本主義体制の疎外的な結果なしに、資本主義体制を保つことは不可能である。資本主義社会の形態は、悪い半分を切り落とし、良い半分を残すことができるリンゴのようなものではない。西洋社会を苦境から解放する外国の文化はなく、問題を解決する鍵と手段は、確実に西洋社会自身の中にある。

三、生産力の解放と「共同富裕」

　生産力の解放、生産力の発展、搾取と二極化の解消、共同富裕への道は、

新しい社会主義財産観の中核であると同時に、社会主義生産様式の本質的な要求でもある。「貧困は社会主義ではない」という要義は、社会主義国の総合的な国力と社会のすべての構成員の繁栄を結合させなければならない。強い国と豊かな人民は、百年以上にわたって何世代もの中国人の夢である。

　資本と富は同じ概念ではない。富は資本ではないが、資本に変える。物質的な富がモノを通じて他人の労働を支配する時、富が資本という形をとる。資本の保有は資産家とプロレタリアの分かれ目であり、富の量は富める者と貧しい者の分かれ目である。富と資本の区別を混同してはならない。資本主義社会にはすでにプロレタリアがいない、全員資産家であると考える人はいる。彼らの考えでは、労働者は車も家も冷蔵庫も持っているから、要するに「資産」を持っており、何も持っていないプロレタリアではない。そのような考え方は資本と富を混同しているものである。伝統的な意味では、プロレタリアは労働者階級の別名であり、資本のおかげではなく、直接的に富を生み出す労働者である。プロレタリアのいない、すなわち労働者のいない資本主義社会は、無論言語道断である。資本の増殖のために働く人は誰なのであろうか。資産家が資産家自身のために生産しているのであろうか。資本は自己増殖の魔法を持っているのであろうか。資本主義社会における資本の本質は、資本と労働の関係にあり、貧困ラインの上下で変わることはない。

　社会主義社会では、すべての人が豊かになり、どんどん富を得ることを我々は望んでいる。しかし、すべての人が資産家になることは好ましいことではなく、またありえないことである。社会主義社会で恐れるべきは、富裕ではなく、貧困である。「資本主義の苗より社会主義の草が要る」というかつての俗説や、「窮すれば変じ、変ずれば通ず。通すれば富になり、富になると、修正主義になりやすい」という富への恐怖は、すべて富と資本主義を混同するものである。富裕は社会主義を強固にするものでしかな

く、貧困は社会主義の危機を招くものでしかない。しかし、発展しないと問題が生じ、発展すると新しい問題が生じるという弁証法的な考え方も必要である。富裕についても同様に言えよう。「富になると、修正主義になりやすい」というのは間違っているが、「富になると教えない」というのは、新しい問題を引き起こす可能性がある。

　現代の中国では、社会主義の基本的な経済構造の中で、民営経済が重要な位置を占めている。現代中国においては社会的富の創出を推進する上で、民営資本が大きな役割を果たしている。社会主義社会では、労働者の主人としての地位は、雇用によって変えることはできない。中国の基本的な経済体制は、公有制を主体とし、さまざまな所有制の経済が共同で発展するに基づいている。社会主義国家は、労働者の尊厳ある労働、福祉、まともな生活を保障すべきである。それが社会主義労働と疎外された労働の根本的な違いである。資本が権力と結びつけば、特に私的資本が社会資本の支配的な構成要素となれば、間違いなく潜んでいた大きな危険を招くであろう。その危険を無視するのはマルクス主義者ではないが、そのために富裕を恐れるのもまたマルクス主義者ではない。

　歴史的な発展には、しばしば非常に類似した現象がある。中国は発展途上国であり、その現代化には非常に複雑で多様な過程が含まれている。前現代（遅れをとった小農生産様式を主な生産様式にする）、現代（産業化と都市化が進んでいる）、および後現代（現代化の悪弊の提示と生態文明の希求が生じる）のさまざまな発展の矛盾のまといつきに同時に直面している。計画経済から市場経済への移行、急速な産業化と都市化という過程の中には、西欧の現代化に似ている現象もある。産業構造の調整の結果、大量の構造的な失業者が解雇され、また、農村の人口が急速に都市に集まり、ホームレスや「アリ住宅」「カタツムリ住宅」という現象が、急速な発展の中での新たな社会問題、富の増大の中での新たな貧困となった。

　改革開放から40年以来、中国の経済が急成長を続け、社会的富の総量

が大幅に増加し、中国も世界第二位の経済大国となった。富は使用価値であるが、その生産や配分は人間関係を担うモノの形で行われている。富の配分の核心は、利害関係の調整である。現在の中国では、多くの億万長者や数十億の富豪が存在し、世界の富豪リストに載る人は日々増えている。それは良いことであり、社会に富が激しく拡散していることの証でもある。富が正しい方法で集められ、騙し取り強奪されない限り、富裕層が増加し、社会の活力を高め、人々の起業の自発性や意欲を高めることに資するであろう。もちろん、富が急速に集中する不正統の経路やその経路によるジニ係数の拡大については、慎重に対処する必要がある。

　歴史的な発展が類似しているにもかかわらず、異なる社会は類似の現象に異なる方法で対処し、異なる結果をもたらしている。社会主義初期段階における中国には、依然として貧しい人口がいる。しかし、他の発展途上国とは異なり、中国における社会的富の増大は、貧困に苦しむ人々の数に反比例している。改革開放以来、貧困脱却は我々にとって重要な政策となっている。富が一部の人に集中していることは否定できないが、貧困から脱却した人口の数は今も増え続けている。わが国は、二極化を制限し、調和のとれた社会主義の構築に貢献しない現象を取り除くため、社会保障制度の改善、社会最低生活保障水準の向上、失業者や解雇者の生活保護、不動産価格の高騰や低所得者向け住宅の問題への対応など、さまざまな対策を講じている。

　配分は経済的・文化的な制約を永遠に超えることはできない。現代の中国では、富の配分における二極化という現象を避けることは大概不可能である。経済問題は道徳だけで解決できるものではなく、道徳的な憤りや批判は不公平な配分の問題を解決することはできない。異なる地位にあり、異なる利害関係を持つ人々は、公平性について月とスッポンのような大きく違っている解釈を持っているかもしれない。公平は社会的、歴史的、変化している概念であり、永遠で普遍的な公平は存在していない。

社会主義は確かに公平を要求する。公平は、社会主義社会で調和のとれた社会を築くための重要な道徳的支柱であり、社会主義制度の本質的な要求でもある。しかし、社会主義社会における公平は、抽象的な道徳的概念ではなく、社会主義経済・政治制度によって保障された現実の状態である。配分における公平は、生産力の発展水準と所有制度の性質によって決定される結果である。社会主義中国では、尊厳があり、まともな生活は、単なる救済、慈善、社会福祉によって保障されるものではなく、また保障することもできない。一部の人が興味深く語っている西洋の福祉国家学者とは異なり、マルクス主義者は中国の特色ある社会主義の建設において、社会保障と社会福祉制度の改善に努力している一方で、さまざまな経済構成要素の関係を合理的に計画し、社会主義公有制の支配的地位を固め、社会主義国家の公共財を増やす努力をすべきことをよく認識している。中国の労働者と農民は、社会主義の建設に多大な貢献をしてきた。その功績は過去でも現在でも無にすることはできない。中国における社会主義の経済的成果と社会的富の急増は、社会のすべての構成員、特に恵まれない集団の個人生活を改善できなければ、「人民中心」「共同富裕」の理念も徐々に実行できないであろう。公有制を主体とし、さまざまな所有制の経済が共同で発展させる体制を堅持し、経済、法律、道徳手段、実務の政策措置を講じて二極化を抑制することによってのみ、社会と個人の富の配分の間に妥当で適度なバランスを実現することができる。我々が要求する公平は、社会主義的公平であり、異なる利益集団による公平に対する主観的な認識とは異なり、最大多数の人々の利益や社会の発展に役に立つかどうかということを基準とする現実的な公平である。

　社会主義国家は無論、夜警の役割を果たすことはできない。さまざまな所有制度や利益手段が市場の競争で公平に行われることが許され、機会の均等が公平とされるなら、労働者はそのいわゆる均等な機会の中で弱者であるに過ぎないことになる。市場における機会の均等は、市場に参入する

資本の所有者と投資家に適用されるものであり、資本と労働の間に真の均等な機会は存在しておらず、ただそれぞれの地位によって決まる。もちろん、社会階級には一定の流動性がある。それは階級の構成員を指すのであり、階級そのものを指すのではない。階級に全体的な流動性はなく、生産様式が変化することによってのみ変化している。雇用関係における資本と労働の区別が存在する限り、資本は労働よりも経済的に強くなる。労働は資本から離れれば職を失うようになる。特に土地を離れて都市に入る労働者は、資本なしには生きていけない。それが資本主義市場のルールである。社会主義市場経済にはその自身の特徴がある。その特徴に照らして調和のとれた社会を築き、労資関係を調整することが我々の基本政策である。我々は資本の役割を十分に発揮させ、労働者の正当な権利と利益、またその積極的な意欲を守るべきである。

中国は社会主義市場経済を実行している。市場経済の積極的な役割を利用して社会主義を発展させる一方、社会主義で市場経済を導いている。社会主義という言葉は極めて重要であり、中国の特色ある社会主義の市場経済の生命線とも言える。二極化と過度の格差の解消は、公平を求める道徳的要求だけでは不可能であり、生産力の発展と解放によって、搾取と二極化を解消し、最終的に共同富裕につながるべきである。

貧困は社会主義ではなく、精神的な貧困も同様に社会主義ではない。新しい社会主義的な財産観は、物質的な富だけでなく、精神的な富のことでもある。精神的な財も同様に人間の欲求を満たす富である。物質的な富と精神的な富は、同じように消費されるわけでも、同じ結果になるわけでもない。物質的な富の消費は、生理的な制約に制限される。社会の発展とともに、生理的欲求が消費の制限ではなくなり、楽しみのための消費や贅沢な消費が物質的な富の消費の主要な要素となっているが、限界もある。人間の社会的、肉体的、心理的かつ合理的・物質的な欲求を超える消費は、しばしば不合理となる。精神的な富の消費は無限である。物質的な富の不

合理で過剰な消費は、その富を所有する主体に不利益をもたらすが、精神的な富の消費は、消費者の質を高め、教養や文化を身につけさせることにつながる。物質的な消費は生産を活性化させるが、社会物質の過剰な消費は生態環境を破壊し、資源を破壊し、持続可能型の発展を妨げる。精神的な富は付加価値のある消費である。消費が同時に新しい精神製品を育み、知恵のぶつかり合いは新しい知恵を生んでいる。一国の物質的な富の増大は、労働時間の短縮と余暇時間の増大、そして人間の資質の開発と向上に寄与するものでなければならない。物質的生産は、いつの時代も社会の存在と発展の基礎である。しかし、それは物質的な生産に投入した社会的な労働の量が多ければ多いほど良いわけではなく、むしろ事実はそれに反している。つまり、科学技術革命によって、物質的生産と精神的生産に費やされる時間の割合が大きく変化している。精神的生産は社会の総生産において、ますます重要性を増している。その方向に進む社会主義社会は、マルクスの構想した「必然の王国」から「自由の王国」への飛躍につながる。

　先進的な文化の建設は、中国の特色ある社会主義の建設における重要な任務であり、社会主義の将来と運命を左右するものである。現代中国では、経済発展と富の増大の結果、足のマッサージ、全身マッサージ、美容、銭湯などの楽しみのための消費や贅沢な消費が小さな県や町にまで広がる。それと比べて、文化の建設や全人民の読書の風潮は困難な状況にある。貧困は社会主義ではないし、精神的な貧困も社会主義ではない。富強な社会主義国には、文化的・精神的な支柱がなければならない。物質的な富だけが成長しても、それは国際的な風雲に便乗した「成り金」に過ぎず、高度に発達した社会主義文明国にはなり得ない。歴史上の大国の興亡はその好例である。

　富は社会的な富である。誰か一人の人間によって生み出されるのではなく、社会の集合的な力によって生み出されるものである。私的な社会では富は家族的な形で所有されるが、本来は社会的な富である。封建社会でも

義倉や学畑を建てた人はいたが、氏族を越えることはなく、富は家族の中で蓄えられ、継承された。「千畝の良畑は八百人の主人がいる」という諺のとおり、一族の盛衰により、富を所有する人の意向によらず、富は手から手に移った。資本主義社会は封建社会から一歩進んで、一部の富が所有者の主導で移され、所有者はさまざまな社会福祉事業のために財団を設立し、家族内の貧しい人々を助けるだけではなく、社会全体に還元される。それは社会文明の進歩である。

社会主義の新たな財産観は、社会の富だけでなく、個人の富を増やすことも提唱している。しかし、個人にとっては、人生の目標としての富の追求を提唱しているわけではない。「金が物を言う」、「金を崇拝するしか前に進めない」といったスローガンは、誤解を招くものであり、新しい社会主義財産観ではない。我々は社会主義の初級段階にあり、社会主義の資本主義的要素はまだ一定の役割を果たしており、資本主義的な財産観はまだ消えていない。実生活における不満を招く現象に対しては、社会主義的な財産観に関する教育の必要性を示さなければならない。富の問題については、我々は個人の利益と集団の利益は結合されるべきであり、個人の富の獲得が国家や集団の利益を損なうものであってはならないと考えている。その点で、「義を以て利を取る」、「利益を見て正義を忘れてはならない」ということを提唱する中国の儒教と、社会主義の核心的価値観とは本来相容れるものがある。

中国は発展途上国であるが、近年、富裕層が多くなっている。彼らの中には、現代中国において、社会に還元することで篤志家となっている人もいる。それは新しい財産観であり、中国で先に豊かになった人の手本でもある同時に、「社会から社会へ」という富の流れの方向性を示している。そのような財産観では、個人の富の増大と社会の富の増大は、新しい財産観で一体となっている。

貧困は個人の不幸であるが、富を持つことと幸福を持つことは同じでは

ない。億万長者であり、贅沢な暮らしをしている人の中でも、「悩んでいる人」が珍しくない。幸福とは、総和的で豊かな内容が含まれる概念であり、物質的な富はその一面に過ぎない。幸福という概念には、幸せな家庭、調和のとれた人間関係、成功したキャリア、豊富な知識と教育、心身の健康など、さまざまなものが含まれる。ある哲学者は、「健康で丈夫な乞食は、病弱な王よりも幸せである」と言った。漫才にあるように「お金が残るほど貧しい」というのは、個人にとって不幸なことである。

　社会主義国家は、個人の富だけでなく社会の富、物質の富だけでなく精神の富、そして富は社会からもたらされ、社会に還元すべきだという考えを大切にする新しい財産観を推進しなければならない。我々は富のフェティシズムによる拝金主義やエゴイズムを排除し、富を真の人間の労働の対象化と人間主体の本質的な力を開発する創造物にし、社会のすべての構成員が享受する物質的・精神的な盛宴になるようにすべきである。

註
1) 小国寡民：小さい国で国民は少ない。道教の老子が理想とした国のあり方とされている。――訳註
2) 安貧楽道：貧困に安じ、自ら信ずる道を喜んで歩む。――訳注
3) スミス．国富論．上巻．北京．新世界出版社．2007：397.
4) マルクス・エンゲルス．マルクス・エンゲルス全集．第42巻．北京．人民出版社．1979：135.
5) マルクス・エンゲルス．マルクス・エンゲルス全集．第42巻．北京．人民出版社．1979：90.
6) マルクス・エンゲルス．マルクス・エンゲルス全集．第42巻．北京．人民出版社．1979：133-134.
7) マルクス・エンゲルス．マルクス・エンゲルス全集．第42巻．北京．人民出版社．1979：155.
8) マルクス・エンゲルス．マルクス・エンゲルス全集．第42巻．北京．人民出版社．1979：103.
9) マルクス・エンゲルス．マルクス・エンゲルス全集．第4巻．北京．人民出版社．1958：

335.
10）マルクス・エンゲルス．マルクス・エンゲルス全集．第 4 巻．北京．人民出版社．1958：
　　334.

第八章

史的唯物論の価値観

価値観の問題は、現代世界の政治闘争における現実の問題であり、理論的にも重要な問題である。史的唯物論は、価値観の乖離に表れる歴史観の本質に関心を持たなければならない。

一、欧米の「普遍的価値」への拒絶

あらゆる社会形態は核心的価値観を提出している。それは社会形態の価値の一体感を維持し、強固にするものである。中国の特色ある社会主義には独自の核心的価値観がある。我々は西洋のいわゆる「普遍的価値」を拒絶しているが、「共通の価値」に納得できる。我々は中国伝統文化と西洋文化の優れた成果を吸収し、社会主義の核心的価値観を構築し、それを社会主義のイデオロギーの指針とし、全人民の共通の理想という価値に関する一体感を構築すべきである。

「普遍的価値」は、価値に関する共通認識と最も混同されやすい。価値に関する共通認識はある程度まで普遍的でありうるが、「普遍的価値」は人々が認めるべき共通認識であるように思われる。「普遍的価値」とは、抽象的な人間性に関する論説に基づき、絶対的な普遍性を方式とする観念的な価値観である。現代では、欧米でも中国でも、一部の人々が強力な言説の覇権を利用して、欧米資本主義の核心的価値を「普遍的価値」と呼び、中国を「西洋化」、「分断化」するという政治目標を達成するためにそれを利用している。我々は、欧米の「普遍的価値論」の本質を暴かずにはおかないが、人類文明の進歩の成果や、国際協力や文化交流を通じてある範囲や問題での価値観の合意に達する可能性は十分に認めるべきである。我々には人間の価値観が一致する可能性があるからといって、「普遍的価値観」という政治的な罠に陥ってはならない。また、我々は西洋の「普遍的価値観論」に反対しているからといって、人類文明の進歩の積極的な成果を否定し、人間同士のある程度と範囲での価値に関する共通認識を否定しては

ならない。

　「普遍的価値」の問題には、二つの異なる見解がある。一つは資本主義的な私的所有制に基づき、個人主義を中核とする西洋的価値観を絶対的な「普遍的価値」とする「西洋中心主義」説である。もう一つは、人類の文明と文化交流の進展による好ましい結果を肯定する史的唯物論に導かれた見方である。後者の考え方は、人類の基本的な価値を肯定するものであり、価値に関する合意論である。その価値に関する共通認識は、歴史的進歩の流れを表し、人々に広く受け入れられていることから、一定の普遍性を持っている。その他、それは人類文明の成果の集積であるから、先駆的な性格を持っている。しかし、価値に関する共通認識の普遍性と先行性は、歴史的・時代的・民族的な性格を持っている。

　今日の欧米における抽象的な「普遍的価値論」の台頭は、突然のものではなく、宗教の「普遍主義」から、神学者や宗教倫理学者の提唱する「普遍的倫理」へと発展し、現在欧米で強力な言説となっている「普遍的価値」へと、長い歴史的過程を経てきた発展してきたものである。しかし、現代の強力な言説としての欧米の「普遍的価値」は、宗教の「普遍主義」や神学者、宗教倫理学者の唱える「普遍的倫理」とは異なる。なぜなら、それはグローバリゼーションにおける西洋の資本主義の強力な地位の拡大と結びついた特定の政治的意図を持っているものからである。

　抽象的で絶対的な「普遍的価値」は、価値の主体と価値の本質との間に解決不可能な矛盾を含んでいるため、存在していない。価値の絶対的な普遍性は存在しえない。普遍的に通用する真理はあっても、普遍的に通用する絶対的な「普遍的価値」は存在していない。それは、真理と価値の最も重要な違いの一つである。なぜなら、真理は主客の認識の関係で、知識の内容の客観性に関するものであるのに対し、価値は主客の欲求とその欲求の充足の関係で、利害関係、特に核心的利害に関するものだからである。普遍的に通用する真理であっても、国家の現実と結びつかなければ、抽象的な真理にはなりえない。しかし、抽象的な真理は具体性を欠くために誤

謬に転化することがある。真理はそのようなものであり、価値はどのようなものについても自明であろう。

　価値の絶対的普遍性は、価値関係の具体性とは両立していない。価値観念とは主観的な判断であり、価値関係とは主体の意志によらない客観的な関係である。『紅楼夢』において、賈宝玉家の上級女中は、自分の地位について満足な価値の一体感を持っているかもしれないが、彼女たちと主人の間の実際の価値関係を変えることもできず、すなわち主従関係の価値における一体感が実際の価値関係と乖離することは、階級社会では珍しいことではない。資本主義を賛美し、資本主義体制に満足するプロレタリアは、すでに欧米における現代の労働者運動の一つの大きな障害となっている。社会主義諸国が西欧のいわゆる「普遍的価値」を自国の価値の追求として採用するならば、自国の体制の本質と利益との間の実際の価値関係から乖離していることになる。

　「普遍的価値」は絶対的なものではありえない。今日の世界において同じ価値観を押し進めることは不可能である。なぜなら、そのような価値観の共通した統一体は存在しないからだ。現実には、階級、社会、民族、国家といった特定の関係によって結ばれた個人や集団があり、それゆえに個人、階級、社会、民族、国家の価値が存在するが、今日の世界には、世界のすべての国が同じ主体である「普遍的価値」は存在していない。国家や民族は違っても、人間で構成されており、人間は「類」であり、「類」は世界の主体でありうるから、普遍的な主体になる。全員が人間として認められる以上、国家や民族、階級を超える絶対的な「普遍的価値」があるはずだという意見もある。実は、それは抽象的な人道主義の新しい展開であり、マルクス主義の「現実の人間」から「抽象的な人間」への回帰に過ぎない。マルクスは、「人間の本質は、一人の個人に内在する抽象的なものではなく、その現実において、すべての社会的関係の総和である」[1]と言った。彼は、フォイエルバッハが人間の本質を「『類』として、多くの

個人を純粋にかつ自然に結びつける本質的で静かな普遍的性質として理解している」[2]という考え方を批判した。それは何千回も引用されている古典的な言葉であり、「普遍的価値」の問題を分析する文脈においても同様に適切である。

　これまでの人間の現実は、世界を統一体とした統一的な構造の中で生きるのではなく、一定の国家や民族の構造の中で生きるというものであったことは、誰の目にも明らかである。グローバリゼーションは、世界の人々を統一体に変え、国や民族の区別をなくすのではなく、むしろ強国と弱国の対立を先鋭化させた。国連といえども、主権国家の国際組織であり、いわゆる国境を持たない「人間」あるいは「類」の組織ではない。現代に生きる人間にとって、国家はやはり存在している境界線である。というわけで、絶対的な「普遍的価値」を標榜する理論家は、抽象的な「類」の主体を認め、人間性の普遍性を肯定し、そこから絶対的な「普遍的価値」を演繹している。

　ある人は、人間性の絶対的な「普遍的価値」は、盗みをしないこと、姦淫をしないこと、近親相姦をしないことであるという。実は、私有制の時代には「盗み禁止」というルールはなく、集団結婚の時代には「姦淫禁止」というルールはなく、乱婚の時代には「近親相姦禁止」というルールはなかった。「盗み」「姦淫」「近親相姦」という動機や概念すら存在する可能性もまったくなかった。そうした人間の基本的価値観に関する共通認識は、社会の発展や文明の進歩の結果である。したがって、我々は絶対的な「普遍的価値」を否定している。いかなる価値も歴史から切り離されたり、時代を超越したりすることはできず、人間の進歩の価値に関する共通認識を体現するものも、歴史的条件や時代によって条件づけられるのである。

　このように、「普遍的価値論」の哲学的根拠は二つあると認められる。第一に、人間の共通性から価値の普遍性を演繹する抽象的人間性論である。

第二に、人間性の永遠性から不変の価値の存在を主張する形而上学的な価値不変論であることがわかる。それは、「天が変わらなければ、道も変わらない」ということわざの西洋版である。

二、人類の「価値に関する共通認識」を大切にする

　我々は、「普遍的価値」には賛成しないが、一定の範囲内、一部の問題については、人類の間に一部の価値に関する共通認識、すなわち共通の価値が存在しうることを認める。価値に関する共通認識とは、個々の民族の価値とは無関係かつ独立に存在している抽象的な共通項ではなく、人類文明の進歩の過程や民族間の文化交流の中で徐々に生まれてきた特定の基本的価値観に対する一体感である。それは条件付きであり、歴史的であり、変化しているものである。例えば、1948年12月10日に国連総会で採択された『世界人権宣言』は、人権問題に関する一種の価値に関する共通認識であり、宣言の署名国がいくつかの基本的人権を承認したことを表している。しかしそれは、宣言に列挙されたものが歴史や国家を超越した「普遍的価値」であることを意味しているものではない。なぜなら、それは第二次世界大戦後に生まれた時代的なものであるため、人々が戦争に対する反省と、人類社会が発展し、人間の社会的・政治的地位が向上するにつれて起こった変化を表しているからである。『世界人権宣言』は、人類の歴史的進歩の記録とみなすことができる。そこに列挙された人間の権利は、歴史の産物であり、その創造と洗練が歴史的過程を経てきた。西欧の先進国でさえ、いわゆる自由、民主、人権はまだ不完全であり、すべての人が享受できる普遍的な価値ではない。

　20世紀後半のエコロジー危機が浮き彫りにした人間と自然の調和を重んじるという考え方は、いわゆる抽象的な「普遍的価値」にもなりえない。農業が生産様式であった封建社会においても、資本主義産業化の初期にお

いても、人間と自然との調和を重んじるというような価値観念の普遍性や緊急の必要性はなかったからである。人間と自然との調和、すなわち我々すべてが住んでいる地球を救うという概念は、生態系の危機の現代においてのみ、基本的な価値となり、人間の価値に関する共通認識となりうる。価値に関する共通認識としての人間と自然の調和が、現代に特徴的であることは明らかである。中国の伝統文化である「天人合一」に象徴されるように、その考え方は非常に重要である。

　大多数の人々に受け入れられる価値に関する共通認識は、時代の要求に応じるべきである。それは少人数の賢者による絶対的な真理の発見や、慈悲深い人間によるメシア的な約束ではなく、時代の要求、時代の成果や社会自身の実践を理論的に反映したものであるべきだ。宗教家は、自らの教義が普遍的であり、全世界を包含し、救済的であり、弘誓の船のようなものと考えるのもかまわないが、宗教間や宗派間の争い、さらには戦争は、いかなる宗教も普遍的であり得ないことを証明している。その「普遍的主義」は世の中に受け入れられない。宗教の教義が普遍的ではなく、互いに拮抗し、対立しているという事実から、各種の宗教が合意するものを「普遍的倫理」として定義する必要性は生じてきた。それも時運に応じて生まれたものになる。実際、そのいわゆる「普遍的倫理」は、人間社会の規範や人類の進歩の実際の成果を肯定する、底辺の倫理でしかありえない。それらの規範が現実に根ざしていれば、プロパガンダや警告の役割を果たすことができる。しかし、それらを世界中の人々が守るべき普遍的な道徳規範にしようとするのは、ただの善意な願望に過ぎなく、現実の可能性をもっていない。すべての人間の行動を道徳的合意や規範、宣言によって統一することはできない。人類の道徳意識、とりわけ世界中で認められる道徳規範は、道徳的価値に関する共通認識である。その共通認識の可能性と現実性は、人類社会の進歩、そしてそれぞれの国や民族の発展水準と社会状況と不可分である。モラリストや思想家は、抽象的かつ思弁的な思考力

を駆使して、人々が賛成し遵守すべきように見える価値観を見つけ、それらを「普遍的価値」や「普遍的倫理」と呼ぶが、実際には普遍的なものではなく、せいぜい理想や期待にすぎない。

　我々は「普遍的価値」を否定し、いわゆる「普遍的倫理」にも賛成していないが、人類の基本的価値や一定の共通認識に達する可能性を否定することはできない。人間は世界共通の基準によって抽象的にカテゴライズされた主体ではない。抽象的な普遍的人間性から「普遍的価値」を導き出すことも不可能である。しかし、社会の主体としての人間は、どの人種、どの民族、どの国に属していようと、ある共通の自然的属性を有しているだけでなく、人間と自然、人間と人間の関係の問題を解決し、同一または類似の問題に対処しなければならない。そのため、いくつかの類似した知識、経験、体験が次第に蓄積され、人間の生存と発展に重要な基本的価値が形成されていく。それらは物質文明だけでなく精神文明にも見られる。価値に関する共通認識とは、異なる民族が創造した物質文明と精神文明の積極的・合理的な要素に関する一定の一体感である。例えば現代では、民主、法制、自由、人権、平等、博愛、調和などの概念が、合意された価値の一部である。価値に関する共通認識は「普遍的価値」とは異なる。「普遍的価値」が普遍性と無差別を強調するのに対し、価値に関する共通認識の範囲は広くてもいいが、狭くてもいい。共通認識の度合いも高くてもいいが、低くてもいい。しかも理論的な承諾としての価値に関する共通認識は、実際の状況に完全に対応するわけではない。例えば、その優越性が圧倒的に認められている政治制度としての法治は、人類社会に普遍的なものではなく、法治の理論や制度化は近年の社会の産物に過ぎない。人権への承諾も同様である。人権は天から授けられるものではない。中国が人権公約に参加していることは、人権擁護において他の署名国と同じ価値に関する共通の認識を共有していることを示しているが、それでもなお、人権の完全な概念とは何か、人権はどのように保障されるのか、人権の状況はど

うなっているのかについての見解の相違、すなわち価値に関する共通認識の中、共通認識と非共通認識の間、理論と事実の間に矛盾が生じることがある。自由、民主、平等、および他の基本的価値についても同じで、普遍的であると同時に特殊なものでもある。中国の憲法も同様に人民の自由、民主、人権を保障していることをもって、欧米の自由、民主、人権という価値観の普遍性を証明するのは正しくない。社会主義中国の憲法に明記されている自由、民主、人権は、「普遍的価値」であることに由来するのではなく、社会主義制度の本質と人類の社会進歩の成果に基づく価値に関する共通認識に由来する。したがって、その共通認識には、自由、民主、人権に対する西欧の概念とは何か違っているところがあるはずだ。価値に関する共通認識に基づいて抽象的な「普遍的価値観」の存在を証明するのは間違っている。しかし、価値の相違に基づいて、現代人類文明の進歩的な基本的価値に関する共通認識としての自由、民主、人権を否定するのも間違っている。基本的価値に基づく価値に関する共通認識は、抽象的で絶対的な「普遍的価値」とは異なる種類の価値観であることを我々は認識しなければならない。

　価値に関する共通認識とは、少人数の才能ある思想家の発見によるものではなく、客観的な歴史的必然性をもって、人類の歴史と社会の進歩によって徐々に形成されるものである。論理的・理性的必然による産物でもなければ、倫理的「応然」や「定言的命法」でもない。価値に関する共通認識は、民族によって実際に創造された文化の多様性のポジティブな要素に基づいており、民族的な特性を持つすべての文化の中に存在している。例えば、中国人が西洋文化思想から合理的な考えを吸収できるように、西洋人は東洋人、特に中国の伝統文化から合理的な考えを吸収することができる。孔子の「己の欲せざる所は人に施す勿れ」は、20世紀末に宗教学者や倫理学者によって金科玉条とされるまで、2000年以上も前から存在していた。近代の道徳的危機と価値観の喪失をきっかけにして、東洋文化

が必要とされるようになり、ある天才が突然その価値を見出したからではない。中国は半植民地・半封建社会であった。抑圧され、分割されていた時代には、中国の伝統文化の粋は世界から認められず、賞賛されることもなかった。孔子の「己の欲せざる所は人に施す勿れ」という原則は、現代においては価値に関する共通認識として機能するかもしれないが、実際に人々の行動がその原則に合致するかどうかは定かではない。特に、いじめを行っている強国が発展途上国に弱肉強食という自然の法則を適用する傾向があるが、「己の欲せざる所は人に施す勿れ」が世界の道徳を導く共通の価値となることを妨げるものではない。

　中国が西洋に真理を求めたとき、「西洋化」は中国が自らを救い、中華民族の輝かしい歴史を再建する唯一の方法と見なされた。西洋の「文化中心主義」が支配的な価値観となり、特にその自由、民主、人権というスローガンは、中国の人々、特に知識人に大きな魅力を与えた。中国人は今、西洋文化で広められた「普遍的価値」に対して、より理性的な見方をしている。したがって、いわゆる「普遍的価値」は、せいぜい一種の価値に関する共通認識であって、決して普遍的なものではない。

　価値に関する共通認識とは、一時的に形成されるものではなく、各民族間の長らく文化的交流、伝達、相互学習を通じて形成されるものである。普遍的な基本的価値の形成過程にどれほど時間がかかり、特に理論的な共通認識を現実に反映させることがどれほど困難であろうとも、人類文明の進歩から生まれた基本的価値は、人類文明の発展にとって貴重な精神的財産であり、人類が追求すべき歴史的目標であり続ける。人類の歴史は、野蛮から文明へ、資本主義文明から将来の共産主義文明へと、さまざまな方法と経路で進歩してきた歴史である。歴史の各段階において、その時代の基本的な価値が発展し、その時代の先進的な価値となり、ひいては人類の進歩における価値に関する共通認識を形成した。マルクス主義が想定する人類社会の発展のゴールは、長く、矛盾に満ちた、曲がりくねった過程で

ある。「世界大同」が実現されたら、人類は二度と発展しないのであろうか。もちろんそうではない。したがって、「普遍的価値」を語るのではなく、歴史の過程で人類が価値を創造してきたこと、そして異なる歴史時代における価値に関する共通認識に焦点を当てるべきである。そうやって人類は、土が積もって山になるように、文明を創造する中で一歩一歩価値を積み重ねてきた。そのプロセスも永遠に終わらないであろう。

　文明にはさまざまな種類があり、さまざまな民族の文化があり、その文学、芸術、哲学、倫理、その他の価値形態はすべて、民族間、文化間の交流を可能にする共通認識の要素を含んでいる。しかし、単一の文化形態が普遍的であることはあり得ず、他の民族と共有できる要素を含んでいるに過ぎない。したがって、価値に関する共通認識は、すべての民族の共同創造の積極的な成果なのである。しかしそれは、それぞれの文化からの特性を奪うものではない。「海は百の川々を受け入れる」という事実のように、それぞれの水がすべて海水に溶け込むので、我々はそれらを区別することはできないが、人間の文化は違っている。人類文化の交流はそれぞれの民族から独立した「普遍的価値」を持つ文化を形成するものではなく、それぞれの民族が自国の文化に基づいて外国の文化を吸収し、自国の文化を豊かにし、発展させるものである。文化の統合や吸収を通じて、「あなたには私がいて、私にはあなたがいる」という状態になるが、いずれも独自の文化的な特性を失うことではない。中国は豊かな文化伝統を持つ国であり、東洋的価値観の特別な内容、中身、魅力を持つ現代中華文化を含め、その伝統文化の優れた成果を世界に示すことができる。しかし、そこに含まれる世界的あるいは人間的な価値を体現するためには、他の文化によって認識され、吸収され、変容されなければならない。どのような国の文化にも、人間的な内容は潜在している。民族的価値の人間的側面は、文化の伝達、交換、統合を通じてこそ世界に溶け込むことができる。

　我々は、「普遍的価値」に関する西欧の言説の覇権を否定しているが、

ブルジョアの自由、民主、人権という概念の歴史的進歩性と、参考できる要素を肯定している。人類史において、ブルジョア革命と資本主義体制の確立は革命的な意味を有する重大な変化であった。あらゆる文化に自由、民主、人権の芽生えや要素が含まれるかもしれないが、それらは比較的に完全な理論として、また法律によって規定された制度的取り決めとして、資本主義社会の出現と不可分である。我々はそれらを「普遍的価値」と見なすべきではない。なぜなら、ブルジョア啓蒙の学者たちが提唱する自由、平等、博愛の理想には、たとえ普遍的な形で現れたとしても、資本主義的な階級性や狭隘なものがあるからである。さらに、資本主義支配の現実は、自由、平等、博愛の社会的理想の完璧な実現ではないからである。エンゲルスは、ほぼ1世紀半も前に『反デューリング論』で、「理性の勝利」によって確立された社会的・政治的体制を批判した。もしエンゲルスが、現代の欧米諸国がいわゆる「価値観外交」やいわゆる「人権外交」を追求し、自由、民主、人権、平等、博愛を対外拡張や政治的意図の実現のためのソフトパワーとして利用し、それらを「普遍的価値」と呼んでいるのを目撃したら、その「偉大な創造物」をどのように風刺するであろうか。確かに、「普遍的価値観の普及」は、資本主義の海外進出初期のいわゆる「文明の普及」よりもはるかに創造的である。

ノッティンガム大学の中国政策研究センター所長鄭永年氏は、圧力下の中国の台頭に関する文章の中で、欧米諸国は中国を抑えるために軍事同盟を利用している一方で、価値観外交も利用していると述べている。「軍事同盟がハードパワーを表しているものだとすれば、価値観外交はより多くソフトパワーに関するものであり、民主と人権という西側の価値観を、西側の対中政策、特に経済貿易のあらゆる側面に統合しようという願望だとわかる」。RIA通信社は「人権兵器は場違い」と題する報道で、欧米諸国が人権を武器として使うことの本質を論じている。「『米国とそのEU諸国』は、民主や人権の基準を他国に押し付けようとしている」、「文明とキ

リスト教を広めるという旗印の下、ヨーロッパが多くの命や文明を殺したのと同じだ」、「アメリカでは、外国に人権の追求は、金、情熱、イデオロギー、破壊が絡み合う、数億ドル規模の巨大産業である。その方法はよく知られている。すなわち、多くの国に寄りかかる親米的反対派を作り、あるいは単に自分で反対党を作り、それを権利と自由の唯一の擁護者と見せかけ、最後に公然と援助する。アメリカが世界最大の破壊工作マシーンを養うということもわかる」のような言葉が見られる。

　欧米が推進しているのは「普遍的価値」ではなく、彼らが「普遍的価値」だと考えているもの、つまり欧米の価値観外交に有利な特別な価値であることは明らかである。中国の一部の人々が切望している「普遍的価値」は、中国の特色ある社会主義を中傷することに基づいている。そのような「普遍的価値論」の政治的含意は自明である。

　民主、自由、人権が時代を超越し、人道的だから、絶対的な「普遍的価値」であるという見解がある。例えば、民主は「類」の概念であり、そこから古代ギリシャの都市国家民主、資本主義民主、社会主義民主が、それぞれ異なる形で概念として現れてくる。それがプラトンやヘーゲルの考え方である。現実には、特定の民主制度の外に「類」としての民主は存在していない。古代ギリシャの奴隷民主から資本主義民主、社会主義民主への移行は、2000年以上続く歴史的進歩の過程である。民主という概念は、現実における民主の制度の一定の共通点を理論的に一般化したものであり、「類」としての民主という概念が、「種概念」としてさまざまな特定の民主制度を生み出すという論理的な過程ではない。言い換えれば、絶対的な「普遍的価値」としての民主の存在は、現実の多様な民主制度を生み出すのではない。多様な民主制度の存在は、民主が人間社会の進歩にとって基本的な価値であるという共通認識を生み出すのである。

　民主は単なる政治的概念であるだけでなく、国家体制でもある。異なる民主体制は、異なる国家の性質を担っている。したがって、自由、人権、

平等、博愛は、民主と並ぶ等価な概念ではなく、民主の制度、すなわち国家の体制によって支配される。例えば、西欧民主の枠組みにおける自由とは、必然的に資本主義体制の強化に資する自由である。プロレタリアートの政治革命と人類の解放によって得られる自由は、資本主義の自由の概念には決して含まれない。同様に、その平等は、等価交換に具体化された平等、資本主義法律の前での平等でしかありえず、階級の排除という意味での平等は決して含まれない。その博愛の最高の表現は、資本主義体制における慈善であり、「万人への愛」ではない。社会主義民主に関連する自由、平等、人道はすべて、民主制度の本質によって意味合いが異なる。西側資本主義諸国が宣言する民主は、本質的に中国人民が必要とする民主ではない。我々は「人民主体」という民主を強調しているが、欧米諸国には受け入れられそうにない。民主、自由、人権、そしてその制度的取り決めのいくつかは、普通選挙、少人数は多数に従うこと、非終身制、階層的特権の廃止、法治の尊重、人民の政治への広範な参加など、人類発展の特定の段階における人類への貢献として、すべて吸収し学ぶことのできる肯定的なものを含んでいる。しかし、社会主義社会では、国家体制としての民主制度の本質と内容、そして自由と平等という関連する内容は、社会制度と文化的伝統の性質に合わせて確実に変化していく。したがって、自由、民主、人権、平等、法治については、人類文明の積極的な成果として一定の範囲内とある程度の共通認識がある。しかし、その具体的な内容が抽象化され、歴史と時間を超越した抽象的で絶対的な「普遍的価値」になってしまえば、合理性を失い、資本主義拡大のための一種のソフトパワーになってしまう。

「普遍的価値」は、抽象的な普遍性という理論的幻想を生みがちで、科学的な概念ではない。欧米が推進する絶対的で不変の「普遍的価値」は観念論的な価値理論であるのに対し、価値に関する共通認識には実践的・理論的意義があり、人類文明の成果や文化交流・統合の積極的要素を肯定するものである。「普遍的価値」が抽象的な人間性に基づく一種のバーチャ

ルな価値観であるのに対し、価値に関する共通認識とは、それぞれの民族や文化の実践的貢献において、積極的な意義を持つ基本的価値を認識することである。「普遍的価値」が歴史的・超越的なものであるのに対し、価値に関する共通認識は歴史的・時代的なものである。抽象的な「普遍的価値」は無条件で普遍的であるが、価値共通認識は条件付きで限定的である。抽象的な「普遍的価値」は観念に基づき、人間の理性に訴え、「定言命法」によって応えるとしている。その一方、価値に関する共通認識は、実践に基づくものであり、民族の実際の文化的蓄積と社会の進歩に基づくものである。抽象的な「普遍的価値」が他民族の文化の外部にある、あるいは他民族の文化の上にあるのに対し、価値に関する共通認識の要素はあらゆる民族の文化の中に存在し、文化的相互作用と伝達を通じて徐々に達成される。「普遍的価値」はキャッシングできない空手形のようなものであり、価値に関する共通認識は人間社会の実践的経験の蓄積と理論的昇華である。「普遍的価値」論者は、西欧の「普遍的価値」のもとに人類が統一されるという幻想に耽溺しているが、価値に関する共通認識論者は「和して同ぜず」という見解を原則とし、それを通して人類にとって合理的な共通の価値追求を形成しつつ、人類の差異と多様性を肯定している。

　「普遍的価値」という言葉は、その抽象的な普遍性によって、意味合いを持たない抽象的な普遍性となる。抽象的な「普遍的価値」の意味合いを構成する言葉は、具体的な概念ではなく、単なる一つの単語であり、空虚な概念に過ぎない。例えば、自由、人権、平等といったさまざまな言語が単語として存在できるかもしれないが、具体的な概念として、その使用者の国や民族の実情から切り離すことはできない。レーニンは、『哲学ノート』の中で、フォイエルバッハの『宗教の本質に関する講義』から次の文章を抜き出している。「私は知恵、善、美を否定していない…それらが神々や神の特質として現れようと、プラトン的観念やヘーゲル的自己構成概念として現れようと、私はただそれらが『類概念』として存在するこ

とを認めないだけである」[3]。レーニンはそれを高く評価し、サイドノートに「神学と観念論に反対する」[4]と書いている。「普遍的価値」論者がその普遍性を証明するために、概念の具体的内容を抽象化し、それを単語、つまりあらゆる言語で使用可能な言葉に変える。価値に関する共通認識は人類の進歩と国情に基づくものであり、具体性とは不可分である具体的な共通性をもっている。民主、自由、人権が欧米の政治家の手によって二重基準を採用できるのは、実際には人間の基本的価値に関する共通認識に基づいておらず、主観的で恣意的ものである。我々は抽象的な「普遍的価値論」には賛成していないが、すべての民族の交流、学習、統合の価値観に含まれる共通の要素、そして人類の社会的進歩と文明の成果である基本的価値の普遍的意義を十分に認識している。我々は、西欧の「普遍的価値観」の言説的覇権を拒否するが、改革開放を堅持し、西欧文明を含む人類文明の積極的成果から学ぶことを主張している。

三、「社会主義の核心的価値」の堅持

「普遍的価値観」は国家や民族を超え、現実を超え、地上から天上に昇り、具体的なものから切り離された普遍的なものとなった。社会の核心的価値は同じではなく、現実の社会に根ざし、その社会の経済・政治制度に根ざしている。どのような社会が存在するかは、そこから切り離せないそれなりの核心的価値が生じる。それぞれの社会制度には、その存在の精神的支柱であり、社会の誕生から強化に至るまでの特徴である独自の核心的価値がある。

核心的価値の違いは、社会の形態と性質の違いを集中的に表現している。それは抽象的な人間に基づくものではなく、その社会の経済的・政治的制度に基づくものであり、自らの制度を安定させ、強化し、発展させるソフトパワーとして機能している。どの国においても、支配的なのはその核心

的価値であり、いわゆる「普遍的価値」ではない。社会の価値は多元的な形式として存在しうるが、核心的価値は一元的なものであり、社会制度の支配的価値でもあり、いわゆる社会の支配階級の価値観である。核心的価値は必ずしも社会全体に共通しているものではないが、支配的な価値観であるがゆえに、さまざまな手段や方法を通じて、社会のすべての構成員にある程度に受け入れられる。階級社会では、被支配者が支配階級の価値観を受け入れ、その社会の核心的価値をある程度に認めることは、その社会が安定期にあり、社会的な矛盾が激化していないことの証である。社会の核心的価値が徐々に崩壊していくことは、社会的な矛盾の激化と社会の崩壊が間近に迫っていることの前兆である。中国の封建社会の核心的価値は、忠、孝、仁、愛、礼、義、廉、恥を主な内容とする儒教的価値観である。一方、資本主義社会の核心的価値は、「私有財産は神聖にして侵すべからず」こと、それを基礎とする自由、平等、博愛、人権といった資本主義的観念である。

　社会形態の変化は同時に価値観、特に核心的価値の変化である。中国の特色ある社会主義には独自の核心的価値がある。社会主義の核心的価値は、資本主義や封建主義の核心的価値とは異なる。それはマルクス主義に導かれた新しい社会主義の価値観であり、時代性と民族性を特徴とし、中国の特色ある社会主義を理想としている。それは、中国の伝統文化の最良のものと世界文明の果実の両方を吸収しており、したがって民族的であると同時に時代的でもある。しかし、それは中国における「普遍的価値」の体現でもなければ、中国の伝統的価値観の現代版でもなく、常に社会主義の核心的価値であり、社会主義経済・政治体制の本質に沿った支配的価値でもある。社会主義の核心的価値の中には、人類が共有する概念も見出されるからといって、社会主義的価値観の本質が変わるわけではない。なぜなら、社会主義の核心的価値は社会主義の特性を有し、公平、正義、自由、平等、調和、愛国、栄光と恥、誠実は、時代や社会制度を超越した抽象的な概念

ではなく、具体的な概念なのである。それらの各概念は、マルクス主義を指導的なものとしており、社会主義制度を本質と内容とする未踏の判断を含んでいる。その社会主義的内容は、各概念に特有の未踏の判断に凝縮されているものである。

　中国の特色ある社会主義の建設において、我々の指導思想はマルクス主義であり、マルクス主義と中国の現実の結合である。中国の40年にわたる改革開放の偉大な成果は、マルクス主義と中国の現実との結合の勝利であり、いわゆる「普遍的価値」の勝利ではない。中国の未来の方向性は、中国の特色ある社会主義を通じて共産主義に向かうことであり、「普遍的価値」に従って異なる制度を収斂させることではない。西洋の「普遍的価値」、すなわち自由と民主によって歴史が終わることはないし、経済のグローバル化によって世界が均質化されることもない。

　「普遍的価値」の問題を議論する最も重要な意味は、中国の特色ある社会主義の方向性と指導原則を明確にすることである。我々は社会主義の核心的価値を堅持しなければならず、西洋の「普遍的価値」の誤った理論に惑わされてはならない。対外交流、理論研究、特に社会主義イデオロギーの構築においては、「普遍的価値」、価値に関する共通認識、および核心的価値観を区別すべきだと筆者は考えている。我々は社会主義の核心的価値を堅持し、人類文明の進歩と文化交流の中で普遍的形式で現れた価値に関する共通認識、すなわち共通の価値を重視しているが、「西洋中心」の「普遍的価値」の論説を拒否し、特にその「西洋化」と「分断化」の政治的企図を暴露し、資本主義体制とその価値観を「普遍的価値」として、発展途上国の政治的圧力と世論に抵抗しなければならない。

　「普遍的価値」を否定し、人類の文明と社会進歩における特定の基本的価値について、ある程度と範囲内の「共通認識」を持つことができ、社会主義の核心的価値を堅持するこそが、中国の特色ある社会主義の道を堅持する上での我々の根本的な原則であるべきなのだ。

註

1) マルクス・エンゲルス．マルクス・エンゲルス選集．第1巻．3版．北京．人民出版社．2012：139．
2) マルクス・エンゲルス．マルクス・エンゲルス選集．第1巻．3版．北京．人民出版社．2012：139．
3) レーニン．レーニン全集．第55巻．2版．北京．人民出版社．1990：45-46．
4) レーニン．レーニン全集．第55巻．2版．北京．人民出版社．1990：45．

第九章

マルクス主義と伝統文化

中国では、伝統文化の研究と普及が本格化しており、儒教が再び脚光を浴びてきた。昔、孔子は列国を周遊したが、実際には斉、魯、鄭、魏、陳、蔡の諸国は、現在の山東省と河南省の数県に過ぎなかった。しかし今では、孔子学院は世界中に広がっている。海外の漢学者の数も増え、中国伝統文化の評価も高まっている。それは素晴らしいことであり、中華民族の復興の文化的現れでもあるが、一部の理論家は、マルクス主義を指針とするイデオロギー的方針に変化があったのであろうかと、困惑している。儒教の一部の極端な保守派は状況を見誤り、誇張された主張が出てくる。数多くの乱雑な花が生じると目がくらむように、さまざまな議論によってイデオロギーの領域もジレンマに陥っている。すなわち、マルクス主義の思想的指導を強調することは、儒学の支配していた中国の伝統文化を貶めることに等しいが、そうでなければ、マルクス主義を指導の「聖壇」から下ろし、「孔子を尊び、儒教の古典を読み、儒教によって国を治める」という古い道を再び歩むべきである。氷と炭は一つの釜に納めることはできないというような二者択一の見解は、理論的にも間違っているし、実際的にも有害である。

一、社会形態の交代に照らしてマルクス主義と中国伝統文化の関係を考察する

マルクス主義と儒学に支配された中国伝統文化の関係を理解する上で、筆者は「『周雖旧邦、其命維新』（周は古い国家だが、その使命は革新にある）」という言葉を思い出した。馮友蘭は中国近代史における傑出した思想家、哲学者、哲学史家であり、彼を近代の新儒学者として尊敬している学者もいる。彼は長年かけて書いた『中国哲学史新編』の序文で、「『詩経』の一節に『周雖旧邦、其命維新』がある。新たな運命を持つ古い国家は、現代中国の特徴である。私はその特徴を継承したい。私がやりたいの

は、マルクス主義の立場、視点と方法を用いて中国哲学史を書き直すことだ」と述べた。馮は専門的な著作の必要性からマルクス主義の観点で中国哲学史を再構築することに限定したが、筆者は馮の言葉に触発され、マルクス主義と中国伝統文化の関係の謎を解く鍵として、「長い歴史を持つ国家の新たな運命」を使おうと考えた。

　社会主義中国は、5000年の歴史を持つ古い中国の現代的存在である。中国は古い国家であるが、現代の中国は社会主義という形態の新しい中国であり、伝統的な中国とは異なる。中国共産党には、中華民族の偉大な復興という新たな歴史的使命がある。その使命には、社会主義の新中国での民族の復興と、中華民族の文化的復興が含まれており、経験と教訓がある。それはマルクス主義の思想と理論の指導を堅持する道であると同時に、マルクス主義と中国の伝統文化との関係を正しく対処する道でもある。その道は、百年近い歳月をかけて探求されてきたものであり、艱難辛苦を超えて跋渉してきたものである。中国共産党と社会主義社会の指導思想と、マルクス主義と中国伝統文化の関係をどう扱うかという大問題をしっかりと確立することは、社会形態の変革という高みからその問題を熟視することによってのみ可能であり、文化の文脈だけでは解明できない。

　中国における社会主義制度の確立は、中国の歴史において数千年間見られなかった社会形態の大きな変化であると同時に、根本的な変化でもある。秦の始皇帝による中国の統一以来2000年間、中国歴史の変化は本質的に同じ社会形態の内部の変化である。王朝の変化や交代が中国の社会形態の本質を変えることはなかった。経済的、政治的、文化的構造に変化はあったが、それらはすべて同じ社会形態の歴史的継承と連続性を持っている。中国の封建社会は、一治一乱や王朝の変化の中で発展し、成熟してきたのである。「中華民族の開化史には、発達した農業と手工業、多くの偉大な思想家、科学者、発明家、政治家、軍事問題の相関研究者、作家、芸術家、そして豊富な文化的古典が存在している」。歴史上、儒教、仏教、道教の

相互吸収や新儒家の出現が見られたが、儒学の道統は不変であった。2000年以上もの間、孔子は王の師であり、素王でもある。王朝が変わっても、その最高聖人の地位は根本的に変わることはなかった。新しい王朝は依然として「儒教を尊び、古典を読み」、社会秩序と統治の合理性を維持する緊要な思想的機能として儒教の学説を重んじた。

歴史をある程度知っている人なら、「水は舟を載せ又舟を覆す」と信じていた皇帝が多数存在していたことを知っているであろう。それが歴史の経験であったからだ。一方、「人民は君主よりも重要」だと信奉し、王道や仁政を実践した皇帝はごくまれであった。それは皇帝自身の罪ではない。歴史上の皇帝がすべてが悪いわけではなく、中国の歴史に貢献した人も多かった。それは儒教が意図的に人々を欺き、騙そうとしているのでもない。封建社会の政治的現実は、儒学学説の粋の中にある思想的な価値を否定できない。それは封建社会の経済的、階級的関係の結果である。理想は永遠に現実より高く、現実が理想と合致したことは今までもない。それは歴史上のすべての偉大な思想家、そして孔子にも共通している宿命である。

二、マルクス主義を指針としてのみ、中国社会は変革できる

清朝末期、中国社会は崩壊の危機に瀕していた。近代史の中で、国のために命を犠牲にした英雄や愛国の志士は多数存在したが、中華民族の運命は変わらなかった。西洋資本主義列強の侵略に直面し、衰退と混乱の時代を迎えた中華民族は、書類保存庫にいくら後世に伝わる古典が収蔵され、伝統文化にいくら世の人に無尽に役立つ知恵があり、「正心誠意（儒教が提唱した修養法の一つで、現在では一般的に心のまっすぐさや誠実さを指すこともある。儒教が提唱した道徳的修養の状態のこと）」、「修斉治平（自身を修め、家庭を平穏にし、国を治め、しかる後に天下を太平にす

る)」という儒教の道徳修養や国政運営の概念がいかに輝いていたとしても、分断され、解体される運命を避けることはできなかった。失敗の後、中華民族の復興という偉大な任務が中国共産党の肩にのしかかった。古い国家としての中国を復活させ、中華民族の運命を変え、人民を窮地から救うためには、王朝交代の道や「孔子を尊び、古典を読む」という歴史の道をたどることは不可能である。

　中国共産党の第一の任務は革命であり、それはすなわち中国人民を覆っていた帝国主義、封建主義、官僚資本主義という三つの大きな障害の打倒であり、中国全土の解放でもあり、過去の王朝とは異なる新しい社会主義中国の建設でもある。それはもはや、歴代の封建王朝の継続でも交代でもなく、社会形態の変化である。思想理論の指導的な役割という角度からいえば、マルクス主義だけがその役割を果たすことができる。なぜならマルクス主義は社会形態革命の学説であるからだ。その弁証法的・史的唯物論の哲学、労働価値と剰余価値の理論、階級闘争とプロレタリア独裁を核心とする科学的社会主義の学説は、完全で科学的な思想と理論の体系である。それは、中国共産党が中国の問題を解決し、危機の時に国を照らし、半植民地・半封建社会に転落した中華民族を復興する道を見出すのを助けることができる唯一のものである。中国の民主革命の勝利は、マルクス主義の中国化の勝利であり、マルクス主義と中国の現実の結合の勝利でもある。その道は、階級闘争と武装闘争、血と炎の戦い、生と死の決戦、数千万や数百万人の流血によって達成されたものである。それは、既成の社会秩序、ヒエラルキー、法体系、道徳体系を打倒する革命的反逆の道であり、儒教や新儒教が唱えた「修斉治平」「内聖外王（聖人の徳で対内、王者の政で対外。人格理想と政治理想の結合を提唱する）」、「返本開新（基本に立ち返り、新しいものを切り開く）」という道とは完全に異なるものであった。

　革命の勝利後、中国共産党は中国における社会主義建設と改革の道を見出そうと努力した。同様に、マルクス主義の基本的な理論と方法を適用し、

中国の実情を考慮してこそ、社会主義の初期段階における生産力と生産関係、経済基層と上部構造の関係が徐々に明らかになる。また、そのようにしてこそ、「社会主義とは何か、いかに建設するか」という問題に答え、中国の特色ある社会主義建設の道を見出すことができる。中国の特色ある社会主義の理論、道、および制度の建設は、その指導思想と理論から見れば、すべてマルクス主義であり、マルクス主義と中国の現実の結合である。

　マルクス主義と儒学に支配された中国の伝統文化との関係を論じる際、社会形態の変革という重大な歴史的・実践的現実、また「長い歴史を持つ国家の新たな運命」を忘れてはならない。マルクス主義はプロレタリアートの階級主義であり、プロレタリアートと人類の解放のための闘争の教義である。マルクス主義は階級、階級関係、階級闘争に基づいているが、儒教は宗法制度を基礎とし、血縁をつながりとし、家族を細胞としての人間関係を扱っている。儒学の学説には階級はなく、君子と小人の区別があるだけである。それは道徳を基準とする区別であって、階級的な区別ではない。封建社会にも貧乏人と金持ちがいたが、儒教では貧乏人と金持ちの区別だけで、階級の区別ではない。儒教的な階級関係への対処法は名を正すことであり、貧富の関係への対処法は「貧にして怨むこと無き、富みて驕ること無き」である。マルクス主義が階級関係を扱うのに対し、儒教は階級対立よりも、同じ社会内での君臣、父子、夫婦、兄弟、および友人の関係、いわゆる五倫関係を扱っている。したがって、マルクス主義が階級闘争と政権の奪取を強調しているのに対し、儒教は「仁」と「和」、つまり確立された社会関係の安定を強調している。その根本的な出発点を理解しなければ、中国の政治の舞台に登場した中国共産党が、中華民族の復興を実現するために儒教の切り開いた道を歩み続けることができず、マルクス主義の旗を掲げなければならない理由を理解することもできないであろう。

　「我々の大義を導く核心的な力は中国共産党である。我々の思想を導く

理論的基礎はマルクス・レーニン主義である」[1]。我々は毛沢東のその二つの言葉をもう一度見直すべきである。その中には、なぜマルクス主義が我々の指針となるべきなのか、マルクス主義と中国の伝統文化との関係をどう扱うのかという問題に対する答えが含まれている。

三、中国の優れた伝統文化を受け継ぐことによってのみ、マルクス主義は中国で勝利できる

　中国にとって、革命や変革をして、民族存亡の危機という絶望的な状況から脱却しようとするならば、マルクス主義を思想と理論の指針としなければならない。しかし、マルクス主義は中国の伝統文化に取って代わることはできない。熾烈な革命期においても、中央ソビエトにおいても、後の延安においても、中国共産党は文化の建設と中国伝統文化の教育に関心を寄せていた。毛沢東は『中国革命と中国共産党』、『新民主主義論』、『我々の学習を改革せよ』などの著作の中で、中国の伝統文化をどう扱うかという問題を取り上げている。特に、『民族戦争における中国共産党の地位』の中で、毛沢東は「我々の歴史的遺産を勉強し、マルクス主義的な方法で批判的に総括することは、我々の勉強のもう一つの課題である。わが国には数千年の歴史があり、それなりの特徴があり、多くの宝がある。それらに対しては、我々はまだ小学生とも言えよう。今の中国は、歴史上の中国を発展させたものである。我々はマルクス主義の歴史家であり、歴史を断ち切るべきではない。孔子から孫文に至るまでの貴重な遺産をしっかりと把握し、受け継いでいかなければならない。それは現在の偉大な運動を導く上で大いに役立つであろう」[2]と強調した。正直なところ、我々は孔子から孫文に至るまでの貴重な遺産を総括し、受け継ぐべきではないか。その課題は今でも重要であり、道遠しといえよう。

　マルクス主義の強さは、中国の歴史や伝統文化を含む中国の現実との融

合にある。中国共産党は中国の共産党であり、他国の共産党ではない。中国共産党は中国において社会主義を建設しているのであり、他国で社会主義を建設しているではない。共産党も社会主義社会も、深い歴史的・文化的伝統を持つ14億人以上の人口を抱える中国に根ざしている。中国の歴史的・文化的遺産や、中国の伝統文化、特に長い間支配的であった儒教の学説が、中国社会の構造、中国人の国民性、思考や価値観に深い影響を与えていることに注意を払うことは、無論重要である。マルクス主義が、中国の先進的な知識人や労働者・農民を中心とする中国人民によって思想的・感情的に受け入れられるためには、中国の歴史と文化に根ざすことが必要である。中国革命にはマルクス主義が必要であり、中国の文化と歴史的伝統にはマルクス主義を受け入れることができる。

　武力で政権を握ることは可能であるが、武力だけでは新しい社会を築くことはできない。毛沢東の当時の言葉を借りれば、革命の勝利は万里の長征の第一歩にすぎない。新中国の建国後、解決すべき問題はまだたくさんある。それらの問題は、社会生活のあらゆる領域、特に精神的な領域、ソフトパワーの構築におけるものである。中華民族の豊かな文化資源を社会統治、人文素質の培い、道徳教化のために十分に探求し、吸収し、応用することなしに、思想的・理論的指導をマルクス主義だけに頼ることは不適当である。マルクス主義と中国の伝統文化との関係の問題が、軍事闘争を中心とした武力による政権奪取の時期にはそれほど緊急の課題ではなかったとすれば、革命の勝利後、社会主義建設の発展、とりわけ改革開放後、社会の形態転換期において、道徳、信念、理想、価値観の一定のの混乱が現れており、正しい対処が急がれる問題になっている。

　中国の歴史上の二つの重要な教訓は、「攻守所が変える」と、「馬上得天下、不能馬上治之（馬で天下を制したら、馬で天下を支配するわけにはいかない）」ということである。革命期、中国共産党は攻勢に転じ、主に旧中国を打倒し、旧秩序を変革し、政権を奪取し、一言で言えば攻勢に転じ

た。革命勝利後、中国共産党は国政権力を掌握し、打破するだけでなく、確立することも必要であった。今は権力者を攻撃する時ではなく、権力を握っているのは我々であり、常に「攻撃される」立場にある。国がどのように国政運営されているか、社会情勢や社会秩序はどうなっているか、人民の生活水準はどうなっているか、生態環境はどうなっているか、全国民の目は中国共産党に向けられており、我々政権者がすべての責任を負っている。その点から見れば、革命の勝利、政権の獲得の始まりは、同時に「攻守所が変える」ことの始まりでもある。

「馬上得天下、不能馬上治之」という言葉はつまり、革命的闘争によって獲得した天下は、国の国政運営や内部矛盾の調整すべき時になったら、同じ革命的方法や武装闘争の方法によって支配することはできないことを指している。「正心誠意」、「修斉治平」は中国革命の勝利への道ではなく、政権を得た後の権力者の教養と国政運営の方法である。儒教に支配された伝統文化には、国政を運営し、道徳を確立し、人民を教化する知恵が豊富に含まれている。中国の国政運営と中国伝統文化の歴史的経験、特に社会の調和と人民本位という国政運営の方策を重視する儒教の知恵を研究し、道徳を確立して国家を振興し、人民を教化する方法を研究することが重要である。これまでの30年間から学ぶべき教訓があるとすれば、その点が欠けていたということであろう。「右派」に反対していた闘争から、全国的な群衆闘争を開始した「文化大革命」まで、今でも「馬上得天下、馬上治之（馬で天下を制したら、馬で天下を支配する）」というやり方が見て取れる。党内でも党外でも緊迫した闘争が続き、一触即発の緊張した雰囲気が漂って、負傷者もいた。我々はその教訓から、法による国家統治の重要性、国政運営上での中国伝統文化の優れた知恵の重要性、社会主義の核心的価値観の確立と実践、社会主義の調和のとれた社会建設の強力な提唱、「馬上」での政権奪取から「馬下」での治国への素晴らしい転換などを理解している。ある民族にとって、最も効果的な学習方法は、自分の失敗か

ら学ぶことである。中国の特色ある社会主義の建設は、絶えず経験を総括することによって発展し、前進することである。

四、中華民族の文化における儒教の地位を正しく評価する

　中国の伝統文化は深遠で奥深い。それは中華民族の生活様式、伝統的な風俗や民情の中にあり、儒、墨、道、法といった百家の「経・史・子・集」[3]の中にある。儒教は中国伝統文化のすべてではないが、支配的なものである。中華民族の文化復興は内容が極めて豊かで、幅広い課題を包含しており、単純に儒教だけの復興と理解することはできない。

　儒教の哲学は、第一義的には人生の倫理哲学である。梁啓超は儒教の哲学を「修己安人、内聖外王（己を修め、人を安んじる。内に聖人の徳で、外に王者の政治で対処する）」に要約している。己を修め、人を安んじることが儒教哲学の機能である。自己修養の究極は内なる聖人の徳であり、人を安んじることの究極は外なる王者の政治であり、すなわち「治国平天下（国をより良く治め、天下を平和にする）」ということである。儒教哲学が人生倫理の学問であるからこそ、儒学のすべての命題は人生の問題と不可分なのである。孟子、荀子が論じた人間性の善悪の問題、告子と孟子が論じた仁義の内外の問題、宋儒が論じた理欲の問題、明儒が論じた知行の問題は、すべて身を処することの問題と不可分である。「修斉治平」は道徳的修養の結果であり、「内聖外王」の表現である。

　馮友蘭の『中国哲学史』に関する陳寅恪の評伝によれば、「したがって過去2000年にわたり、儒教が中華民族に最も深く大きな影響を与えたのは、制度、法律、公私生活の分野であるが、学説や思想の分野では、仏教にも道教にも劣るところがあるかもしれない。例えば、六朝時代の士大夫は『闊達』を号したが、実際には孝義の実行を重んじ、家庭内部の忌みな

どには厳しいものが多かった。それらはすべて儒教の教えであり、仏教や道教の深遠な道とはかかわらない」。儒教の学説は、封建中国におけるその政治的役割から、間違いなく長い間、中国伝統文化の支配的勢力であったといえよう。儒教に支配された中国伝統文化の重要性は議論の余地がない。それは中華民族の血統や文化の根源である。中華民族の文化のへその緒を切り、中国の伝統文化を否定することはできないし、そうすべきではない。

　中国伝統文化の哲学的知恵、とりわけその中の弁証的な知恵や豊かな生態観は、海のように深く、山のように高い。儒教の学説は中国伝統文化と同一視することはできないが、中国伝統文化の基本精神と一致しており、弁証法的な性格を持っている。いかなる一面的な考え方は誤解を招く。儒教は「「知和而和，不以礼节之，亦不可行也（和を知りて和するも、礼を以て之を節せざれば、亦行うべからざるなり）」」というように、「和」を強調し、「和」を尊ぶだけでなく、「礼」を重んじる。「礼」は原則であり、そのため「和」も原則に基づくものであり、無条件のものではない。「以徳報徳（徳には徳で報いる）」のは原則であるが、「以徳報怨（怨には徳で報いる）」のは原則ではない。「仁者は人を愛する」のは原則であり、「唯仁者能好人，能悪人（惟仁者のみ能く人を好み、能く人を悪む）」のも原則である。愛と憎しみが共にあるのであり、憎しみなき愛だけがあるのではない。「窮則独善其身（貧窮したときにはただ一人その身を修養する）」、「孔顔楽処（粗末な食べ物を食べ、平凡な水を飲み、腕を枕のように曲げる、それもまた喜びに満ちている。不義な手段で得た富や富貴は、浮雲のようにはかなく、取るに足らないものだ）」ことも提唱されるが、「達則兼済天下（栄達したときには天下をも善に導いた）」も標榜される。指導者や上席者への服従や従順であることは提唱されるが、「匹夫不可奪志（匹夫も志を奪ふ可べから不る也）」という独立した人格も標榜される。また、「富貴不能淫，貧賎不能移，威武不能屈（富貴も淫する能はず、貧賤

も移す能はず、威武も屈する能はず)」という「之の大丈夫」の精神も提唱され、民を富ませるだけでなく、民を教えること、君主を敬うだけでなく、人民本位となることも提唱される。つまり、「居廟堂之高、則憂其民、処江湖之遠、則憂其君(廟堂の高い所に居るときは、民衆のことを心配し、江湖の遠い所に居るときは、君主のことを心配する)」ことでもある。善だけでなく立身出世、民富と国強、「厚徳載物(徳を厚く積んですべての物を受け入れるという意味)」と「自彊不息」、善と真実への探究も提唱される。儒教は「殺身成仁」、「命は義によりて軽し」ことを提唱しており、仁と義とは、自らを盲目的な殺人マシーンにするのではなく、命の代償を払う原則である。それは中華民族の精神であり、いわゆる「武士道」の精神とは完全に異なる。

　中華民族の伝統文化は中華民族の精神的故郷である。半植民地・半封建社会であった旧中国を打倒し、社会主義という形で新しい中国を建設するためには、マルクス主義思想の理論的指導を堅持し、科学的な世界観と方法論を持たなければならない。しかし、マルクス主義が中国で思想的・文化的に成長する土壌を持ち、中華民族の中国人としてのアイデンティティを維持し、中国人の心を持たせるためには、中国の優れた伝統文化と道徳を継承する必要がある。もし中国人民が中華民族の伝統的な文化と道徳によって養われず、中国の伝統的な文化と道徳の伝統を受け継がなければ、高い文化素質と道徳を備えた教養ある中国人を生み出すことはできないであろう。たとえ我々が政権を得たとしても、高度に発達した文明と文化を持つ新しい中国を建設することは不可能になるであろう。

　中国は多民族国家であるため、我々は民族文化の多様性を重視しているが、同時に中華民族文化の一元性を認識することも重視すべきである。それは、民族の団結と国の統一を維持する思想的・文化的接着剤である。習近平総書記は次のように述べている。「国と民族の強さは常に文化の繁栄によって支えられており、中華民族の偉大な復興には中華文化の発展と繁

栄が必要である」。ローマ帝国、モンゴル帝国、オスマン帝国、ペルシャ帝国といった軍事力によって築かれた大帝国は、軍事力だけでは維持できなかったという真理を歴史は証明した。そのような国はいったん崩壊すれば、独自の国家文化を持ついくつかの国家に分裂するであろう。支配的な文化を持たず、意思疎通のための統一言語を持たない国家には、向心力も結束力もない。ソ連崩壊後の状況がそうであった。かつて一つの家族であった国々は、今では一部で災いを他に押し付ける隣人同士になってしまった。

五、中国伝統文化の創造的転換と発展

　民族は文化の主体であり、文化は民族の血脈である。清朝末期の中華民族の伝統文化の危機は、中華民族の苦境と密接に関わっていた。そして、中華民族の復興は、中華文化の復興の前提条件である。民族文化の運命は民族そのものの運命と切り離せない。毛沢東はかつて、「偉大な勝利を収めた中国人民解放戦争と人民大革命は、偉大な中国人民の文化をすでに復興させただけではなく、引き続き復興させつつある」と述べた。中華民族の復興なくして中華民族の文化復興はない。
　その真理を理解するためには、世界文化の歴史、現在戦争の渦中にあり人民が不安な生活を送っているイラク、シリア、リビア、エジプト、そして古代バビロニア文明、二大河流域文明、古代エジプト文明のかつての栄光を見ればよい。ある民族の文化的運命は、その民族そのものの栄枯盛衰によって決まる。いかなる文化も、国家が分裂し、民族が危機に瀕しているときには、その輝きを単独で保つことはできない。孔子が世界を駆け巡り、中国の伝統文化を核とする国学が台頭し、儒教がその輝きを取り戻すことができたのは、まさに中華民族が台頭したからである。
　民族復興が文化復興の前提であるという視点に立ってこそ、千年に一度

の変化に直面し、国家として存続するために、中国の伝統文化を旧文化とし、科学と民主の追求を新文化とした五四運動時代の進歩的知識人の合理性と必然性を理解することができる。伝統文化の主な担体は儒教の古典である。「孔子を尊重し、古典を読む」という考え方に反対するのは、五四運動時代の先進的知識人の共通の考えであった。実際、彼らは旧学の中でも最も教養が高く、中国の古典に精通していた人である。1915年に始まり、徐々に発展していった五四運動や新文化運動は、もしそれが当時の歴史的条件から切り離され、文化そのものの点でのみ新旧の線引きをしていたならば、文化的ニヒリズムに陥っていたであろう。新文化運動の「新」は、中国の伝統文化全体に向けられたものではなく、むしろ民族存亡の危機に際して封建制度に奉仕した古い道徳的、知的伝統に向けられたものであった。五四運動は科学と民主を標榜する啓蒙運動であり、文化運動の背後には民族の復興への期待があった。もちろん、五四運動は負の遺産も一つ残した。それは、伝統文化を旧文化と一般化し、民主と科学を新文化と称したことである。その旧文化と新文化の二項対立は、中華民族の文化が伝統文化から現代の先進文化へと変貌する道を閉ざした。

　中華民族の文化は黄河と長江のように、簡単に古いものと新しいものに切り分けることはできず、むしろ民族精神の源と流れに分けるほうがふさわしい。中国伝統文化は中国社会主義文化の源であり、文化の母体である。源がなければ、川は涸れ、途切れるに違いない。中華文化の特徴は、源が遠く、流れが永いことである。つまり、持続、不断、蓄積性である。源流と流れの関係については、魏徴の『諫太宗皇帝十思疎』に「欲流之遠者、必浚其泉源（遠く流れようとする者は、その源を浚わなければならない）」、「源不深而望流之遠（源が深くないのに流れが遠くなることを期待したり、水源が塞がっているのに流れが長くなることを望んだりする）」ことは不可能であると述べた。現代の中華文化においても、「源を浚う」と「源を塞ぐ」という問題があり、「源を塞ぐ」のではなく「浚う」必要がある。

それは当然ながら、中国の伝統文化をそのまま保存できるという意味ではない。源は文化の母体であり、流れは文化の継続である。文化は流れる水であり、止まることはない。しかし、その流れる方向は、政治的な道の選択と表裏一体である。

現代における中国伝統文化の流れの方向については、後方、東方、西方、前方という異なる考え方がある。後方への流れは辛亥革命後の復古主義運動であり、現代中国における個々の新儒家が提唱する「社会主義を儒教化する」、「共産党を儒教化する」ものである。東漸の流れは、中日甲午戦争後、中国が日本という門下生に敗れた後の東洋への留学の波であったが、すぐに西漸の流れに取って代わられた。西漸の流れとは、「完全な西洋化」という考え方であった。その流れは、中華文化の優越性に反対する保守的な思想であり、西洋から学ぼうという正当な考えも含まれていたが、「全面的な西洋化」という政治的な道は袋小路となった。現代の社会主義中国において、「全面的な西洋化」は、「西洋化」と「分断化」をエサとする中国の特色ある社会主義の道に逆行する傾向であり、中国における「色の革命」を推進するための思想的な舗道である。後方、東方、西方への流れは、中国伝統文化の流れを断ち切るものであるといえよう。中国の優れた伝統文化を継承し、前進させ、西洋の優れた文化を吸収し、先進的な社会主義文化を建設することによってのみ、中華文化の流れを前進させ続けることができる。中国伝統文化の流れを前方に保つメカニズムは、習近平総書記が提唱したマルクス主義に導かれた創造的転換と革新的発展である。

六、「孔子を敬い、古典を読む」ことは可能か

中国伝統文化の創造的転換において、重要な問題の一つは文化復興と文化復古の境界である。「孔子を敬い、古典を読む」ことを選ぶのか、選ぶことができるのかという問題が、最も鋭くて論争的な問題である。史的唯

物論によれば、抽象的な真理は存在せず、真理は具体的なものである。清朝末期に行われた「中体西用」にしても、袁世凱が唱えた「孔子を尊び、古典を読む」にしても、いずれも封建制度を維持するため、あるいは封建帝国を復活させるためのもので、それには反対しなければならない。マルクス主義と対決し、西洋文明の最良の成果を否定することを目的とする、一部の文化保守派が提唱する「孔子を敬い、古典を読む」もまた、我々が支持することのできないものである。

社会主義の条件下では、「孔子を敬い、古典を読む」ことは異なる性質の問題である。昔は昔、今は今である。古典を読むべきか。間違いなく読むべきである。「古典」は中国伝統文化のテキストの担体であり、それを深く研究し理解するためには、古典を読むのは必須である。では、「孔子」を尊敬すべきだろうか。孔子は中国の偉大な思想家であり、教育者であり、中国伝統文化の編纂者であり、継承者であり、創造者であり、尊敬に値している。重要なのは、「孔子を敬い、古典を読む」かどうかではなく、なぜ、どのように読むのか、なぜ、どのように敬うのかということにある。創造的転換は、文化の復興と文化の復古の境界である。文化復興の立脚点は現在であり、過去を現在のために利用することである。文化復古の立脚点は過去であり、現在は過去ほど良いものではないことである。

マルクス主義と中国伝統文化の関係を正しく処理する軸となるのは、創造的転換だけである。創造的転換の理論的・方法論的原則は、マルクス主義の基本的な理論的・方法論的指導を堅持することである。孔子と儒教を封建的支配者と同じように扱い続けることはできない。中国における変革は、王朝交代に沿った前向きの変化ではなく、社会形態の変化である。その変化は、封建社会における孔子と儒教の本来の地位と機能を変えることなしには起こりえなかった。中国共産党は、中国歴代の皇帝が孔子につけた「恐ろしく壮大な」称号から、孔子の中華民族における地位だけでなく、歴代の支配者が孔子を尊重しようとした政治的意図を見た。中国共産党も

同様に孔子を尊敬しているが、既成の社会秩序を維持するための思想的な道具としてではなかった。中国共産党は革命家であり、改革者であり、あらゆる既得権益やヒエラルキーに反対している。我々は、中国の偉大な文化の整理者、創造者、および偉大な思想家、教育者としての孔子の地位を真に回復し、中華民族の文化の創造における最高人物であった真の孔子を回復しなければならない。儒教の学説に対する態度では、我々は封建王朝のようにヒエラルキーを正当化し、既成の社会秩序を維持するという政治的機能を重視するのではなく、国政運営と道徳教化という哲学的・倫理的知恵を引き出し、中国伝統文化を支配する強い政治的要素を浄化し、中華民族のアイデンティティを形成するという文化的機能を重視し、中国伝統文化の深遠で多様な知恵と融合させるべきではないか。

　我々が提唱している中華民族の文化復興、孔子を祭り、古典を読むことは、単に儒教と伝統への回帰を求めるのでも、儒教だけを崇拝しているのでもない。孔子を祭った典礼は、中華民族の偉大な聖人である孔子への敬意を示す国民的儀式であったが、すべての場所、すべての学校で孔子を崇拝する普遍的な孔子を祭るキャンペーンを催すことを必要とするものではなかった。古典を読み、深く研究するのは国学者の専攻であり、学校で古典を読み、普遍的な古典を読むキャンペーンを必要とするものでもない。中国伝統文化の教育では、無論古典の学習に力を入れるべきである。しかし、すべての学生が国学者であるわけでも、国学者になる準備ができているわけでもない。現代の世界では、学生の注意を世界情勢、科学技術の新たな発展、現実の情勢、中国の特色ある社会主義の建設に向けさせるべきである。我々は、学生の関心と興味をすべて「古書」に向けさせてはならない。専門的な研究と伝統的な文化の教育は別のものである。

　伝統的な文化の教育はマルクス主義教育に取って代わることはできない。マルクス主義教育は、中国の伝統的な文化の教育と衝突せず、互いに補い合う形で組み合わせることができる。もし社会主義国の若い学生がマルク

ス主義を学ばず、弁証法的唯物論、史的唯物論、資本主義、社会主義とは何か、あるいはマルクス主義の最も基本的な原理、例えば生産力と生産関係、経済基礎と上部構造について完全に理解していないとしたら、彼らはどのようにして現代世界、現代社会、そしてわが国を観察できるであろうか。また、マルクス主義の基本的な理論と方法を理解しなければ、中国伝統文化の粋を把握することは難しいだろうと筆者は断言できる。

中国伝統文化の教育では、学生の学力と受容力に応じて、有名な駢文、散文、優れた詩歌といった作品が含まれる「古典」を選択的に読むように教えるべきである。それは文化的・道徳的資質の育成に資するものである。しかし、識別能力のない若者に対しては、指導を強化すべきである。現代の淑女や閨秀を作るために『女児経』[4]を無差別に宣伝したり、『二十四孝』の中の「埋児得金（子を埋めて黄金を得る）」、「臥氷求鯉（氷に伏して鯉を求む）」を孝徳の模範として使ったり、目を下に向け、創造力の欠いている無難な子供を育てるために『弟子規』[5]を使うことには賛成できない。我々は是と非を問うことなく、「温良恭倹譲（温厚、親切、尊敬、倹約、謙譲。儒教が提唱する、敬意をもって人と接するための指針である。その後、物腰の穏やかさや立ち居振る舞いの上品さ全般を指すようになった）」だけを語る羊のような性格にも反対している。

中国の伝統文化は陰陽一致、剛柔かね揃える文化である。世の中は決して穏やかではなく、波乱万丈である。我々は憂患意識や青少年に愛国心の伝統を培い、熱血、剛健、靭性的な精神を身につけさせる必要がある。それこそが中華民族の復興という偉大な大義が世代を超えて続き、途切れることがないという保証なのである。「愛国主義、集団主義、社会主義に関する教育を強化し、人民が正しい歴史観、国家観、民族観、文化観を確立し、それを堅持するよう指導し、中国人としての気骨と底力を強化する」。習近平総書記のその言葉は、我々の伝統的な中華文化教育の根本的な目的であるべきだ。

第九章　マルクス主義と伝統文化

註
1) 毛沢東. 毛沢東文集. 第6巻. 北京. 人民出版社. 1999：350.
2) 毛沢東. 毛沢東選集. 第2巻. 2版. 北京. 人民出版社. 1991：533-534.
3) 経・史・子・集：漢籍の分類に用いられる四部分類。経部は古典（経書のほか小学すなわち文字言語学を含む）、史部は歴史（史書のほか書目・金石など）、子部は思想（諸子のほか科学・芸術・仏道など）、集部は文学（詩文集のほか評論・俗文学）。四部分類は清朝の四庫全書で確立した。──訳注
4) 『女児経』：作者不詳の明代頃に書かれた、古代の女性の心と道徳を躾けるための教科書で、民間伝承として絶えず流布している。本書は主に、古代の女性に対する思想と道徳の教育に関するものである。──訳注
5) 『弟子規』：主に子供たちが人と接するとき、物を受け取るとき、世間体を気にするとき、勉強するときに守るべきエチケットのルールが列挙されている。──訳注

第十章

文化的自信における伝統と現代

文化的自信は単なる文化的スローガンではない。中国の歴史、特に過去百年間の中国の奮闘の歴史、中国共産党の革命と建設の歴史を理解しなければ、文化的自信の豊かな歴史的意味合いを理解することは難しくなる。マルクス主義の導入、中国伝統文化の創造的転換と革新的発展、中国の文化の現代的発展としての紅色文化と先進的社会主義文化の創造の重要性を理解しなければ、文化における伝統と現代の弁証法的関係を理解することはできない。伝統にしがみつくこと、あるいは伝統を捨てることは、すべて中華民族の文化の流れを断ち切ることである。文化的自信とは、わが民族の苦難と奮闘の歴史に基づく文化的意識と誇りであり、わが民族の偉大な復興への道を模索する文化史的実証でもある。それは自国の民族の文化を愛するだけでなく、あらゆる河川を受け入れる海のような寛容の精神であり、高ぶらずへつらわない積極的かつ進歩的な文化精神である。我々は文化的自信を基礎に、文化大国、文化強国を建設している。

一、文化的自信と民族の解放

　ある民族の文化はその独立と不可分である。民族は文化の本体であり、文化は民族の魂である。民族の盛衰は、その文化の繁栄や衰退、あるいは中断を伴っている。
　中国が中華民族の発展に関する比較的に完全な歴史や5000年以上の継続的な文明を持ち、文化的典範が比較的によく保存されているのは、我々の祖先が何世代にもわたってこの土地を探検し、発展させ、統合し、徐々に統一中国へと発展させたからである。何千年もの間、複数の政権が存在し、異なる民族が支配していた時期があったにもかかわらず、中国は終始一貫して独立国として存在している。民族は文化の主体であり、国家が没落せず、民族が分裂しない限り、文化は支えを失ったさまよう魂となることはない。中国が民族存亡の危機に直面した近代になってはじめて、真の

文化的危機が出現した。民族の自信の喪失、文化的な劣等感、伝統文化の自暴自棄こそが、文化的危機の最も重要な現れである。それは文化の悲しみであると同時に、民族の悲しみでもある。

明朝中期以前には、中国は世界で最も経済的、文化的に発展した国であった。商周時代の典籍、戦国時代の百家争鳴、漢王朝の堂々たる威風、唐王朝の栄華、宋王朝の高度な文化発展は、いずれも世界文化史の輝かしい一章である。毛沢東は、「中華民族の開化の歴史には、発達した農業と手工業があり、多くの偉大な思想家、科学者、発明家、政治家、軍事問題の相関研究者、文学者、芸術家がおり、豊かな文化典籍がある」[1]と述べた。中華文化の影響力は非常に大きく、近隣諸国にも広がり、東アジアに儒教文化の輪を形成した。

現代中国において、文化的自信は時代の命題である。それは、西洋の「文化中心主義」、清朝中期以降の列強の侵略によって遅れを取り、そこから生じた民族的・文化的劣等感に対抗する文化的自意識と誇りであり、中華民族の復興に向け精神的な警鐘を鳴らすものである。中国の歴史において、文化的劣等感という問題は存在しなかった。そのことは、イエズス会の中国への最初の宣教師の一人であるマテオ・リッチも認めていた。「国家の偉大さ、政治制度、学問的名声という点で、彼らは他のすべての民族を野蛮人とみなすだけでなく、非理性的な動物とみなしていた。彼らにとって自分達以外には誇れるような王、王朝、文化は世界に存在していない」。無論、その文化的自信にはある種の「天朝大国」の盲目さがあるが、少なくとも文化的自信は国家の強さの証であり、自信の喪失は民族の危機の核心に付着した文化的腫瘍であることを示している。

西洋資本主義が勃興した当時、中国はまだ農耕社会が主体で、西洋に遅れをとり始めた。西洋の帝国列強が砲艦政策で中国の門を叩き、侵略と略奪を続け、中国に不平等条約を次々と結ばせ、中国国家が国家存亡の危機に直面したとき、一部の人々は自信を失ったが、中華文化の精神に育まれ

た中国人民は国家としての自信を失わなかった。魯迅は『中国人は自信を失ったのか』という有名な論文の中で、短刀を投げるようなスタイルで、民族の自尊を失った一部の人々の否定的な発言を糾弾した。「我々には古来、懸命に努力をする人々、勤勉に働く人々、人民のために奔走する人々、真理を求めて命を犠牲にする人々がいた。…いわゆる皇帝や将軍の系図を作る『正史』に相当するが、彼らの輝きを隠せないことが多く、それこそが中国のバックボーンである」と熱意と自信を持って述べた。

　中国伝統文化の血脈を断ち切り、中国伝統文化の危機を招いたのは、中国歴史の過去百年において、中国共産党とマルクス主義の導入であると主張している論者もいる。その議論はもちろん真実ではなく、事実はその正反対である。中国共産党の誕生は中国の歴史上画期的な出来事である。マルクス主義の導入も中華文化の本来の構造を変え、多くの新しい科学的要素を加えた。マルクス主義に導かれた中国共産党の指導の下、中国革命は勝利し、中華民族はその時から立ち上がってきた。中国人民革命の偉大な勝利、中国人民の解放は、中華民族の生き生きとした生命力と文化的自信を回復させた。

　土地を割譲され、賠償金を支払わされた清朝末期に比べれば、北洋時代の軍閥が混戦し、それぞれが外国からの支援に頼っていたことに比べれば、国民生活が衰退し、経済が遅れを取り、政治が腐敗していた国民党支配の時代に比べれば、中国共産党が主導した革命の勝利と中国の台頭こそが、長い間支配されていた「西洋中心主義」を打ち破ったことを、いかなる客観的で公平な観察者でも否定できない。また、一部の人々の民族的劣等感と植民地意識を浄化し、中華民族の偉大な復興の一歩を踏み出し、中華民族の文化的復興のための広大な空間を切り開くことができたのは、すべてその勝利と台頭によるものである。中国共産党の指導の下で、中国の伝統文化が国境を越えて伝えられ、孔子廟の中で孤独であった孔子が世界中を旅し、孔子学院も多くの国に拠点を置くようになった。漢学が欧米で

脚光を浴び、中国語や中国伝統文化の研究が文化交流の世界で新たな現象となっており、海外中華文化センターが次々と誕生しているのは、まさに現代においてである。習近平総書記は2016年の「七一演説」で、「今日の世界で自信を持てる政党、国、民族があるとすれば、中国共産党、中華人民共和国、中華民族が最も自信を持てる理由がある」と述べた。習近平総書記の気迫のある言葉はある真理を物語っている。それはつまり、中国共産党の指導の下でこそ、民族の独立と解放を獲得し、自らの発展の道と制度を自信を持って選択し、帝国主義と植民地文化の影響を取り除き、列強に踏みにじられ蔑まれてきた中国の伝統文化を復興することができるということだ。中国共産党は中国伝統文化の後継者であり、大いに発揚する者である。衰退していた中国伝統文化を復興させたのは、中国革命の勝利があるからである。

　文化的自信は決して文化的傲慢ではないし、文化的鎖国や文化交流の拒否でもない。それは文化的自信ではなく、むしろ文化的自信の欠如の表れである。古来、中華民族は「和して同ぜず」という原則を信じ、最も外国の文化を吸収できる民族である。漢や唐の時代もそうであったし、近代ではなおさらである。近代においては、我々は西洋から学び、西洋の名著を翻訳してきた。中国共産党がまだ陝北部の延安という小都市にあった頃、グローバルな視野を持った毛沢東は、「中国は自国の文化的糧食の原料として、外国の進歩的な文化を大いに吸収すべきである。それは過去に十分に行われてこなかったことである」[2]とし、「啓蒙時代におけるさまざまな資本主義国の文化のなかで、今日使えるものは何でも吸収すべきである」[3]と指摘した。改革開放以来、我々は文化交流により注意を払うようになり、より良い条件も整っている。我々は中華文化を世界に紹介する一方で、外国から学ぼうとしている。ここ数年、中国はかつてない数の学生を外国に送り出している。中国の「一帯一路」構想は経済交流だけでなく、文化交流の一形態でもある。何千年もの間、シルクロードは民族間の文化

交流に多くの輝かしい章を残してきた。「一帯一路」の建設は経済的価値だけでなく、文化交流の面でも大きな価値がある。

　世界の歴史も中国の歴史も、民族の災難は民族文化の災難であること、そして民族の復興だけが民族の文化的復興への道を開くことができることを証明している。民族文化の精神を堅持することによってのみ、国家の分裂と奴隷化という悲劇的な状況に陥ることを回避できる。中国の優れた文化の基本精神は、革命家に中華民族の苦難と危機の時代に闘争を続ける精神的支えを与えてきた。中華文化の真の愛好者は、苦労して勝ち取った民族の独立と解放を大切にしている。真の愛国者は、心の底から自民族の文化を大切にし、敬っている。

　西洋資本主義の台頭と拡大の最も顕著な文化的現れは、「西洋中心主義」の推進である。そして、民族文化の危機は、中華文化に対する自信の喪失と、一部の人々の植民地文化的メンタリティを伴っている。現代中国はすでに中華民族の偉大な復興の道程にある中国となり、中国の特色ある社会主義を建設し、めざましい成果を上げている中国となる。我々は文化的自信を取り戻し、西洋文化を見下ろさず、見上げず、正視する必要がある。一部の欧米諸国の政治家とそれに依存する学者は、いまだに古い植民地主義者の文化的傲慢を持ち、西側の価値観と資本主義体制モデルを、普遍的に通用する「普遍的モデル」とみなしている。「普遍的価値論」は本質的に、「西洋文化の優越論」、西洋民主の「普遍主義」、および資本主義体制の「歴史の終わり論」の寄せ集めである。それが「西洋文化優越論」に基づく資本主義体制の優越性・至高性に関する言説の覇権である。

　国内の学者の中にも、欧米の「普遍的価値論」を嬉々として売り込んでいる者がいる。西洋の「普遍的価値論」の政治的本質は、価値が普遍的か否かという退屈な議論にその問題が誘導されるとき、最も容易に隠蔽される。西洋の「普遍的価値観」に反対することは世界文明に反対することであり、人類共通の発展のための文明の道から離れることであるという考え

方は本質的に、何世紀にもわたる植民地主義で世界を支配してきた「西洋中心主義」を模倣したものでしかない。「西洋文化の優越論」は「西洋普遍的価値の優越論」へと姿を変え、すべての国が遵守すべき基準として採用されている。現代において、西洋による「普遍的価値」の輸出は、植民地主義者による文明の輸出と同工異曲であり、西洋の制度と道を唯一のモデルとすることによって世界を変革することを目的としている。

　我々が反対しているのは、政治的な企みが含まれる西洋の「普遍的価値論」であり、人類が認める自由、民主、平等、人権、法治といった共通の価値ではない。中国共産党は民主革命時代に早くも、「独立、自由、民主、統一、富強な新中国を建設する」という目標を掲げた。中国が民族独立を果たし、新中国が建国された後、中国共産党はその綱領と約束を反故にすることなく、自由で民主的で富強な新中国の建設に乗り出した。もちろん、道のりは平坦ではなく、挫折や過ちもあったが、経験と教訓から学びながら前進してきた。過去70年間、特に改革開放以来、我々は自由、民主、平等、人権の体制構築において絶えず改善と進歩を遂げており、民主と中央集権、自由と規律を備えた社会主義民主体制を構築する能力が十分にあり、自信も持っている。

　中国の特色ある社会主義の言論体系において、文化的自信は道路、理論、制度の自信と切り離せない。文化的自信はより基礎的で、より広く、より深い自信である。なぜなら、中国の特色ある社会主義の道、理論、制度には、自彊不息、実事求是、あらゆる河川を受け入れる寛容、時代とともに前進するという基本的精神があり、最も適した中国の歴史と文化伝統があり、世界、国、人民の実際にとって最も適した道があり、人民の基本的権利をすべて保障する社会主義民主制度があるからである。

二、有機的全体としての文化

　文化の自信には、中国の伝統文化、紅色文化、先進的な社会主義文化に対する自信が含まれる。その自信は、わが国の歴史において人類文明に消えない貢献をした幅広く奥深い文化への賛辞であり、中華民族の文化を創造した我々の祖先への賛辞である。同様に、紅色文化と社会主義文化への自信は、決して屈することなく先人の屍を乗り越えた革命的犠牲者への敬意と、社会主義建設期における数多くの先進的人物とその文化的成果への尊敬を含んでいる。紅色文化と社会主義文化への自信なくして伝統文化への自信は不完全であり、不可能である。ある民族の文化は、伝統文化と現代文化の両方を備えた有機的な全体である。最も生命力のある文化とは、伝統と現代の長所を兼ね備え、伝統を継承しつつ、新しいものを生み出し、それぞれが道を切り開くものである。その民族の伝統文化がどの程度尊重されているかは、現実に与える影響の大きさと結びついている。優れた伝統文化が果たす役割は、ある民族的性格や精神を形成する上での偉大な役割、また、将来の世代が困難を乗り越え、自彊不息に努める精神的な原動力や力の源となる基本的な精神や知恵に反映されている。

　文化は彫像でもなく、淀んだ水でもなく、生きている生命体である。文化は社会の変化に適応しなければならない。伝統文化が存在し、発展するためには、途切れることのない伝統として表現されなければならない。伝統のない伝統文化は空虚な名前でしかない。継承されなくなった伝統文化はもはや跡をたどることもできず、死滅した、失われた文化である。伝統文化がなければ、文化的伝統はなく、文化的伝統がなければ、それは伝統文化の中断と消滅を意味する。伝統文化は文化的伝統によって継続しているのだ。つまり、伝統文化の要素を含まない既存の文化は存在していないといえよう。伝統と近代の二項対立は形而上学的な考え方である。

　経済がすべてを再び創造するわけではない。文化を創造するのは人間で

あり、人間は常に既存の思想資料に目を向け、新しい社会制度に適合する文化形態を構築している。すなわち、いかなる社会の文化も伝統と無縁ではありえないということである。中国の優れた伝統文化が継承され、発揚されるかどうかは、現代においてどのように生き残るかという問題にかかっている。中国の優れた伝統文化が科学的、民族的、民衆的性格を持ち、紅色文化と先進的な社会主義文化の中においてその生命力と精神的遺伝子を顕在化させている。

　一部の学者は、五四運動・新文化運動[1]と「文化大革命」を中国伝統文化にとっての二つの災難とみなしている。それは誇張であり、誤った考え方でもある。五四運動・新文化運動は中国近代史における進歩的な運動であり、古い道徳や旧来の教育制度に反対し、科学と民主を提唱した。それは愛国、進歩、民主、科学という「五四精神」を形成し、中国の新民主革命を始動させ、中国におけるマルクス主義の普及を促進した。五四運動・新文化運動の欠点は、その歴史的価値と意義に比べれば重要なものではない。その運動に中華民族文化破壊の罪を押し付けるのは、文化保守主義の誤った歴史観である。いわゆる「破四旧」[5]と文化大革命中の儒教への一方的な批判については、確かに中国の伝統文化を傷つけた。そのような極左的な思想傾向は、中国の伝統文化や、中華文化に傑出した貢献をした最も優れた文化的名士を傷つけた。それは歴史の深い教訓であり、我々にとって消えない記憶である。しかし、伝統文化に対するその極左思想は、中国共産党と毛沢東自身が常に提唱してきた中国の伝統文化に対する一貫の主張にも反している。中国共産党の一貫した文化政策と提唱を表すものではなく、大きな間違いである。文化大革命における「破四旧」や「孔子批判運動」を五四運動・新文化運動と一括りにすることは、実際には「全面的な西洋化」と「文化保守主義」の思想傾向に対抗する中国が過去百年にわたって成し遂げてきた成果と進歩を一掃し、歴史によって排除された古い文化思想の魂を呼び起こそうとする試みであり、いわゆる「革命と別

れ、新しい啓蒙運動を始める」ための思想的・理論的な前振りでもある。

マルクス主義は文化的ニヒリズムではないし、文化的伝統をどう扱うかという問題に関しても、マルクス主義の見解は明確である。一部の人々は『共産党宣言』の「二つの決裂」⁽⁶⁾に関する議論を誤解している。実際、マルクスとエンゲルスが伝統的な観念との根本的な決裂について語ったとき、それは伝統的な所有制（私的所有制）と一致している観念、すなわち私的所有観との決裂を意味していたのであり、伝統的な文化との決裂ではなかった。マルクス主義を創始するにあたり、マルクスとエンゲルスは、古典的ドイツ哲学、古典的イギリス政治経済学、フランス空想社会主義の積極的知見を利用した。レーニンの『どういう遺産を我々は拒否するか』『青年同盟の任務』と『プロレタリア文化について』でも、毛沢東の『新民主について』の中でも、すべて伝統文化に対する正しい態度を示している。

我々の文化に対する自信については、伝統文化だけでなく、紅色文化や先進的な社会主義文化も重視すべきである。文化伝統の継承の問題では、二つの伝統を忘れてはならない。一つは、中国の優れた文化伝統を忘れてはならないということである。もう一つは、中国人民が革命闘争の中で血と命をかけて作り上げた革命の伝統を忘れてはならないということである。革命の伝統は紅色文化の伝統である。中華民族の優れた伝統が凝縮された中国革命の伝統は、中国伝統文化の積極的な成果を新たな形で拡張し、再創造したものである。我々は無数の革命烈士の中に、中華民族の優れた伝統文化の基本精神である「富貴も淫することも能わず、貧賎も移すこと能わず、威武も屈すること能わず」と「いやしくも国家に利すれば生死を以てす、豈禍福に因て之を避趨するや」という精神を見出すことができる。他のいくつかの古代文明のように、中国の伝統文化が途絶えたり衰退したりしなかったのは、新しい革命的伝統の継承のおかげである。

我々が先進的な社会主義文化の建設に取り組んでいるのは、その二つの

伝統を継承し、発展させることに基づいている。もし我々がその二つの伝統を放棄し、先祖を忘れ、紅船の精神や井崗山の精神や長征の精神や西柏坂の精神を忘れてしまえば、社会主義時代の先進的な人物の出現も、改革開放期の活力も理解できないであろう。社会主義の先進文化と、社会主義建設と改革開放に傑出した貢献をした先進的な人物は、中華民族の優れた伝統と中国革命の伝統精神の結合の現代的現れであるといえよう。我々の文化的自信もその二つの伝統に基づいているといえよう。我々は、受け継いだ二つの伝統に基づき、文化大国と文化強国を築き続けるべきである。

三、文化的自信と知識人の社会的責任

　伝統文化に対する我々の自信は、歴史上の文化的古典や文化的名士に対する尊敬とは切り離せない。文化は創造される必要がある。文化を創造し、文化に傑出した貢献をした人物が、我々が最も敬愛する文化的名士である。文化の担い手は作品、特に語り継がれてきた不朽の名作である。中国の思想と文学の歴史には、戦国時代の百家争鳴、魏晋の玄学、宋明の理学から、楚辞、漢賦、唐詩、宋詞、元曲、明清の小説に至るまで、忘れがたい文化的名士と傑作の長いリストがある。その一人一人が、中国の文化発展の頂点に立つ彫像のように、記念碑的な貢献をしている。そしてその一つ一つの著作がまるで輝く真珠のようである。今の時代、我々もまた、後世に貴重な精神的宝物を残すような文化的名士や傑作を育てる必要がある。それが新時代における中国知識人の歴史的使命であり、社会的責任である。習近平総書記の「文芸工作シンポジウム」での演説と「哲学・社会科学工作シンポジウム」での重要な演説は、いずれもそのような呼びかけを行い、現代にふさわしい傑作を生み出すように求めた。

　我々学者の中には、「士」の精神について語ることを好む者がいる。中国の伝統的な「士」は、主に儒学者が道徳的規範と文化的貢献を持ち、徳、

功、言を確立した君子のはずだ。『論語』の中で曾子は「士不可以不弘毅，任重而道远（士は以て弘毅ならざるべからず、任重くして道遠し）」と言い、『呂氏春秋』の中で「士之為人、当理不避其難、臨患忘利、遺生行義、視死如帰（士は難を逃れず、難に直面して利を忘れ、命を捨てて義を行い、死を恐れない人でなければならない）」と語ったのは、すべて「士」に対する要請である。そのような要請は、范仲淹の有名な言葉「居廟堂之高、則憂其民、処江湖之遠、則憂其君（廟堂の高い所に居るときは、民衆のことを心配し、江湖の遠い所に居るときは、君主のことを心配する）」にも表れている。「為天地立心、為生民立命、為往圣継絶学、為万世開太平（天地のために心を立て、人民のために命を立て、賢人の足跡をたどり、世界の平和を切り開く）」という張載の言葉は、「士」、すなわち知識人の責任を想像を絶するレベルにまで高めている。我々が受け継ぐべきなのは、その人格と文化の精神である。現代におけるいわゆる「独立した人格、自由な精神」の真の価値は、まさに人民を中心とし、資本や権力者に依存せず、世俗に染まらず、学術の自由と独立した思考によって、時代の要請に応える作品を生み出すことである。これは「独立した人格、自由な精神」を主張し、人民を見下し、歴史の流れに逆らうことではない。「眉を横て冷ややかに對す千夫の指に、首を俯して甘んじて爲る孺子の牛と」という魯迅の精神を、我々は手本とすべきである。文化的な名士を恐れるべきではない。現代では、名士が多すぎるのではなく、むしろ少なすぎるのである。社会主義に必要なのは、独立した人格と自由な思想を持ち、創造的な文化人である。

　伝統文化をどう扱うかという問題について、習近平総書記は中国共産党第十八回全国代表大会以降、多くの重要な発言をしている。それらは、中国伝統文化を正しく扱い、文化ソフトパワーを強化し、社会主義の核心的価値観を育成、実践するための指導原則である。最も重要なポイントの一つは、習近平総書記が提起した創造的転換と革新的発展である。それは中

国の伝統文化を正しく扱うための総合的指針であり、民主革命時代に打ち出された毛沢東の「伝統文化のエッセンスを取り入れ、残滓を取り除く」という思想の新たな発展である。

　創造性は人間の活動に不可欠な本質であるが、それは分野によって異なる。技術の分野では、新しい道具が古い道具に取って代わり、新しい技術が古い技術に取って代わる発明が創造性を表している。科学の分野では、新しい法則が発見され、新しい原理が定式化される発見が創造性を表している。それは古いものの置き換えではなく、新しい分野の拡大であり、新しい原理や法則の発見である。人文的な文化における創造性とは、置き換えでも新しい法則の発見でもなく、旧来からの伝統や文化の絶え間ない蓄積と創造的転換なのである。エンゲルスは文化伝承のその特徴を完全に理解していた。彼は、古代ギリシア哲学の多様な形態の中に、後のほとんどすべての思想の萌芽を見出すことができると述べたことがある。しかし萌芽は萌芽であり、新たな思想の蓄積や創造性の転換をしていかなければならない。現代の世界では、完全に萌芽にとどまり、古代ギリシャ哲学の命題や思想を繰り返すことは考えられない。現代の中国においても、祖先の知恵の胎動や萌芽の段階にとどまり、それをただ魯迅の「拿来主義」を推し進めるということは同様に考えられない。

　中国伝統文化を「もとのまま」研究することを提唱する学者もいる。それは妥当な指摘であり、恣意的な古典の主観的解釈に対する良い救済策のように見える。しかし、「もとのまま」は絶対的なものではあり得ず、絶対的なものであれば創造的な転換は問えない。古典にはさまざまなバージョンがあり、どれが絶対的な「オリジナル」なのか言い切ることは難しい。古代には著作権も知的保護法もなかったため、テキストによってさまざまな違いが存在していた。同じ主張でも時代や学者によって解釈が異なるため、「もとの味」を保つのはさらに難しくなる。儒教の古典である『論語』、『孟子』、『大学』、『中庸』などは、多くの注釈者によって独自の

解釈が加えられており、食い違いも多数見られる。有名な中国古典の主張の多くは、さまざまな解釈の対象となっているといえよう。中華文化の古典に凝縮された言語と単純な構文は、幅広い解釈の余地を残している。もしすべてにおいて簡単に「もとのまま」を追求しようとすれば、しばしば議論に終始することになるであろう。ある言葉や命題の「もとのまま」の問題は学者に委ねられるべきではないか。中国の先進的な社会主義文化の建設にとって最も重要なことは、時代に適応し、現実に基づいて創造的な転換と革新的な発展を遂げることである。つまり、口で咀嚼し、胃腸で消化することで、栄養を吸収し、消化した老廃物を排出する。そのように、ある言葉を探し、言葉尻を捉えるのではなく、古典を学び、その奥深い知恵を体験し、吸収することに重点を置く。それは、中国の伝統文化から健全なアイデアを抽出し、社会主義の核心的価値観と新しい道徳規範を創造することに役に立つようになる。

「エッセンスを取り入れ、残滓を取り除く」は根本的な原則である。受け継がれてきたものがすべてエッセンスであり、残滓はすべて歴史によって取り除かれているため、すべての伝統文化がエッセンスであり、残滓はないと考えるのはよくない。しかしそれは半分正しいといえよう。エッセンスも残っているが、残滓も残っている。なぜなら、伝統文化の伝播と継承は、文化そのものにのみ依存しているのではなく、人々、特に人の文化の継承と選択について、独自の基準に従っている支配者の選択にも依存しているからである。したがって、文化的伝統の進化は、社会から独立した文化そのものの進化ではなく、必然的にフィルターと選択のプロセスを同時に経ることになる。リンゴのように、腐ったところがどこにあるか明らかで、腐ったものを切り落とし、良いものを残せば良いというものとは異なる。伝統文化は、水が泥に混じるように、エッセンスと残滓が混在する複雑な有機体である。したがって、伝統文化の継承は単純な魯迅の「拿来主義」ではあり得ず、自らの口で咀嚼し、胃袋で消化する、つまり読解

と理解が必要なのである。先進的な社会主義文化を創造する必要条件に従えば、エッセンスと残滓を区別することができるようになる。民族的、科学的、人民的要素を持つ伝統文化はエッセンスに属しており、封建的、迷信的、後進的なものはすべて残滓に属している。

　伝統文化が創造的に転換し、革新的に発展した場合、それは依然として中国の伝統文化と言えるのかと疑問に思う人もいる。もし中国の伝統文化が実際に活性化され、転換し、発展する必要がないのであれば、それは表面的には伝統文化を尊重しているように見えて、実は劣化させていることになる。転換できず、現代的価値を持たない伝統文化は死んだ文化であり、生きていない文化である。そのような伝統文化は、現代の現実に関連しておらず、それを生み出した元の社会にのみ関連しているものであり、すでに歴史の中で滅びてしまったものだ。実際、中国伝統文化の価値は、淀んだ水ではなく、生きた水であることにある。もちろん、伝統文化の創造的な転換と革新的な発展は、重大な科学的研究課題であり、むやみに批判や靴を履くために足を切り落とすような問題ではなく、原典への尊重と理解に基づいて、そこから真に知恵を引き出すべきことである。そこで重要なのは、マルクス主義の基本的な見解と方法を堅持することであり、中国伝統文化の変革と発展は、マルクス主義と中国伝統文化との連携によって進められるべきである。そうすることで、中国伝統文化を湾曲せず、現在の要素を古人の頭に被せるような行為をせずに、伝統文化に含まれる知恵から、時代に適した新しい解釈を生み出すことができるのだ。

　社会主義の核心的価値観の形成は、伝統文化の革新と転換の手本の一例と見ることができる。我々は、社会主義の核心的価値観を、単に中国の伝統的な文化カテゴリーと比較することによって形成したのではない。我々は社会主義制度の本質と実践に基づき、伝統文化思想の基本精神と道徳観念、および家族と国家の一体化の原則を理解し、国家、社会、個人を一体化することによって、社会主義の核心的価値を形成したのである。習近平

総書記が言ったように、「社会主義の核心的価値観を育成し、推進することは、中華民族の優れた伝統文化に基づかなければならない。すべての堅固な核心的価値観には固有の根がある。伝統を捨て、基礎を失うことは、自分の精神的な生命線を断つことである。深遠で奥深い中華民族の優れた文化は、世界の文化的混乱の中で我々がしっかりと立っている土台である」。

現代の中国では、汚職や社会道徳をはじめ、財産や相続、取り壊し、立ち退き補償を巡り多くの人が裁判に訴えたり、父と息子、兄弟姉妹が敵対したり、道徳を失ったあらゆる人や出来事といった実生活におけるさまざまな混乱が、伝統的な問題と現代的な問題に直面するジレンマとなっている。そのジレンマは欧米でも経験され、今も経験されている。そうでなければ、ポストモダンの潮流は生まれなかったであろうし、西洋近代の病を治すためにアジアの価値観が求められることもなかったであろう。

改革開放以来、我々は大きな社会的変化を経験してきた。最も重要な変化の一つは、計画経済から市場経済への移行である。そして、市場経済を前に、伝統的な文化や道徳的規範をいかに効果的に現代に調和させるかという問題が生じている。市場経済には、かけがえのない積極的な役割がある。現代において、中国が生産力を解放し発展させるためには、市場経済が必要である。改革開放以降の中国の世界の注目を集めるほどの成果は、市場経済改革の実施と結びついているが、市場経済には負の側面もある。市場経済とは、貨幣を媒介とする経済であり、必然的に貨幣を基盤とし、すべての交換は貨幣を介して行われ、あらゆるものが貨幣を必要としている。普遍的等価物としての貨幣は、マルクスが『1844年の経済哲学手稿』で述べているように、必然的にすべての価値関係を逆転させる。現代の西洋の経済学者アーサー・ルイスもまた、『経済成長理論』の中で、伝統的な時代から現代への移行の道徳的ジレンマを見ており、「彼らはもはや義務が身分に基づいている社会に住んでいるのではなく、義務が契約に基づ

いており、一般的には家族の絆を持たない人々との市場関係に基づいている社会に入り込んでいるからだ。そのようにして、以前は非常に正直であった社会が、非常に不誠実なものになってしまう」と述べた。だからこそ我々は築こうとしている市場経済が社会主義の市場経済であることを強調している。「社会主義の」という限定語は、修飾ではなく、実質的なものでなければならない。社会主義制度と原則を以って伝統的なものと現代的なものとの間の矛盾を調整しなければならない。

　もちろん、社会主義市場経済がすべての負の側面を回避することはできないが、そのことが市場経済改革の否定や古い計画経済への回帰につながってはならない。そこには制度と統治の問題がある。制度とは基本制度のことであり、統治とは統治の能力と方法のことである。社会主義市場経済は、社会主義の初級段階で資源をうまく配分した制度であるが、必ずしも法に従って市場経済を管理する手段や能力があるとは限らない。管理は統治とは異なるのだ。唐の柳宗元は『封建論』の中で、秦の始皇帝が築いた中央集権的な郡制を否定し、分封制への回帰を支持した一部の人々への反論として、「咎在人怨、非郡邑之制失也（責任は人民の不満にあり、郡県制にあらず）」と述べている。つまり、秦二世の滅亡の原因は、秦二世皇帝の道徳の欠如と専横にあり、権力の中央集権化と郡県制にあったのではないという。中央集権と郡制は必ずしも暴政を意味していない。同様に、現在の市場経済の混乱は、社会主義市場経済の実施から生じるのではなく、市場経済を管理するための法的・道徳的規範の必要性の欠如から生じるのである。市場の二極化、信頼の失墜、さまざまな市場の混乱に効果的に対処しなければならない。市場は規制され、管理されなければならない。自由放任の市場経済は、必然的に二極化し、社会的誠実さの欠如と道徳の崩壊を招く。市場経済の規制と、資源配分における市場の決定的な役割の間には矛盾はない。政府は、現代的な法律と社会主義的道徳教育が含まれる独自の管理機能と統治規則を持つべきである。血縁関係と小農民経済に基

づく伝統的な文化と道徳規範に温かいロマンを抱いて執着するのは現実的ではなく、実現の可能性もない。現代社会の深刻な変化に直面し、我々は新たな歴史的条件に適応しなければならない。そうすることで創造的な転換を通じて伝統と現代の矛盾を効果的に解決し、社会を前進させることができるだろう。

註
1) 毛沢東. 毛沢東選集. 第2巻. 2版. 北京. 人民出版社. 1991：622-623.
2) 毛沢東. 毛沢東選集. 第2巻. 2版. 北京. 人民出版社. 1991：706.
3) 毛沢東. 毛沢東選集. 第2巻. 2版. 北京. 人民出版社. 1991：707.
4) 五四運動・新文化運動：1919年4月、パリ講和会議に反発し日本の二十一ヵ条撤廃を要求した中国の民衆運動。中国の民族運動、そして社会主義運動の出発点となった。——訳注
5) 破四旧：1966年8月、旧思想、旧文化、旧風俗、旧習慣を打破する「破四旧」と呼ばれる運動が展開され、あらゆる古文書、図書、書画などが紅衛兵の「革命」の対象となった。この運動により、多くの民家に代々伝わってきた家宝も一掃された。一部は博物館に収蔵されたものの、多くは消滅し、或いは民間や海外に流出していった。——訳注
6) 二つの決裂：生産の社会関係とイデオロギーの分野におけるプロレタリアートの二つの主要な歴史的課題である。伝統的な所有関係と伝統的な思想との決別。——訳注

第十一章

文化的自信の本質

文化的自信とは何か、文化的自信の主体は誰か、彼らは何を信じているのであろうか。紫禁城を訪れれば、さまざまな国宝を目にするが、それらは展示品に過ぎない。雄大な万里の長城を訪れれば、威厳に満ちているが、観光名所に過ぎない。国立図書館を訪れれば、さまざまな書物を目にするが、収蔵品に過ぎず、書店に並べば文化商品となり、教室に並べば教科書となる。それらが文化的自信とどのような関係があるのかと、混乱している人がいる。

文化的自信とは、中華文化の歴史的起源、発展、精神的特質、およびエッセンスに対する総合的な判断であり、中華文化の科学、尊敬、継承、創造的発展を支持する基本的な立場と態度を守るものでもある。文化的自信に関する問題は、史的唯物論の文化観を堅持し、国家と民族の未来と運命の高さに基づいてはじめて理解できるものである。そうでなければ、我々が目にするのは、文化の物質的な担い手や、さまざまな文化の具体的な物質化された形態に過ぎず、中国文化の中にある全体的な精神と文化的自信の現代的な価値を把握できなくなるだろう。

一、文化的自信は新時代の重大な問題

文化的問題の研究は時代的であり、時代の反映でもある。文化的問題の研究は、社会的時代によって異なる問いを提起し、異なる文化的問題によって異なる時代の史的唯物論と現代中国の特徴を明らかにする。

シュペングラーの『西洋の没落』が、西洋資本主義社会の将来の発展に対する失望を反映しているとすれば、ハンチントンの『文明の衝突』は、外への膨張によって引き起こされた矛盾を、文明の衝突を弁護に転化する西洋の政治的需要からのものである。西欧のマルクス主義と「新左翼派」は、資本主義の問題から抜け出す道を見いだせず、西欧資本主義の先進工業社会に対する文化批判から、文化問題の研究に力を注いできた。現代に

おいて、文化が世界で重要な問題になっているのは、資本主義の産業化と都市化によって引き起こされた精神的不均衡、道徳の喪失、美的価値の喪失、信仰の欠如と関係している。つまり、人々は精神的な飢餓状態にあり、人道主義の探求は文化研究に大きく貢献している。世界では、文化的問題の研究は文化学の分野に属し、文化学者の仕事である。

　西洋では、文化的自信に関して特筆すべき問題はない。何世紀もの間、西洋の一部の資本主義先進国は、いわゆる西洋文明を輸出し、権力の座にあった。彼らにとって、それは主に文化的傲慢と文化的覇権の問題である。「西洋文化優越論」、救世主としての西洋文明の輸出や文化的植民地化は、何世紀にもわたって西洋資本主義世界で支配的な文化観である。近年、アメリカの学者アーサー・ハーマンが書いた『文明衰退論：西洋文化悲観主義の形成と進化（*The Theory of Civilizational Decline: The Formation and Evolution of Western Cultural Pessimism*）』のように、西洋文化の衰退について書いた学者もいるが、それは歴史上の一部の哲学者による西洋文化の衰退についての説明に過ぎず、文化的自信に関する問題とは直接的な関係がない。

　文化的自信に関する問題は、現代中国において、近年の民族の苦難と闘争の中で先進的な中国人民が、民族の自己向上と文化的自意識を実証したことに基づいているものだけでなく、現代中国における民族の偉大な復興に直面して、文化的自信と文化的自意識を切実に必要としているものである。それは、すべての中国人に対して、文化における自信と自強を築く励みだけでなく、過去百年以上の侵略と抑圧によって引き起こされたある種の民族的劣等感の解消が含まれ、中華民族の文化に対する現代のあらゆる否定に対する切り返しである。現在、国内外、インターネット上や現実に、中華文化を侮蔑し、中華民族の歴史的貢献を否定し、近代以来の中国人民の奮闘の歴史を否定し、中国共産党の歴史、中華人民共和国の歴史、改革開放の歴史を歪曲するような発言が散見される。中国人民と中華民族の優

れた文化と輝かしい歴史に対して、我々はもっと積極的に宣伝し、中国人民の気概を強めるべきである。習近平総書記は、「文化の自信を固めることは、国家の興亡、文化の安全、民族精神の独立に関わる重大な問題である」と強調した。その「重大な問題」という言葉は、中国の特色ある社会主義の建設における文化的自信の重要性についての重大な判断である。

「四つの自信」は、習近平による新時代の中国における特色ある社会主義に関する思想の重要な部分であり、習近平同志を中心とする党中央委員会が未来の青写真を描き、社会主義現代化強国と中華民族の偉大な復興の実現のために奮闘する理論的・精神的支柱である。特にその中の文化的自信は、より基本的で、より広く、より深い役割を果たしている特殊な本質と機能ゆえに、道、理論、制度に対する自信を文化的、精神的に支える役割を持ち、中国の特色ある社会主義の道、理論、制度の堅持と表裏一体であり、習近平の新時代の中国の特色ある社会主義の思想の重要な部分を構成している。習近平総書記が指摘したように、「文化的自意識と文化的自信を強化することは、道、理論、制度に対する自信を固める上であるべき筋道である」。

文化的自信の強化は、民族の自尊心と自国の強化を意味している。中国はもはや昔のように世界の政治の舞台から姿を消しているのではなく、中国の特色ある社会主義の建設における偉大な成果、人類運命共同体の建設という理念、世界が直面する問題を解決するための提案、提言、言葉によって、自信を持って世界の政治の舞台の中心に躍り出ようとしている。中国共産党第十九回全国代表大会のテーマ、習近平による「新時代の中国の特色ある社会主義」思想の全体構想、現代中国が直面するイデオロギー分野の闘争を抜きにして、なぜ文化的自信がこれほど大きな問題なのかを解明することはできないであろう。

二、文化的自信は中国共産党と中華民族の自信

　文化的自信は無論、文化そのものの持つ自信ではない。文化が主体ではなく、主体は人間である。現代中国において、文化的自信の主体は中国共産党と中華民族である。中国共産党は中国革命、社会主義建設、改革開放の指導者であり、優れた中国伝統文化の継承者と革新者であり、紅色文化と先進的な社会主義文化の創造者である。現代中国において、中国共産党は中国の先進文化の前途を代表している。中国共産党の指導の下での革命の勝利があってこそ、文化的自信を持つことが可能になる。

　中国共産党は中国労働者階級の前衛隊であり、同時に中国人民と中華民族の前衛隊でもある。中国共産党の自信はわが民族の文化的血統に深く根ざしており、人民の支持と愛情からその力を引き出している。中国共産党の文化的自信は、同時に中華民族と中国人民の自信である。文化的自信の主体は、中国共産党、中国人民、中華民族の統一体である。その中で、マルクス主義に導かれた中国共産党の創立は、中国において画期的な出来事であり、中華民族の優秀な子女による理論的、組織的、規律的なものである。また、それは時代の最先端に立ち、時代の潮流を導く政治集団であるため、中華民族と中華人民の指導の核心となり、文化的自信の主体となっている。つまり、誰の文化的自信かといえば、それは第一に中国共産党の自信である。

　もちろん、中国共産党の文化的自信の主体としての地位は、中華民族と合致している。中国共産党は中華民族の優れた子女である。中華民族の文化的自信がなければ、中国共産党の文化的自信を育てることはできない。文化は地域的なものであり、地域によって異なる地域的文化が生じる。民族には民族文化があり、中国の各民族の文化がある。地域文化は地域性を持ち、その範囲は定義できる。民族文化は特色ある民族性を持ち、識別できる。しかし、中国のすべての民族は共通の主体的な文化を持っている。

中華民族の文化は、すべての民族文化の重ね合わせや総和ではなく、長い時間をかけてすべての民族文化が徐々に融合して形成された支配的な文化であり、地域や民族を超越し、地域文化と民族文化の両方に体現される中華民族共通の文化である。したがって、中華民族の共通文化は中華文化である。習近平総書記は、「中華民族には強い文化創造力がある。歴史の大きな節目において、文化は常に国運の変化を察知し、時代の先頭に立ち、時代の第一声を発し、数億の人民と偉大な祖国のために励んで呼びあげてきた」と指摘した。中国共産党の性格は、中華民族の不屈で自立した民族性を表している。中国共産党の文化的自信は中華民族を団結させ、代表するものである。

　文化的自信は国と切り離すことはできない。正しい文化観は、正しい国家観と切り離せない。国家は共通文化の形成と認識において極めて重要である。統一された中華民族の文化を形成し維持するためには、分裂した国家ではなく、統一された国家でなければならない。民族は文化の主体であり、文化は民族の魂である。中国のすべての民族の存続と発展は、統一された強力な国家の保証と切り離すことはできない。国が消滅したり分裂したりすると、その文化の発展は中断される。世界の古い四大文明の中で、中華文化だけが途絶えていない。中国は分裂したが、統一は支配的なものである。当時、異なる民族政権があったとしても、中国という大きな領土内にとどまったため、統一は容易だった。中華民族の文化は比較的よく保存され、継承されてきた。国が分裂すると、文化的発展の血統が途絶えてしまい、文化的自信も語れなくなることは歴史が証明している。

　現代中国の文化的自信は、同時に中国人の文化的自信でもある。それは空論だと言う人もいるかもしれない。過去百年間、中国人民はは団結しなく、革命烈士の血を肉饅頭に浸し、傷を癒してきた愚民であり、人民の首が撥ねられるのを見物する観客であったという意見がある。確かに魯迅はそのような人民的土性骨を深く批判したことがあるが、その批判の矛先は

人民ではなく、旧社会と旧体制に向けられていた。魯迅は中国人民と中華民族に対する信頼を失わなかった。彼は次のように言った。「我々には古来、一生懸命に勤勉に働いた人々、人民のために助命を頼む人々、法を求めて命を犠牲にした人々がいた。…それこそが中国のバックボーンである」。魯迅は、中国が民族としての自信を失っていなかったことを強調した。現代の中国人が団結していないのは、支配者の統治による「結果」である。現代中国に見られる人民的土性骨は、中国人の本質的な特徴ではなく、朝廷と社会の腐敗の結果なのである。

中国共産党は史的唯物論を堅持し、常にマルクス主義の人民群衆観を堅持している。「我々中国人は気骨がある」、毛沢東は、「中国人がマルクス・レーニン主義を学んで以来、中国人民は受動的な精神から能動的な精神に変わった。その時から、近代世界史の中で中国人と中華文化を見下す時代は終わった。偉大な勝利を収めた中国人民解放戦争と人民大革命は、偉大な中国人民の文化をすでに復興し、さらに引き続き復興させつつある。中国人民のその文化は、その精神的側面において、すでに資本主義世界全体を凌駕している」と述べた。人民を信頼し、人民を中心に置かなければ、中国共産党のいわゆる文化的自信は空虚な言葉にすぎない。

文化的自信にはもちろん、人民と運命を共にする多くの知識人と文化人の自信も含まれる。各分野の専門家、学者、無形文化の創作者、伝承者は皆、それぞれの専門分野で文化的自信の歴史的ルーツと文化的伝統を発見することができ、自らの創造的貢献によって人民の文化的自信を強化している。改革開放以来、特に第十八回全国代表大会以来、中国の学者や専門家が豊かな文化伝統と現代文化を持つ文化的自信の大国の学者として、世界各地の文化交流に参加することは非常に一般的になった。世界の文化学術フォーラムや文化交流の場に参加する中国人学者の数は日増しに増えていくことが予想される。一方的な輸入と受容の時代はすでに終わった。世界の文化交流に中国の学者が広く参加することは、文化的自信の現れであ

る。

　もちろん、文化的自信に関する問題を文化人の自信だけに還元することはできない。我々の学者の中には、中華民国時代の学者について興味深く語って、あたかもその時代が中華文化の全盛期であり、中国が文化的自信に満ちていたかのように語る者がいる。それは歴史と文化に対する間違った見方である。民国時代に貢献した有名な学者がいたのは間違いなく、中国人民も彼らの文化的業績や学術的貢献を忘れがたい。しかし当時の中国は、国力が衰退し、文盲も満ち、国際舞台で発言力のない弱小国であった。そのような中国で、中国人民と中華民族の文化的自信はどこから来たのであろうか。少人数の文化的名士だけで、民族の自信形成を支えることは不可能である。

　文化的自信に関する問題は、単に文化的なものだけではなく、国の強さ、民族の独立と不可分なのである。1930年代、中国文化の未来についての議論があった。参加者は主に文化学者であったが、「全面的な西洋化」論者も中国文化土着論者も、中国文化の自信を真に確立することはできなかった。「全面的な西洋化」論者だけでなく、中国文化土着論者でも真に中国伝統文化の粋を理解していない。中国の文化的未来と自信の問題を文化的文脈の中で議論しても、答えは出ていない。1940年に書かれた毛沢東の『新民主について』は、マルクス主義的な文化観に基づいており、文化の問題を中国の未来の方向、中国の出路の問題と結びつけている。『新民主について』の第一節は「中国はどこへ行くのか」という問題から始まり、第二節では「新しい中国を建設する」と題されており、中国文化の指導権と指導理念を明確に打ち出しており、「その文化はプロレタリアートの文化思想、すなわち共産主義思想によってのみ指導でき、他のいかなる階級の文化思想も指導できない」としている。中国がどこへ行くのかという問題が解決されなければ、中国が解放され、社会主義体制が確立されなければ、中華民族の文化の偉大な復興を達成することも、民族の文化的自

信を再確立することも不可能である。

三、文化的自信は中国文化の独特な精神的マーカーに対する自信

　文化的自信を強化するためには、物や文化の担い手に注目するだけでなく、中華文化の深い意味合いを理解する必要がある。文物であれ典籍であれ、それらはすべて文化の担体に過ぎない。文化の主体は人間であり、魂は担体の内なる精神である。紫禁城にある無数の国宝、数え切れないほどの中華の優れた伝統の古典、万里の長城や中国の歴代王朝のあらゆる天然の美にも勝る文物や建造物に含まれる中華民族の創造性、中国的精神、中国的知恵、中国的理念が見えないとしたら、なぜそこから文化的自信を築き上げる自信を得ることができるのか、当然理解できないであろう。文化的自信とは、中国の歴史と無数の古典に含まれる豊かな哲学的・政治的知恵、豊かな歴史的経験や国政運営の理念に対する自信であり、古典に含まれる中国精神、中国知恵、中国概念を多くの天然の美にも勝る独創的な文物から唯一無二の印として実感する自信であり、物質文化の創造物から中華民族の創造力と生命力を発見する自信であるからである。

　中華文化の豊かな意味合いとエッセンスは、馬上花を見て観光や旅行、あるいは漫然と読書をするだけでは把握できない。正しい文化観と理解力が必要なのである。美術品市場の競売では、絵画や書道、青銅器、高価な磁器などの商業的価値に驚かされるが、それがその文化的価値を理解していることにはならないし、ましてや競売にかけられたそれらの工芸品を文化的自信と結びつける能力を持っているかどうかもわからない。マルクスは、「鉱物の商人は、鉱物の商業的価値だけを見て、その美しさや性格を見ていない」[1]、「最も美しい音楽も、音楽的でない耳にはちっとも意味がない」[2]と言っている。文化の本質と文化的自信は、中国の文化的担い

手に内在する中国精神、中国知恵、中国理念に対する一般的な理解に基づいている。それは中国の物質文化と非物質文化に具現化され、中華の優れた伝統文化、紅色文化、先進的な社会主義文化に浸透している。

　毛沢東はなぜ『中国革命と中国共産党』に関する著書の冒頭を、「中華民族の啓蒙の歴史には、いわゆるよく発達した農業と手工業があり、多くの偉大な思想家、科学者、発明家、政治家、軍事問題の相関研究者、文学者、芸術家、そして豊かな文化的古典がある。非常に早い段階で、羅針盤は中国で発明された。製紙は1800年前に発明された。1300年前には彫刻印刷が発明された。800年前には活字による印刷が発明された。火薬はヨーロッパ人より早く使われていた。したがって、中国は世界で最も古い文明の一つであり、文字で考証できる歴史は4000年近くになる」[3]という中国の歴史から始めるのであろうか。毛沢東が中国の歴史、文明と文化の発展史を自信たっぷりに語り、中華民族に傑出した貢献をした人々を誇りに思っていたのは、中国の歴史、文明、文化、発明創造、歴史上の傑出した人物の歴史は、中華民族の自彊不息の精神、巨大な創造力と豊かな知恵を体現しているからである。我々の先祖ができたことは、我々中国共産党員も必ずできる。我々はその精神を受け継ぎ、中国革命の偉大な大義を完成し、美しい新中国を建設し続けることによって、先祖に背を向けることなく敬意を表している。

　伝統は非常に重要である。誰もがそうであるように、一人の人間には生まれてから死ぬまでの一定の期間がある。しかし伝統とそこに込められた偉大な精神、知恵、理念には時間軸がなく、時間を超越している。孔子、孟子、老荘は死んでから2000年以上経っているし、李白、杜甫、王維、白居易などの有名な詩人や詞人は死んでから1000年以上経っている。多くの国宝に関しては、その年代を特定することは難しいが、それらはすべて骨董品である。しかし、文化は古いからといってその価値を失うものではない。そこに込められた思想は、今なお何世代もの中国人の糧となって

おり、未来の世代によって読み解かれ、その精神、知恵、理念が理解される。現代に伝わる古代の文物に込められた文化的メッセージは今も生きており、その精巧な職人技と芸術精神は、祖先の知恵と創造力を現代に伝えている。今、このような「匠の精神」が求められているのではないであろうか。先人が作った青銅器、四大名磁器、七宝焼など、華麗で息をのむような工芸品を見る。それらは真の「匠の精神」ではないか。『荘子・知北遊篇』の「大馬捶鉤」の話が思い浮かぶ。「大馬之捶鉤者、年八十矣、而不失豪芒（鉤を作る人は、年八十すぎ、技芸を失わず）」、一生「于物无視也、非鉤无察也（他の物を顧みず、鉤ではない物に目を向けない）」生活を送った。荘子なりの寓意もあるが、鉤を作る技術という点では、匠気質の「一極集中」でもある。農耕時代の工芸は時代遅れかもしれないが、その几帳面で一極集中の精神は、産業化された時代、あるいは産業化された後の時代の我々にとって、いまだに手本となるものである。

　マルクス主義哲学は機械論的唯物論であり、精神、思想、理念の役割を認識していないという非難は、誤解か意図的な誤訳である。マルクス主義の唯物論は弁証法的唯物論であり、社会的存在が社会的意識を決定することを提唱しているが、社会的意識の能動的役割を非常に重要視している。マルクスは、「哲学はプロレタリアートを物質的武器とし、同様に、プロレタリアートは哲学を精神的武器とする」と言った。マルクスは、精神を武器とし、思考のエネルギーを稲妻や雷鳴として認識したのである。ひとたびそれが人間の心に浸透すれば、その力は絶大なものとなる。筆者の考えでは、マルクス主義哲学ほど人間の主観的能動性を重視している哲学はない。精神の役割を認めない「マルクス主義」は、マルクス主義を馬鹿にしている。中国の古代人は、「肉体は生命の住処であり、気と血は生命の柱であり、精神は生命の主である。それぞれの役割を失えば、三つとも損なわれる」、「その三つを注意深く扱わずにはいられない」と理解していた。

　我々は西洋の服を着用し、西洋の食べ物を食べ、飛行機、高速鉄道に乗

り、携帯電話、電話などを使用しているが、すべて西洋からのものではないか。すでに「全面的な西洋化」を遂げた今、中国の文化的自信について語ることに何の意味があるのかと言う人もいる。あらゆる民族の文明は常に互いに影響を与え合ってきた。現在の多くの野菜や果物が当時の西域から伝来したものであり、その意味では我々はすでに「胡化」されたとも言える。同様に、日本、韓国、ベトナムが「漢化」、「唐化」されたとも言える。技術的な内容を含むハイエンド製品を含め、我々の日用品は絶えず欧米諸国に輸出されており、一部の欧米諸国ではいたるところで「メイド・イン・チャイナ」、さらには「クリエイテッド・イン・チャイナ」を目にすることができる。同様に、日本、韓国、ベトナムが「漢化」、「唐化」されたとも言えるし、現在の西側諸国は中国化されているとも言える。文明の伝播、相互導入と参考を「全面的な西洋化」と混同するのはもちろん間違っている。「全面的な西洋化」とは、文明や文化の交流を意味しているのではなく、自民族の文化的・歴史的伝統を捨てて他国の模倣になろうとすることである。それは中国には不可能である。我々の改革開放によって、中国はグローバルな交流に参加できるようになったが、中国は依然として中国であり、中国文化は依然として中国文化である。

　いかなる民族も文化的伝統を完全に放棄できない。なぜなら、文化は血脈にあり、民族の魂となるからである。我々の生活様式、絵画、文学と芸術、要するにすべての中国人はその魂の奥深くに中国文化の刻印を持っており、彼らの創作物は中国の伝統の影響から完全に切り離すことはできず、程度の差こそあれ、我々の文化の民族的特徴を保持している。もちろん、我々は西洋文化を否定しているわけではなく、それどころか、優れた西洋文化から学ぶべきであるが、中国文化の民族的特徴を変えることはできない。毛沢東はある音楽家との会話の中で、帽子を編むことにたとえて、外国から帽子の編み方を学び、中国の帽子を編むべきだと言った。外国の有用なものはすべて学び、中国のものを改良・発展させ、中国独自の新しい

ものを創造するために使うべきである。また、外国のものを次々に増やすのではなく、中国のものを積極的に増やすべきである。毛沢東は常に、中国の目的のために外国のものを使用することを提唱してきた。

　文化的自信にはもちろん、中国の革命闘争の間に創造された紅色文化に対する自信も含まれる。紅色文化は我々の現実の生活、現実の闘争と密接に結びついている。我々は古代の中国に生きているのではなく、現代の中国に生きている。時代と時代の隔たりがないため、紅色文化は独自の解釈、解読、論争、判別、考証、あるいはそれぞれの考え方を確立する必要がなく、人民が理解し受け入れやすい。『紅色家書』と『革命烈士の詩鈔』には、家族と国家の情緒に満ちた家書と、燃えるような革命の情熱に満ちた絶命詩がある。その中には、身を殺して仁をなす、義のために自分の命を犠牲にし、死を見ること帰するがごとしという精神が含まれており、中国の伝統文化から「親に孝行を尽くす、心で君に忠を尽くす」という愛国精神を受け継ぎ、より現実的な教育意義も含まれる。習近平総書記は「中国革命の歴史は最高の栄養素」、「歴史は最高の教科書」と繰り返し指摘し、「紅色資源を有効に活用し、紅色伝統を継承し、紅色遺伝子を受け継ぐべきである」と強調している。習近平総書記は、紅船精神は中国の革命精神の源であり、中国共産党の歴史の中で形成された優れた革命精神はすべて紅船精神と直接的な関係があると、紅船精神に賛成している。井崗山の精神も、長征の精神も、延安の精神も、西柏坂の精神も、すべて紅船精神の継承である。紅船精神の核心は革命の精神であり、共産主義の理想と信仰である。

　文化的自信の流れは断ち切ることができない。社会主義の条件下で、文化的自信は無論、先進的な社会主義文化の自信にもっと注意を払うべきである。それは優れた伝統文化に根ざし、紅船精神によって開拓された革命文化から直接的に受け継いだものであり、中国の社会主義建設の実践に基づく新しい文化である。社会主義社会は人類の社会発展の新しい形態であ

り、人類の歴史には存在しなかった形態でもあり、人類社会発展の法則でもある。それは人類発展の一般的方向性の前触れであるとすれば、社会主義文化はより先進的な建設中の文化であり、人類の文化的発展の方向性を志向しているものである。先進的な社会主義文化の精神と社会主義の核心的価値を体現する模範的な人物や道徳的なモデルは、確実に我々の生活の中にある。

文化的自信の何を信じるかと問えば、確実な答えがある。我々は中華の優れた伝統文化に含まれる中国精神、中国知恵、中国理念を信じ、紅色文化に含まれる革命精神と共産主義の理想と信念を信じ、国家、社会、個人を社会主義の核心的価値観に支配された社会主義文化の先進性へと高めることを信じている。

四、文化的自信の使命は、社会主義文化強国を建設する

歴史的に、中国は古い文化の国であり、文化大国であり、文化強国である。過去百年の苦難と列強による侵略と略奪によって、中国は弱く貧しくなり、科学的に遅れ、文盲に満ち、かつての歴史ある文明国は文化的に弱い国になってしまった。しかし中国人民解放戦争の勝利によって中国人民は立ち上がることができ、70年にわたる社会主義建設と改革を経て、中国は豊かで強い新時代を迎えた。

習近平総書記は中国共産党第十九回全国代表大会の報告で、「初心を忘れず、使命を心に留めておく」必要性を強調した。習近平総書記の気迫のある宣誓は、中華民族の偉大な復興のために奮闘する中国共産党の決意を表すとともに、中国百年の歴史の中で中華民族の文化的復興のために命を捧げた烈士の初心を表している。中国共産党は、その初心と、中華民族の復興と自由、民主、独立、強大な中国の樹立のために命を捧げ、先人の屍を乗り越えて突き進み、粘り強く奮闘する無数の烈士を忘れていない。天

安門広場の中央にある人民英雄記念碑に刻まれた碑文は、革命のために命を捧げた烈士の初心を忘れないよう、後世の人々に常に呼びかけている。

　初心を忘れないことは、首を切られ血を流されても、決して揺らぐことなく最後まで戦い抜いた過去百年の革命烈士の決意でもある。「氷姿不怖雪霜侵、羞傍瓊楼傍古岑、標格原因独立好、肯教富貴負初心（梅の姿は雪や霜を恐れず、瓊楼楼や古岑の近くにいることを恥ずかしがる。梅はそういう性格を持っているが、富のために変えることはない。私もまた雪や霜を恐れないが、瓊楼や古岑のそばに立つのは恥ずかしい。私も革命のために自分の考えを変えない）」、筆者は秋瑾の詠梅詩を思い出した。秋瑾は革命のために命を犠牲にしたヒロインであり、彼女の最初の目的は腐敗した清朝政府を打倒し、国の自由と富強を追求することであった。浙江省紹興市の軒亭口で壮絶な死を遂げた秋瑾の姿は、彼女がいかに初心を忘れなかったかを物語るとともに、民主革命期に中国革命のために命を捧げた多くの烈士の初心を象徴している。

　中国共産党は、その初心を忘れることなく、中華民族の偉大な復興を達成する使命を心に留めている。その使命には、中華民族文化の復興、社会主義文化の繁栄の促進、文化大国と文化強国の建設が含まれる。文化の復興なくして、全面的な現代化はなく、中華民族の復興は精神的・文化的な支えの不足のために力不足となるだろう。

　社会主義文化の繁栄を促進し、社会主義文化強国を建設することは、非常に困難で長期的な任務である。時代、条件、環境が異なるため、現代化、世界、未来を志向する民族的、科学的、群衆的な社会主義文化を発展させるという課題は、毛沢東が当時『新民主について』で提唱した文化建設の任務よりもさらに困難なものである。国際交流が盛んとなり、さまざまな文化がぶつかり合っている現在では、思想や利益も多様な現代中国において、人文・社会科学分野の構築、社会主義文学・芸術の繁栄と発展、社会主義の核心的価値観を提唱している全人民、とりわけ若い世代を育むこと

は、いずれも長期にわたる粘り強い努力を必要とする。その作業は、理想や信仰が異なる価値観の壁にぶつかる人間を巻き込むため、ある意味で他の建設よりも難しい。思想は最も繊細で入り込みにくい領域の一つであり、ある人にとってはブラックホールのようなものであり、圧力や強制が効かない領域でもある。文化的領域は知識人が最も集中している領域である。文化建設で指導手段を工夫し、党の知識人・文化政策方針を実行に移し、過去の経験と教訓から学び、知識人・文化人の熱意と愛国心を十分に動員し、文化建設を知識人・文化人の自覚的な任務にする必要がある。

文化建設はイデオロギー建設と同じではないが、そこにはイデオロギー的な問題がある。文化建設はイデオロギー領域の建設に属しているが、脱イデオロギー化、脱政治化、「脱中国化」することはできない。文化建設は、イデオロギー領域におけるマルクス主義の指導的地位を固め、マルクス主義に指導されることを主張し、中華文化の立場を堅持するだけでなく、現代の現実を基礎とし、時代の状況を考慮し、時代の価値を持ち、人民の願望を反映したレベルの高い文化製品を創造しなければならない。

文化発展の歴史には、谷あり、平原あり、峰ある延々とした万里の山々のようなものがある。文化的名士や後世に伝わる大作の出現は、何世代にもわたって見られるものではない。中国の特色ある社会主義の新時代は、より多くの文化的名士を育成し、より多くの大作を生み出すための条件を作り出さなければならない。星が燦然と輝き、峰が壮麗に聳え立ってこそ、そのような豊かな文化遺産を持つ中国が文化大国、文化強国となる。文化が栄える大国を築くことは、精神的な万里の長城を築くのと同じくらい難しい。

「長風破浪会有時、直挂云帆済滄海（長風が吹いて波を逆巻かせるときが必ず来る、そのときには船に帆をかけて滄海を渡ろう）」という詩のように、社会主義文化の繁栄を促進し、社会主義文化強国を建設する過程において、責任感と使命感を持つすべての文化人は、時代と党と人民の期待

に応え、その作品によって文化的自信をより高いレベルに促進しなければならない。

註
1) マルクス・エンゲルス．マルクス・エンゲルス全集．第42巻．北京．人民出版社．1979：126．
2) マルクス・エンゲルス．マルクス・エンゲルス全集．第42巻．北京．人民出版社．1979：126．
3) 毛沢東．毛沢東選集．第2巻．2版．北京．人民出版社．1991：622-623．

第十二章

文化的自信の底力

文化的自信には底力が必要である。文化的自信の底力と文化的自信はコインの表と裏の関係にある。文化的自信の程度が高いということは、文化的自信の底力が充実しているということを表している。文化的自信の底力が充実すればするほど、文化的自信に対する自意識と決心が強化される。底力がなければ、文化的自信は空虚な谷間からの響きのような自我の叫び声である。文化的自信がなければ、文化的自信の底力は鏡花水月のように幻のようなものとなる。文化的自信を強化するために、我々は自分の自信の底力がどこにあるかを見つける必要がある。

　文化的自信と結びついた自信の底力の問題は、同様に現代中国における重大な理論的かつ現実的な大問題である。それは中国人が近代で百年以上の災害の後、文化的自信を再建する理論的・事実的根拠である。中国の文化的自信の底力を深く研究するには、優れた伝統文化の豊かな意味合いと特質に注目すべきであるが、文化的な視野を超えなければならない。なぜなら、文化的自信の底力はすでに伝統文化と現実の両方にあり、現代の中国社会と切り離せないからである。中国の伝統文化は文化的自信の底力の源であり、中国共産党とマルクス主義は文化的自信の底力の大黒柱である。中国の特色ある社会主義の偉大な成果は文化的自信の基礎であり、正しい文化政策は文化的自信の底力を強化する制度的保障である。そして、民族の自強は文化的自信の永遠の力である。文化的自信の底力を現代中国全体の文脈の中で、特に道路的自信、理論的自信、制度的自信、文化的自信の間の弁証法的関係の中で位置づけることによってのみ、中国の特色ある社会主義の新たな発展段階において、また全面的に小康社会（ややゆとりのある社会）を建設する重大な局面において、我々は新たな心境で邁進し続けることができる。

一、文化的自信の底力は中華文化の特質から生まれる

　中華伝統文化は文化的自信の底力の根源である。我々の祖先は有形無形の豊かな文化遺産を残してくれた。中華伝統文化が発展した初期には、さまざまな学派が華麗に発表され、さまざまな角度から中華的知恵の全面性と豊かさが反映されていた。エンゲルスは、古代ギリシア哲学の多種多様な形式の中に、後の大概すべての思想の胚胎、萌芽を見出すことができると言った。その主張は中国の伝統文化にも当てはまる。中国の歴史を振り返ると、多くの学派があり、それぞれが独自の理論や素晴らしさを持っている。各学派の思想は違っているが、互いに孤立しているわけではない。古いことわざの言うように、「圣人有以見天下之動、而観其会通（賢者は世界の動きを見て、その収束を観察する）」、「天下同帰而殊途、一致而百慮（人々は同じ目標を持ちながら異なる道を歩み、同じ懸念を持ちながら何百もの異なる考えを持つ）」、「和して同をせず」、無数の川を納める海のような寛容さを持っている中華伝統文化は、宇宙と人生、国政運営、「徳を立て人を樹う」について、さまざまな学派のさまざまな視点から考察された偉大な知恵であり、無尽蔵で使用するたびにまた新しくなる。

　儒学に支配された中国伝統文化の本質は人文主義文化であり、死後の世界よりも現世に、天国よりも世間に、神々の文化よりも人間の文化に最も注意を払っている。宗教の超越性と神聖性は、しばしば人々を現実から切り離すように導く。マルクスは神格化の文化に強く反対し、次のように述べた。「人々の幻想の幸福としての宗教を廃止することは、人々の現実の幸福の実現を求めることである。自分自身の状況に対する幻想の放棄を求めることは、幻想を必要とする状況の放棄を求めることである」[1]。伝統的に、中国は国家と宗教が一体となった国家、皇帝権力と神権が共存している国家ではなかった。伝統的な中国の国政運営と道徳教育は、神託や天の啓示ではなく、思想家の教えと知恵に基づいていた。中国では、百家争

鳴や戦国時代の思想家の教義は、来世ではなく、現実世界の知恵が中心であった。范仲淹の「居廟堂之高、則憂其民、処江湖之遠、則憂其君（廟堂の高い所に居るときは、民衆のことを心配し、江湖の遠い所に居るときは、君主のことを心配する）」と「為天地立心、為生民立命、為往聖継絶学、為万世開太平（天地のために心を立て、人民のために命を立て、賢人の足跡をたどり、世界の平和を切り開く）」という張載の言葉は、そのような世俗的な精神と人間的な感覚を反映している。

　中華伝統文化の現実的な関心には、超越性と神聖さがないわけではない。中華伝統文化は、国のため、民族のため、犠牲を払う勇気を最高の価値とし、それ自体に超越性、つまり個人の利益を超えて、「小我」ではなく「大我」の心が含まれている。それはまた、高尚な理想と信仰を持っており、神聖さがある。具体的には、生きることに執着し死ぬことを恐れ、死を免れることを求めるのではなく、身を殺して仁をなす、義のために自分の命を犠牲にし、正義を守るために命がけで努力し、国を守るために命がけで努力するのである。中華民族には宗教戦争も宗教殉教者もなく、宗教戦争での殺し屋を讃える歌もないが、国家のために命を捧げた人々を讃える歌はある。屈原の『九歌・国殤』は、戦場で命を落とした戦士への頌歌である。「旌は日を蔽いて敵は雲の若く、矢は交々墜ちて士は先を争う」、「長剣を帯びて秦弓を挟み、首身離るとも心懲りず」。習近平総書記も、「中国人には、世界、社会、人生を見るための独自の価値体系がある。中国人の独特で長年の精神世界は、彼らに強い民族的自信を与え、愛国心を核心とする民族精神を育んできた」と述べた。

　中華文化は極めて生命力・創造力の強い文化である。中華文化の歴史は同時に中華文化の思想創造の歴史でもある。歴史を通じて、歴代の傑出した思想家は、土を積んで山にし、川を寄せて海にするように、さまざまな面から中華文化の蓄積に貢献した。中華文化の歴史において、各時代にはそれぞれの特色とピークがあり、多くの才能ある人々がいて、それぞれが

道を切り開いてきた。各時代には、傑出した功績を残した思想家や古典がある。楚詩、漢詩、唐詩、宋詞、元曲、明清の小説などは、それぞれの時代を代表している文化的逸品である。中華文化の創造性と時代的特徴、そしてその活力は、我々の文化的自信の底力となっている。我々の文化は広大で深遠であり、5000年以上にわたって発展が途切れたことがないのは、すべてその創造性のおかげである。創造性のない文化は生気のないただの躯体である。特に、急速な発展と変化、熾烈な競争が繰り広げられる現代世界においては、豊かな文化遺産を持つというだけで、時代に即した現代文化を創造することのできない、いわゆる創造性がない国は、自信に満ちた文化的底力を持つこともできないであろう。文化遺産は歴史であり、祖先の創造と知恵を表している。ある民族の文化は源が遠いだけでなく、流れが永いほうがいい。深い根を張るだけでなく、葉を繁らせたほうがいい。伝統的であるだけでなく、現代的であるほうがいい。なぜなら、伝統的な文化遺産を保存し、後世を豊かにする役割を果たすのに、先祖の庇護だけでは十分とは言えず、後世の継承、発展、創造が不可欠だからである。どんなに豊かな民族的文化遺産であっても、それを後世の人々がただ享受することが不可能だということは歴史が証明している。それは、かつて栄華を誇った北アフリカと西アジアの文明の現代の運命が教えてくれた真理である。文化的自信の底力は、伝統の輝かしさだけでなく、さらに現実の素晴らしさにも基づいている。

　中華伝統文化の世俗的、家族国家観の継承と昇華、およびその創造性と生命力は、現代では紅色文化と先進的な社会主義文化に体現されている。紅色文化は、頭を高く掲げて足かせをつけて街を歩いたり、密かに処刑されたり、戦場で戦死したりと、理想と信仰のために命を犠牲にした無数の共産主義者や革命家の心と魂を受け継いでいる。国、民族、人民のために犠牲になったそうした理想や信仰は、神聖であり、自己を超越したものである。紅色文化は、奮闘と血で書かれた、文字のある文化と文字のない文

化である。文字のある文化は、『革命烈士の詩鈔』や方志敏の『可愛い中国』に代表される、理想と情熱に満ちた烈士の著作や獄中書簡であり、大地と空の色を変え、世界に涙をもたらした絶命詩である。文字のない文化は、先人の屍を乗り越えて突き進み、粘り強く奮闘する革命人民や共産党員に含まれる奮闘の精神である。習近平総書記は紅色文化を非常に重視している。彼は「中国革命の歴史は最高の栄養素」、「歴史は最高の教科書」と繰り返し指摘し、「紅色資源を有効に利用し、紅色伝統を発揚し、紅色遺伝子を受け継ぐべきだ」と強調している。社会主義の核心的価値観に導かれた先進的な社会主義文化は、人民の利益を中心に置く文化であり、人民の最良の生活を追求する文化でもある。そのように、現代中国文化の自信は、わが国の伝統文化の幅広く奥深い豊かさと和して同しない包容力と創造精神からだけでなく、民族の自強してやまない精神を体現している紅色文化の革命的な性質、社会主義文化の先進性と指導性から生まれる。現代において、紅色文化と先進的な社会主義文化が中華文化の重要な構成要素であるという現実を重視しなければ、現代中華文化の底力がどこから来ているのかを十分に理解することは難しいであろう。

二、中国共産党とマルクス主義は文化的自信の底力の大黒柱

　現代中国における文化的自信の底力の問題を研究する際、中国の革命と社会主義建設の指導的中心としての中国共産党の地位を見失うことがあってはならない。中国労働者階級の前衛隊として、中国共産党は、中国が「三つの大山」の圧制下にあった時に、旧中国を打倒し、新中国を建国するという歴史的使命を担い、文化の再建と復興の可能性を提供した。新中国の建国後、中国共産党はまた全面的に新中国を建設するという歴史的使命を担った。中国共産党は経済を発展させ、国を強くし、人民を豊かに

し、国の発展と人民の福祉に責任を負っているだけでなく、実践の中で文化的自信を再構築しなければならない。毛沢東同志はかつてこう予言した。「経済建設のクライマックスには、必然的に文化建設のクライマックスが来る。中国人が未開と見なされた時代はすでに終わり、我々は高度に文化的な国家として世界に登場するだろう」[2]。習近平総書記は中国共産党第十八回全国代表大会以来、中華民族の偉大な復興を実現するという中国の夢を打ち出し、重要演説「7・26」で、「新時代の条件の下で、偉大な闘争を行い、偉大なプロジェクトを建設し、偉大な事業を推進し、偉大な夢を実現しなければならない」と強調した。「四つの偉大」の実現には、同様に中華文化の復興も求められる。

中国共産党があってこそ、中華民族と中華文化を復興させる組織的な政治勢力が存在できること、中国共産党が主導した革命があってこそ、新しい中国が存在できること、文化的自信を再確立する道を見出すことができることは過去百年の苦い歴史によって証明されている。もし中国がいまだに旧社会と旧体制を維持していたら、現在の中国にはなれなかったであろうし、現在のような文化的自信の底力を持つこともできなかったであろう。文化的自信の底力の問題を検討する際、中国共産党が中国革命の指導者であるだけでなく、文化建設の指導者であり、文化的自信の底力の屋台骨であるという事実を見失ってはならない。

かつて一部の人の間で「中華民国風潮」が流行り、中華民国時代の文化的名士が中華民族の文化的自信と文化的底力を代表していると信じられていた。しかしそれは「木を見て森を見ず」である。辛亥革命による帝政打倒から中華人民共和国建国までの40年間は、混沌から統治へ、弱さから強さへ、混沌と進歩の過渡期的な社会変動期であった。一般的に言って、中華民国は経済的には後進国であり、政治的には専制主義、教育的には後進国であり、文盲が全土に広がっていたが、社会の転換期であったため、文化的な名士もいた。しかし、後進国の中国では、一握りの文化的名士や

いわゆる「文化的エリート」が当時の中国の文化的自信や文化的底力を表すことはできなかった。文化的自信は本来、民族的自信であり、民族全体の精神状態である。我々は中華文化に対する一部の文化エリートの貢献には敬意を表しているが、旧社会における少人数の文化エリートのみに依拠し、中国共産党が主導した革命の勝利と国、社会、文化の再建を無視するならば、現代の中華文化の自信の底力を理解できなくなる。中国共産党は中国革命と中華文化復興の大黒柱である。現代中国において、中国共産党は党、政府、軍隊、人民、学界、および東西南北のすべての事務の指導者であり、全局面を統括し、各方面を調整する最高政治勢力である。中国共産党の指導力が弱まったり、否定されたりすれば、中華民族は再び文化的自信を失うであろう。中国で良い仕事をする鍵は党にある。したがって、第十八回全国代表大会以降、我が党が党の建設、党内の厳格な統治、腐敗の処罰を重視し、全国人民の党に対する信頼と期待に応えようとしている。

中国共産党と切り離せないのは、イデオロギーにおけるマルクス主義の指導的立場である。マルクス主義の指導的立場は、中華伝統文化の革新的発展に資するものなのか、それとも中華伝統文化の発展の障害となるものなのであろうか。一部の人々の見方では、マルクス主義は西洋の教義であり、異質な文化である。中国では、マルクス主義と中国伝統文化の「文化的衝突」は避けられず、近代における中華文化伝統の断絶の根本原因となっている。実際、文化に関する限り、マルクス主義の導入は、中華伝統文化を検討し、エッセンスと残滓を区別し、継承と革新、伝統と現代化を正しく処理する科学的態度を提供し、文化ニヒリズム、「全面的な西洋化」、保守主義に力強く反対されている。同時に、それは中国の伝統文化の精神的特質と継承可能性を理論的に精緻化した。毛沢東同志はかつてこう言った。「孔子から孫文に至るまで、我々はその貴重な遺産を総括し、継承すべきである」、「マルクス主義を正しい考え方と信じることは、中国の文化遺産を無視することを意味していない」。第十八回全国代表大会以来、習

近平総書記は中国の伝統文化をどう扱うかについて一連の重要な発言をしている。マルクス主義は中華伝統文化を軽んじるものではなく、世界文化における中国の伝統文化の地位を高め、中華文化を正しい方向に発展させるガイドであり、推進力であることが証明された。

　もしマルクス主義が中国文化の生態から排除されれば、中国伝統文化の創造的な転換と革新的な発展は不可能になることは、政治的に偏っていない人なら誰でもわかる。伝統的な歴史解釈理論と研究方法に従い続ければ、新たな思想、新たな思考、新たな体系という新生面を生み出し、中華伝統文化研究の新たな高みを築くことはできないであろう。イデオロギーの分野でマルクス主義の指導的立場を排除すれば、現代中国は帝国主義文化、封建主義文化、あるいは保守的ナショナリズムと「西洋化主義」に支配され、非驢非馬の生き物が組み合わされたような各種取り合わせの文化像を呈することになる。マルクス主義に導かれ、中国の優れた伝統文化に根ざさなければ、優れた西洋文化を完全に吸収した中国の特色ある先進的な社会主義文化となるはずがない。もしそうであれば、中国の文化は百年後退することになる。

　その中に特に重要であったのは、中国におけるマルクス主義の普及である。マルクス主義が毛沢東思想、中国の特色ある社会主義の理論体系に中国化されたとき、いわゆる「異国文化」でなくなり、現代中国文化の最も重要な内容となった。中国化されたマルクス主義は、その内容を中国の現実、歴史、文化と結合させるだけでなく、言語のスタイルと気迫の面でも中国の文化的特徴を備えている。毛沢東同志の『実践論』、『矛盾論』、『人民内部の矛盾を正しく処理する問題について』や、習近平総書記が古典を引用した一連の重要演説の中国的スタイルを読めば、それがマルクス主義にも属しており、中国のものにも属していることが理解できるであろう。したがって、マルクス主義の指導的役割、マルクス主義の中国化は、中国文化の外にある異質な文化ではなく、現代中国文化の内なる魂と指導思

想であり、中国伝統文化の永遠の若さと活力を思想的に支えるものである。マルクス主義と中華文化の結合がなければ、現代における西洋の植民地文化、帝国主義文化の強い攻撃の下で、中華文化が文化的自信の底力を持つことは難しくなる。

中国の文化的自信の底力を研究する時、中国の特色ある哲学と社会科学の建設の重要性を忘れてはならず、中国の特色ある哲学と社会科学の繁栄と発展は、中国の文化的自信の底力を強化する上でかけがえのない役割を果たすことを十分に認識しなければならない。現代理論の支持と中華伝統文化に関する精緻化への参加がなければ、中国伝統文化のエッセンスを理解することは容易ではなく、時代的で科学的な釈明を得ることも容易ではない。仁愛を説き、「人民本位」を強調し、誠実を守り、正義を唱え、調和を促進し、大同を求めるといった中国伝統文化の多くの価値観念を現代に適応させ、新たな生命力を得るためには、哲学と社会科学の関連分野がその内容を深く練り上げ、高度に凝縮された格言や命題にとどまるのではなく、理由と論理的論拠によって正当化される理論的議論を十分に行うことが必要である。

我々は、中華伝統文化の科学的釈明における哲学と社会科学の役割を十分に発揮するだけでなく、中国の特色ある哲学と社会科学の建設における思想的資源と示唆としての中華伝統文化の役割も十分に発揮すべきである。両者は切っても切れない関係にある。中華伝統文化の人文性を支持しているからといって、中華伝統文化と現代中国の哲学や社会科学との融合を拒絶したり、中華伝統の人文文化が科学的な性質を持つ知恵を提供できることを認めないようなことがあってはならない。中華伝統文化は幅広く奥深く、自然や社会の法則に沿った内容を豊富に包括している。中華伝統文化の中身に関する科学的な性格について言及することは、中華文化の人文的な本質を否定することに等しいという主張は適当ではない。そのような科学的な側面と人文的な側面を絶対的に二分するという見方は偏ってい

る。中華文化の人文性を「手をこまねいて道を論じる」「心性を空論する」という範囲に限定するのは、中華伝統文化のエッセンスの誤読である。

　中国の特色ある哲学と社会科学の建設は、中国の実情に基づき、現代中国の問題に沿うだけでなく、中華伝統文化の思想資源と歴史上の実践経験を十分に活用すべきである。マルクス主義哲学であれ、マルクス主義経済学であれ、マルクス主義法学であれ、マルクス主義歴史理論であれ、マルクス主義政治学であれ、社会学であれ、経営管理学であれ、人口学であれ、いずれも中国の伝統文化から知恵と示唆を得ることができる。中国哲学に含まれる豊かな唯物論と弁証法、人間と人間の本性の探究、中国経済の歴史と経済学説思想の歴史、中国の法制度の歴史と司法実務の経験、中国の政治制度の歴史と歴代国政運営の学説、および著名な思想家の著作に含まれる上記の学問分野に関連する論述と歴史の実務経験はすべて、批判的に総括し、吸収し、変容させることによって、中国の特色ある哲学と社会科学を建設するための思想的資源となる。中国の特色ある哲学・社会科学と中華の伝統文化との関係が断絶すれば、我々は常に西側の対応する学問分野の理論と言説の仲仕となり、中国の特色ある哲学・社会科学を現地的に確立することは難しくなる。

　マルクス主義に導かれることは、中国の哲学と社会科学を西洋の哲学と社会科学から区別する本質的な特徴である。世界観と方法論の面でマルクス主義に導かれるということは、弁証法的唯物論と史的唯物論を堅持するということである。哲学の基本的な問題と唯物論と観念論の区別は、世界の本体と認識の源泉と基準に関する問題であり、どこにでも適用できるラベルではない。マルクス主義の哲学者が、ある民族の文化は観念論的で、ある民族の文化は唯物論的であると言い、それを文化の区分の基準として使ったことはない。

　哲学者の歴史的地位と文化への貢献は、単に唯物論と観念論の区別によって決まるのではなく、彼らの理論体系に含まれる哲学的知恵によって

決まるのである。レーニンはかつて、「知性的観念論は、愚かな唯物論よりも知性的唯物論に近い」 と言った。泥の中に埋もれた真珠は、やはり真珠である。観念論的弁証法の大家ヘーゲルは、旧来の唯物論よりも、とりわけ俗流唯物論よりも、はるかに多くのことで人間の思想に貢献した。古い唯物論、とりわけ俗流唯物論の過ちは、それが唯物論であることではなく、哲学的欠点や誤りを唯物論の名の下に包み込んだことであったのと同じである。「朱子学」も「王学」も国際的な影響力を持つ学説である。現代中国において、程朱理学と陸王心学は、人間としての道徳教育・心性修養のための中国的特色のある「修養論」と「工夫論」を提供し、人間の主体性の確立と道徳的資質の最適化に貢献している。それは、「成人の学」と理想的な人格の育成を重視する儒教の哲学的伝統を受け継いだものであり、「致良知」と「知行合一」はその新たな発展である。しかし、程朱理学と陸王心学の命題を、道徳や人格の「修養論」や「工夫論」から「宇宙論」や「認識論」へと、無限に拡張し、マルクス主義の弁証法的唯物論の上に「理の一元論」「心の一元論」を置くことはできない。

三、中国の特色ある社会主義の理論と実践の成果は文化的自信の底力の基礎

現代中国において、中国の特色ある社会主義の道、理論、制度、文化に対する自信は、相互に依存し、補強し合っている。我々は、それらの相互関係の中で文化的自信の底力を研究する必要がある。文化的自信は最も永続的で深い自信であり、精神的な支えの役割を果たし、道路、理論、制度に対する自信の中を貫いている。しかし、中国の特色ある社会主義の道、理論、制度の成果と、中華民族の決起、豊かになり、さらに強くなっていく歴史的飛躍が、文化的自信の底力を大いに強化したことにも目を向ける必要がある。

新中国の建国以来、特に改革開放以来、中国の特色ある社会主義の道、理論、制度を堅持してきた我々の業績は、文化的自信を大いに強めてきた。習近平総書記は、「現在の世界において、どの政党が、どの国が、どの民族が自信を持つことができるかと言えば、中国共産党、中華人民共和国、中華民族が最も自信を持つと言える理由がある」と述べた。半植民地的で半封建的な中国と世界第二位の経済大国となった平和的に発展する中国を比較すれば、経済的な遅れを取り、常に打たれ、世界の片隅にいる中国、世界の政治舞台の中心に向かってますます前進している中国、どちらが文化的な自信の底力を持っているかは自明である。国家の強さと民族の復興は、文化的自信の底力を経済的・政治的に支えるものである。全面的に小康社会（ややゆとりのある社会）が完成し、「二つの百年」という目標が実現すれば、中華文化の自信の底力はますます高まっていくと断言できる。

ドイツの学者シュペングラーが『西洋の没落』の中で文化に対して悲観的な態度をとったのはなぜであろうか。西洋文化の没落は、実は西洋資本主義体制の衰退の始まりの反映であるからだ。資本主義体制は何世紀にもわたって人類に多大な貢献をしてきたが、次第に最盛期は遠ざかった。シュペングラーの文化悲観主義は、実際、西欧社会における資本主義体制の衰退の始まりを予言していたものである。文化の活力は、社会経済や政治体制の支えと切り離すことはできない。中国の文化的自信の底力は、現代化の新たな提案、人民が真に国家の主人となる新たな民主体制、そして中国が世界に貢献してきた西洋の「普遍的価値論」、「歴史の終わり論」、「文明の衝突論」とは異なる社会の発展理論にある。

もちろん、中国の特色ある社会主義の道が前進するにつれ、我々は引き続き経験を総括する必要がある。中国の特色ある社会主義の理論体系は常に時代に追いつくべきであり、中国の特色ある社会主義の体制は実践の中で改善される必要があり、解決すべき社会問題や深化すべき改革はまだ多

数存在している。中国の特色ある社会主義はすでに新たな発展段階に入り、全面的に小康社会（ややゆとりのある社会）を建設する決定的な時期にある。中国の特色ある社会主義の建設が新たな成果を上げ続けるにつれて、我々の文化的自信の底力はさらに高まっていくであろう。

四、正しい文化政策は、文化的自信の底力を高める制度的保障

　経済建設でも政治建設でも、正しい路線と政策が必要である。文化建設も同じである。文化建設における肯定的な経験も否定的な経験も、正しい文化政策を策定することの緊急性と重要性を深く理解させてくれる。与党が伝統文化をどのように扱い、どのような文化政策を採用するかは、文化的自信における伝統と現代性との関係を正しく処理する上で極めて重要である。

　理論的に言えば、プロレタリアートはブルジョアジーよりも、民族の文化伝統を扱う上でより科学的な態度、より広い視野、より広い胸襟を持っている。ブルジョア革命の啓蒙先駆者は、古代ギリシャ・ローマの人文主義を継承し、吸収する上で重要な役割を果たした。しかし、ブルジョワ革命の勝利とともに、ブルジョワジーは支配階級にのし上がり、もはや文化的伝統には関心を示さず、株式取引所や利益、職位や収入に関する心配事、そして上昇志向という卑しい思想に関心を抱くようになった。エンゲルスは伝統文化に対するブルジョアジーの軽蔑的な態度を列挙した後、「ドイツの労働者運動は古典的ドイツ哲学の継承者である」と述べた。

　プロレタリアートがまだ支配的な立場にあるとき、民族文化と伝統の継承は理論的なものでしかなく、現実的な政策ではなかった。中国共産党は自らの経験から、自民族の優れた伝統文化の継承と発展を理論的な問題にとどめることはできず、全党と社会のすべての関連機関が全体として実行

する理論的で拘束力のある国策に変えなければならないことを学んだ。中国共産党中央弁公庁と国務院弁公庁が発表した『優れた中華伝統文化の継承と発展プロジェクトの実施に関する意見』（以下、『意見』という）は、中華伝統文化の継承と発展の重要性と緊急性に対するわが国の認識が新たな段階に達したことを示している。『意見』には、中華伝統文化の継承と発展の重要な意義、基本原則、全体目標、保護措置、さらに優れた伝統文化を国民教育体系全体にどのように組み入れるか、文化遺産をどのように保護・継承するかについて、明確かつ指導的な規定が含まれている。中国共産党は、優れた中華伝統文化の継承と保護、およびそれを国民教育の不可欠な一部とすることを国家文化戦略のレベルにまで高め、各級党委政府および関連機関の責任とし、伝統文化の継承と発展に対する全国人民の自意識を高めている。その政策を断固として実施することは、文化的自信の底力を高めることにつながる。

五、民族の自強は文化的自信の永遠の底力

　民族は文化の主体であり、文化は民族の魂である。優れた伝統文化を持つ民族は強い生命力を持ち、たとえ大きな損失を被ったとしても再建できる。しかし、文化は文化の担い手である社会全体から切り離されると機能することはできなくなる。文化は社会を構成する要素であり、経済を基礎とし、政治を核心とする上部構造における観念の形態である。ある民族の盛衰は文化だけに依存するのではなく、国の総合的実力に依存している。

　現代中国において、文化的自信は民族の自強と国家の発展、中国の特色ある社会主義の建設において実践されなければならない。革新・調和・グリーン・開放・共有という新発展理念には、経済、政治、文化、社会、生態に対する総括的な思考が含まれている。経済建設を重視せず、経済が停滞し、人々の生活が困窮すると、文化的自信は空虚な言葉になる。総合的

発展をせず、単なる経済の発展しかなければ、文化的自信も維持できない。したがって、文化的自信は道路、理論、制度の自信に統合され、一種の精神的支柱となるべきである。文化的自信は最終的に、民族の自信、国家の自強、社会の発展を意味している。

　世界史も中国史も、古代史も近代史も、いずれもある事実を証明している。つまり、民族文化の担い手である社会経済力、政治体制、軍事力がひとたび挫折すれば、かつて持っていた優れた伝統文化に頼るのみでは、国の存続と民族の独立を維持することは難しくなる。例えば、古代ギリシャ・ローマ時代に蛮族が侵入し、西アジアや北アフリカなど素晴らしい文化を持っていた巨大帝国が分裂した結果、古代の文物が略奪され、文化遺跡が破壊され、一瞬の栄華が文化の断片と化してしまった。中国が四大古代文明の中で唯一、文明の発展を中断しなかったのは、文化の発展だけでなく、長い歴史の中で農業や手工業が発達し、政治体制が徐々に成熟し、中央集権的な郡県制度があったからである。何千年もの間、中国にはさまざまな政権の併存があり、さまざまな民族が支配的な地位を占めてきたにもかかわらず、中国は始終独立、強大、統一された国として存在してきた。国が滅びず、民族が分裂しなければこそ、文化が本体から切り離された「さまよえる魂」になることはない。

　一国の伝統文化は、その国の経済的・政治的発展との関係において比較的不変の力である。一方、国の強さと社会の発展は、人間の現実的な創造性に依存している。文化は一国の繁栄にとって重要な要素であるが、決定的な要素ではない。近代中国の百年にわたる屈辱的な歴史が、その点を物語っている。第一次アヘン戦争で、イギリスはわずか1.5万人の兵力で中国に侵攻した。当時の中国経済はまだ世界の最先端を走っていたが、清朝政府の政治体制の腐敗と海防力の欠如により、結果は惨敗し、『南京条約』の調印を余儀なくされた。第二次アヘン戦争では、英仏両軍が2万人足らずの兵力で北京への進攻を強行し、「万園の上にある庭園」と呼ばれた圓

明園は焼き払われ、数え切れない財宝や美術品が略奪され、あるいは灰となった。過去百年間で中国はどれだけの文化的至宝や逸品を略奪され、海外に流出させられたかわからない。したがって、ある国家が優れた伝統文化を持っているからといって、国難を免れるわけではなく、強い総合的な国力こそが国の長期的安定の根本的な保障なのである。

中華民族の独立と解放は、伝統文化の自然な発展の産物ではなく、過去一世紀にわたる無数の革命烈士の流血と犠牲、先人の屍を越えた粘り強い闘争の結果である。言い換えれば、それは主に革命の結果であり、古い腐った帝国体制と中国人民を圧迫する「三つの大山」を打倒したのである。中国共産党の創立が中国歴史で画期的な出来事となるのは、中華民族の発展の方向と進路、中華民族の未来と運命、世界の発展の趨勢とパターンを大きく変えたからである。中国革命の勝利は中華民族の偉大な復興への道を開き、同時に中華文化の偉大な復興への道を開いたのである。

文化の発展は中華民族の全面的な発展を促進する助けとならなければならない。そして文化的自信は民族の自強、自強の発展へと転換されなければならない。現在、我々が中華民族の優れた伝統文化を重視するのは、伝統文化に惚れ込み、自画自賛するためではなく、伝統文化には中華民族の英知が詰まっており、中国の特色ある社会主義を建設するアイデアの宝庫だからである。現実に立脚し、文化的自信の増進と文化の盛んな発展のために民族の自強と自強の発展を重視するのではなく、伝統と儒教への回帰を一方的に強調するならば、文化的自信の増進を提唱した我が党の本来の意図から逸脱することになる。

中華文化の豊かさと創造的な発展は、中華文化の発展における客観的な現実である。文化自信の底力の問題は、史的唯物論の観点から文化自信の根拠を多角的に分析しているものである。中国の文化的自信に関する問題を社会全体の分析の文脈に置くその分析は、単に文化の面から文化的自信を語るよりも、中国共産党の指導、マルクス主義の指導、中国の特色ある

社会主義体制の確立と改革、正しい文化政策、特に民族の自強が、文化的自信の底力の向上にとって大きな価値と意義を持つことについて、より説得力がある。

註
1) マルクス・エンゲルス．マルクス・エンゲルス全集．第1巻．北京．人民出版社．1956：453．
2) 毛沢東．毛沢東文集．第5巻．2版．北京．人民出版社．1996：345．
3) レーニン．レーニン全集．第55巻．2版．北京．人民出版社．1990：235．

第十三章

文化的自信における政治と学術

文化的自信に関する問題は、政治的であると同時に学問的でもある。その政治的性格を理解しなければ、現代中国におけるその重大な現実的意義を理解することはできないであろう。また、その問題を学問的観点から解明しなければ、なぜ現代中国において重大な現実的意義を持つのかを理解することもできないであろう。文化的自信の政治的側面と学術的側面は切り離すことはできない。

一、文化的自信は政治的かつ学術的なもの

文化的自信と道路的自信、理論的自信、制度的自信との内なる関連性は、現代中国の現実において最も重要な政治的問題である。なぜなら、それは「中国の道」の選択、理論の革新、制度の建設における文化的支柱であり、中華民族の偉大な復興を実現する精神的支柱であるからだ。文化的自信を中国の歴史と文化から切り離せば、中国の道の歴史的必然性や必要性、制度の優位性、中国の歴史的統治の知恵を受け継いだ継承性、中国の特色ある社会主義の理論に含まれる中国の言論、中国のスタイル、中国の気迫を説明することは難しくなる。文化的自信に関する問題を、中国の歴史や現代中国の社会的現実から切り離し、中国の道の選択や制度の建設とは関係ない、いわゆる純粋な文化的問題にすることは、中国の実生活の生きた現代的問題を本末転倒させ、それを書斎のなかに縛り、中国の現実における意義をあいまいにしてしまうことになる。

文化そのものについて言えば、文化にはもともと「自信の有無」という問題はない。すべての民族は、自民族の文化に愛着と愛情を持っている。「美己之美（自民族の美しさを受け入れ、さらに美しくするという意味）」は文化的ナショナリティの現れである。文化的自信が問題になるとき、それは単なる学問的な問題ではなく、もっと深い社会的理由があるはずだ。文化的自信の反対側は文化的自信の欠如であり、文化的劣等感である。な

ぜ今、文化的自信に関する問題を提起する必要があるのであろうか。文化的自信に関する問題は、現代中国の歴史的発展と現代の世論の現実という文脈の中でしか理解できないからである。

　かつて中国は半植民地、半封建的な国であり、新中国建国以前の百年間、中国は西洋の帝国主義者による侵略を繰り返され、技術的劣等感、制度的劣等感から文化的劣等感までもが中国人民に蔓延していた。要するに、中国のあらゆるものが劣っており、西洋の月でさえも中国の月より満月であったという考えが主流だった。中国人民の偉大な勝利は、中華民族の文化的自信の偉大な勝利でもあった。しかし、中国人民の勝利の結果、一部の人々の間に存在していた文化的劣等感という考えが完全に払拭されたわけではない。その現実的な表れが、道や制度の選択についての問題であり、中国は世界文明の道を歩むべきだという考えである。いわゆる世界文明の道とは、西洋のキリスト教文明を核とする西洋近代化の道である。彼らはその道こそが世界文明の道であり、人類発展の普遍的な道だと信じている。

　西洋資本主義の道が世界文明の道、人類共通の道だとすれば、中国が自国の歴史と深い文化的伝統、そして国情に基づいて選んだ道は非文明の道なのであろうか。それは西洋文化が中国文化より優れ、西洋文明が中国文明より優れているという考えに基づいているからであろう。現代中国において、自民族の文化に劣等感を抱いている者は、その道、理論、制度に対する自信を持つことができない。その極端な自信の欠如の表れが、西洋の「普遍的価値観」を中国の現実を測る基準とし、他人の靴のサイズを、自分の靴がどれだけフィットしているかの基準とすることである。『鄭人買履（買履忘度）』の物語が、自分の足よりも物差しを信じている愚か者をめぐって展開したものだとすれば、自国の文化や伝統を蔑ろにし、西洋文化の優位性ばかり信じているのは、植民地時代からの悪影響ほかならない。近代百年にわたる中国の屈辱の歴史や、中国の道の選択、中国の特色ある社会主義の理論、その制度の建設に関する現代の主張を脇に置いてしまえ

ば、なぜ今、文化的自信に関する問題が提起されているのか知ることはできない。「伝統文化を中断させた」五四運動・新文化運動の過ちに対する徹底的な「内省」の文脈に、文化的自信に関する問題を置くことは、明らかに一種の理論的誤導である。それは文化的自信に関する問題の現実を理解することにつながらないばかりか、五四運動・新文化運動が提唱した科学と民主の歴史的進歩の潮流を否定し、根深い復古主義の余党の台頭を誘発することになる。

　もちろん、文化的自信に関する問題は政治的現実性という性格を持つだけでなく、文化的理論もそのなかに含まれている。実際、現実の世界では、情勢全体に関わる政治的な大問題は、必然的に同時に理論的な大問題として現れる。現代中国において、文化的自信に関する問題もまた、極めて豊かな意味合いと強い学問性を持つ学術的問題である。文化の本質と機能、人類の歴史における文化の位置づけと役割、特に中国の伝統文化と現代文化の豊かな意味合いを理解しなければ、習近平総書記がなぜ文化的自信を、道、理論、制度に対する自信と並べて言及し、また「文化的自信はより基本的で、より広く、より深い自信である」と強調したのかを理解することは難しいであろう。そのことは、道、理論、制度に対する自信に比べ、文化的自信は、文化のダイナミックな役割と、文化だけが持ちうるかけがえのない独自の機能を伴っており、独自の理論的意味合いを持つことを示している。

　なぜ文化的自信はより基本的で、より広く、より深いのか。マルクス主義の導入は、現代中国文化の構造変化にどのような影響を与えたのであろうか。中国伝統文化との関係はどう扱うべきか、中国伝統文化はどのように創造的な転換と革新的な発展を実現できるのか。市場経済の条件の下で、文化建設は市場の欲求に適応するだけでいいのか、それとも同時に、資本の利潤追求の性質が道徳、思想、政治に悪影響を及ぼさないように、市場の主体を規制し、穏健化する役割を持つべきなのか。文化理論の研究を深

めれば深めるほど、文化的自信に関する問題の重要性と現実的意義の理解が深まり、政治的問題から理論的問題へと思考が進んでいく。現実の政治問題が理論で把握され、理論的な説得力を持って説明されてはじめて、本当に官員の心に入り、群衆に理解されるようになるのだ。

　文化的信頼はさらに基礎的なものである。文化は価値観、理想、信仰を含み、ある民族の精神と性格であり、民族の資質向上と道徳修養の源である。それは精神的な家であり、巨大な建物の土台と耐力壁のようなものである。土台と耐力壁のない建物は、小さな地震や衝撃にさえも耐えられない。同様に、文化的な支柱のない民族は、強い敵の侵略や政治の嵐に耐えることができない。現代中国において、道の選択であれ、理論的革新であれ、制度の建設であれ、文化の建設に注意を払わなければ、精神的な田園には野草が生い茂り、まるで強固な土台なしに高い建物を建てようとするのと同じである。

　文化的自信はより広いものである。文化の主体は人間であり、すべての人は一定の文化的環境の中で育ってくる。文化的自信に関する問題は、文化人、知識人、文化労働者だけでなく、あらゆる分野、職業のすべての人々、中華民族のすべての構成員に属する。社会を構成するさまざまな要素の中で、文化は最も広い影響力を持ち、空気のように遍在し、浸透しており、人さえいれば文化があるとも言える。全民族の文化的自信を高めてこそ、我々の道の選択、理論的革新、制度の建設は、文化的、心理的、感情的に最も広く、最も大きく受け入れられるのである。

　文化的自信はより深いものである。文化は経済や政治とは異なる特別な機能を持っている。文化はもちろん経済や政治によって決定されるが、その反作用は経済や政治の時間的・空間的限界を超越している。社会の形態の変化においては、生産様式や政治体制は新しいものに取って代わられるが、人類の文化は継承され、累積的に発展していくものである。封建時代の中国の土地の所有権や君主制はもはや存在していないが、何世代にもわ

たって作り上げられた中華民族の文化は、いまだに文化的伝統として機能している。もちろん、文化は変化しているが、ある民族の文化は変化したからといって、伝統や蓄積、継承がなくなるわけではない。社会構造のあらゆる要素の中で、文化の役割は最も永続的である。それは永続的であるだけでなく、奥深いものでもある。中国文化は幅広く奥深いものであり、重厚で源が遠く、永い流れである。祖先が創造した伝統文化、過去百年の革命烈士が創造した革命文化、新中国建国後の社会主義の実践の中で創造された先進的な社会主義文化など、数千年にわたって蓄積され、発展してきた。それは中華民族の最も深い精神的創造物であり、中華民族の独特な精神的標識を表し、過去、現在、未来を代表するものである。

　中国共産党は、中国文化の永続的で深遠な蓄積を基礎として、発展の道を選び、理論革新と制度建設を行っている。それは浅い土壌に植えられた花ではなく、文化の肥沃な土壌に深く植えられた木であり、中国の深遠な文化の泉によって水を与えられる。今日に至るまで、我々は伝統文化の古典、特に儒教のものを学び、そこから国政運営の経験と海のような奥深く広い哲学的知恵を学んでいるのだ。

二、文化的自信の視角からの歴史的熟視

　文化と歴史は切っても切れない関係にある。歴史は文化の根であり、文化は歴史の魂である。歴史は社会の全体的存在であり、文化の土壌であり舞台である。したがって、ある民族の文化を理解するためには、その国の歴史を理解しなければならない。中国の歴史を理解せずして、中国の文化を理解することは難しい。習近平総書記は「歴史は鏡である」、「確固たる文化的自信は中華民族の歴史の知識と応用と切り離すことはできない」と述べている。

　文化と歴史の関係から文化的自信に関する問題を考察してみると、中国

の長い歴史の中で、文化的自信の高い段階、短期的な文化的劣等感を感じた段階、そして現代における文化的自信の再構築の段階を経てきたことがわかる。それは馬の鞍型の発展過程である。文化的自信の馬の鞍型は、中国の歴史的発展の馬の鞍型と不可分である。中国の封建社会は先秦から明の中期まで高度に発展し、それ以来徐々に西洋に遅れをとり、半植民地・半封建社会となり衰退・崩壊した。中国革命の勝利後、中国は再び平和的に立ち上がった。この中国史の文脈を抜きにして、文化的自信の馬の鞍型とその現代的意義を理解することは、抽象的で非歴史的である。

　第一段階は文化的自信である。中国は古い文明国であり、しかも世界的な古い文明国でもある。数千年の歴史を通じて、中国が文化的自信を欠いていたことはない。世界的な古い文明国として、中国には素晴らしく輝かしい文化がある。毛沢東は『中国革命と中国共産党』[1]の中で次のように指摘している。「中華民族の開化史には、農業と手工業が発達し、多くの偉大な思想家、科学者、発明家、政治家、軍事問題の相関研究者、作家、芸術家が存在し、豊かな文化的古典がある」。なぜ我々はそのような文化的自信があったのであろうか。それは中国は秦・漢の時代から明の中期まで、世界で最も経済的に発展し、力強い国であったからである。紀元前後のローマ帝国と対をなす東方の秦漢王朝では、世界がローマ帝国の分裂、ペルシャ帝国の興亡、オスマン帝国の滅亡を経験したとき、中国は唐、明、清朝の前半、依然として世界最大の経済大国であり、広大な領土を持ち、長期的な大国の統一性を保っていた。発展した農業経済、手厚い国力の支援、統一された国の保障があるからこそ、中国の文化は最も発達し、最も自信に満ちていた。

　商周時代の典籍、戦国時代の百家争鳴、漢王朝の堂々たる威風、唐王朝の栄華、宋王朝の高度な文化発展は、いずれも世界文化史の輝かしいアーティクルとなった。秦の始皇帝の墓から発見された荘厳な兵馬俑、漢の墓から出土した馬超龍雀が示す向上志向と豪快進取の精神、「清明上河図」

に示される宋の発展した都市文明、砂漠を越え海を渡った古代中国の陸と海のシルクロードは、すべて中国人の高い自信の証しである。

　第二段階は文化的劣等感、いわゆる文化的自信の低迷期である。西洋が資本主義社会に入り、国土を拡張し、植民地支配を始めたとき、長い発展を経て成熟のピークに達した中国の封建社会は衰退し、崩壊し始めた。かつて栄光を誇った東洋の大国は、風雨に揺れ、露命な状態にある泥の巨人となった。二度のアヘン戦争と中日甲午戦争後、一連の不平等条約は中国の手足を縛る縄、頭につけられる足かせ、体内に挿入される吸血管のように中国を蝕み、中華民族は「亡国滅種、瓜剖豆分（国と人々が滅んで、国土が分裂される）」という存亡の危機に直面した。中国のGDPは康熙帝、乾隆帝の時代までは世界一であったと言われている。しかし、それは統計的な意味しかない。社会形態の発展から見れば、明代末期から清代初期の中国は百足の虫のようなもので、巨人のように見えて実は西洋に遅れをとっていた。中国のGDPは多くの労働者が生産した農産物で構成されていたのに対し、西洋は人口が少ないためGDPは中国ほど大きくはなかったものの、すでに工業時代に入り始めており、高度な科学技術と軍事力を有していた。中華民族の危機、国の危機が発生した時、文化的自信の危機は避けられなかった。その時期は、中国文化の劣等感、いわゆる文化的自信の低迷期と言える。

　文化的自信の低迷期は国の衰退と結びついており、中国封建社会への弔鐘を鳴らすと同時に、より多くの中国人を目覚めさせた。マルクスは『中国革命とヨーロッパ革命』の中で、「歴史は、この国の人々にまず麻酔をかけ、それから彼らを代々受け継がれてきた無知から目覚めさせる」と述べた。中国が近代に被った恥辱と苦難は、まさしく「天朝大国」の風を吹かせて盲目的に傲慢になった支配者や一部の人々の無知を破壊しただけでなく、ナショナリズムを意識した先進的な中国人を走り回らせ、中国の救済と存続の道を探る道を開かせた。

第十三章　文化的自信における政治と学術　263

　その道はどこにあるのであろうか。中華民族の復興のためにどの道を歩むべきであろうか。当時、学術界は二つの道しか思いつかなかった。それは陳序経が『中国文化の出路』で述べたことであるが、一つは西洋文化を全面的に受け入れることを主張している「西洋化」の道であり、もう一つは中国固有の文化に戻り、元の封建制度を維持する道である。「中体西用」といういわゆる折衷主義の主張は、本質的に第二の道を修正・変形したものであった。実際、中国には第三の道、つまり革命の道があった。孫文が率いた辛亥革命はその道を開き、2000年以上にわたって中国を支配してきた封建帝制を打倒した。しかし、孫文は若くして亡くなり、「革命なお未だ成功せず、同志よって須く努力すべし」と悔しく言った。中国共産党はマルクス主義思想の指導の下、中国革命の道を切り開き続けている。中国共産党が先導するその道は中華民族の偉大な復興への道でもあり、文化的自信を再建する道でもある。

　我々は今、第三段階、すなわち中華民族の偉大な復興を実現する段階、文化的自信を再建する段階にいる。中国の歴史が文化的自信、文化的劣等感、そして現代の文化的自信の再構築の段階を経験した後はその変化は馬の鞍型、あるいは哲学的に言えば螺旋のように見えるが、それはヘーゲルの正・反・合の三段階ではなく、出発点への回帰でもなく、伝統文化への回帰でもない。現代の我々の文化的自信は、マルクス主義の指導の下、中国の優れた伝統文化を継承し、優れた西洋文化を借用することを基礎として再建される。その文化的自信の再構築は、新しい時代、新しい社会、新しい基礎に基づいており、道路、理論、制度に対する自信と不可分に結合している。それらは相互に統合され、相互に補強し合っており、後戻りするのではなく、前進するのである。

三、文化的自信を確立する道

　文化の問題について、我々は文化的自信と同時に文化的自意識を重視している。費孝通はかつて、文化的自認識とは、ある文化に生きる人々が自分たちの文化について「自知の明」を持つことである、つまり「文化への回帰」の意味を持たず、その来歴、形成過程、特徴、および発展傾向を理解し、文化へ回帰するのではなく、また、「全面的な西洋化」や「伝統の堅持」を主張していないことを意味していると述べた。自知の明という認識を持つ目的は、文化の転換における自主能力を高め、新しい環境と新しい時代に適応するための文化的選択において自主的な立場を得ることである。費孝通は非常にうまく言い表した。文化的自認識とは、文化に対する哲学的振り返りである。哲学的振り返りに基づかない文化的自信は、しばしば盲目的な傲慢に陥りがちである。

　中国文化は深遠で奥深く、源が遠く、長い歴史を持っている。中国はさすがに世界的な古い文明国である。儒教の思想を含む中国伝統文化の優れた要素は、過去数千年にわたる中華文明の継続と発展、中国の政治的な団結統一の形成と維持、中国の多民族による融合して共存している家族の形成と強化、中華民族の精神の形成と充実において、中華民族の子女に民族の独立を守り、外国の侵略と闘うよう鼓舞し、中国社会の発展と進歩を促進する上で、非常に重要な役割を果たしてきた。中国の伝統文化には多くの学派があり、独自の貢献をしている。中国の哲学思想は特に発達しており、中華民族はよく発達した早熟な哲学民族といえよう。『周易』、『道徳経』、『荘子』、中国の宋明理学、陸王心学、そして彼らの後継者の著作を読むだけで、我々の祖先が残してくれた素晴らしい哲学思想の宝庫の豊かさを知ることができる。

　しかし、中国の伝統文化は主に儒教に基づいているため、儒教には強い道徳主義的な色合いがあることも認めなければならない。儒教は主に倫理、

道徳、成人をめぐる学問でもあり、道徳的人物の育成、聖人、賢人、君子の育成に関する学問でもある。国政運営の問題なのか、君主のためなのか、人民のためなのかにかかわらず、それは独自の道徳規範を持っている。それは儒教の大きな長所であり、今でも我々が道徳や価値観を再構築する重要な思想的資源である。しかし、儒教にも欠点がある。世界は自然、社会、人間の弁証的統一体だからである。人間は世界の主体であるが、世界で唯一の存在ではない。道徳は人間の学説において最も重要であるが、唯一の問題ではない。道徳修養は人間にとって最も重要な修養であるが、人間は道徳的存在だけではない。人間についての知識は、自然の本質や社会の本質についての知識がなければ、抽象的なものになりがちである。道徳教化は、世界を人間の優れた道徳を生み出すのに適した社会に変えることよりも、人間の心を育てることに重点を置いている。社会の改造や合理的な社会の建設に注意を払わなければ、道徳教化の効果だけでは限界があり、空疎な話や説教に終始することが多いことは歴史が証明している。

　中国の伝統文化における「天人合一」の思想は、最高の知恵を持っている。しかし、儒学の中で「天人合一」の本来の意味は、客観的な自然の法則を学ぶことではなく、最高の道徳状態を意味している。発酵可能な知恵は、天人状態の道徳的追求に包まれており、科学的に精緻化されたものではなかった。伝統的な「天人合一」に対する現代の我々の拡大解釈は、人間と自然、人間と社会、人間と人間の関係をマルクス主義的に再解釈したものであり、現代西洋のエコロジー理論の再解釈も含まれており、儒教の道徳的本意ではない。そのような再解釈は許され、必要なことであり、伝統文化を現代に適応させた現れであると同時に、マルクス主義が中国の伝統文化に新たな科学的要素を加えた例でもある。

　文化的自意識とは、儒学に支配された伝統文化のエッセンスを認識し、その長所を十分に発揮させることを意味しているが、儒教文化にも欠点があることも認識すべきである。儒教文化において、最も地位の高い人は道

徳を備えた人であり、最も有名な学者は古典の学者であり、最も重要な学問的業績は古典の注釈であり、最も権威のある大学者は儒教の伝統を受け継ぐ者であって、科学者や発明家ではない。職人についてはなおさらである。職人を賛美する柳宗元の『梓人伝』や『植樹郭橐駝伝』は、儒教では極めて珍しい。

　西洋ではルネサンス以降、現代的な自然科学や技術、現代的な社会理論が大きく発展し、啓蒙思想家が台頭した。資本主義的生産には生産力が必要なため、必然的に科学の発展と技術の発明が推し進められた。封建制度への反発と新たなブルジョア革命への理論的準備から、必然的にルソー、モンテスキュー、ヴォルテールのような思想家、百科全書学派、アダム・スミスやカルロ・リカルドのような経済学者が生まれた。それらは近代資本主義の欲求に応えるために生み出された。歴史的に見れば、中国古来の科学技術は世界の最先端を走っており、それは発達した農業と手工業に牽引されていた。しかし、血縁関係と宗法制度に基づく儒教は、封建社会の欲求に適応したものであり、社会形態の急速な変革に適応することはできなかった。

　儒教は長い間、中国の歴史の中で支配的であり、古典を読み、科挙に参加し、功名を求めるのは「士」の生涯の課題となってきた。封建時代の中国では、儒学の長所は明らかだが、短所は目立たない。当時はそのような要求がなかったため、短所があまり強調されることはなかったであろう。しかし、欧米の資本主義が200年以上にわたって台頭し、植民地的に拡大していったとき、中国は辛亥革命前の1910年まではまだ封建社会であり、依然として儒教が支配しており、西洋の学問の導入はあったものの、西洋の学問はせいぜいいわゆる「利用」の地位にとどまっていた。道徳を重視し、近代的な自然科学や社会科学の仲間を持たないその儒教文化の支配は、無論、思想や理論の面で外国の侵略に対応することはできない。儒学に代表される中国伝統文化の変革と発展は、中国社会の必然的な要求である。

もし我々がそのような文化的自覚を持たず、マルクス主義の指導的地位の確立、現代科学技術の革新、現代哲学と社会科学の発展という現代文化の構成に注意を払わずに、依然として儒教の復興を中華民族の偉大な復興の核心とみなしているならば、中国社会の新たな変化に適応することはできないであろう。五四運動・新文化運動の科学と民主の提唱は一種の進歩であり、儒学が社会のジレンマから抜け出し、自らを変革する後押しであり、五四運動・新文化運動の一部の一方的な誤りを正したいからといって、後戻りしてはならない。

習近平総書記は「歴史は鏡であり、そこから世界をよりよく理解し、生活を深く悟り、自分自身を知ることができる。歴史は賢者でもあり、彼との対話を通じて、我々は過去をよりよく理解し、現在を把握し、未来に立ち向かうことができる」と述べた。筆者は、中国の歴史と文化的自信の馬の鞍型の過程の発展を総括することで、我々の文化的自意識と自信を高めることができると信じている。

中国の歴史は、文化的自信と国の総合的国力、国家の統一と民族の団結が同じ運命を共有しているという真理を教えてくれている。中国文化がその伝統的な発展から現代的な発展まで一脈相伝、一度も中断されることなく、紆余曲折があったにもかかわらず、他のいくつかの古代文明のように、帝国の滅亡、国の分裂、文化の分断という運命に見舞われることがなかったのは、中国がその民族文化の融合を通じて、長い間、統一された独立した強大な国家として存在してきたからである。過去百年間、中国が列強に虐げられてきたのは、政治体制、科学技術が遅れていること、軍閥の混乱、国の分裂、国力の弱体化の結果である。したがって、現代中国において、中華民族の偉大な復興と文化的自信の再構築は、中国共産党とマルクス主義の指導、国家の統一と民族の団結、中国の特色ある社会主義の道、理論、制度の堅持なしには達成できない。中華民族の復興と文化的自信の再構築は、中国人民を圧迫する「三つの大山」の打倒、民族の独立と解放の獲得、

社会主義の確立と改革開放後の世界的成果があってこそ現実になった。

魯迅は『灯下漫筆』の中で、中国で外国人がマホガニーの丸い食卓に座り、中国のランプシェードの下で中国の骨董品や絵画について語り、中国の文明が用意したあらゆるものを楽しんでいるのを見て、「いわゆる中国の文明者は、実は金持ちが楽しむための人肉のお膳立てに過ぎない。いわゆる中国人は、実際にはこの人肉の饗宴を手配する厨房にすぎない。知らずに賛美する者は許されるが、そうでなければ永遠に呪われる！」と嘆いた。魯迅がそのように憤慨したのは、当時の中国が弱小国であり、中国の物質文明や芸術の宝庫が中華民族の真の貴重な富ではなく、部外者のごちそうにしかなり得なかったからである。

「文化的特色の発揚は強い国力と切り離すことはできない。新世紀に中華民族が再び強国の時代を迎えると信じるに足る根拠があるとすれば、新世紀に生きる中国人は、中華文化の特色を全面的に発展させる歴史的チャンスに直面していることに気づくべきである」と費孝通氏の言うとおり、その重要なチャンスとは、世界経済におけるグローバル化と反グローバル化の波の中で、中国の道がますます世界に認められ、中国の制度建設の優位性が西洋民主主義の「歴史の終わり」という神話を打ち砕いたことである。経済力と国力がなければ、文化的自信は空虚な口先だけのものになる。

中国の歴史的経験は、文化的自信を築くためには、古今東西の文化の関係を正しく処理しなければならないことを証明している。古今の関係は、伝統文化と現代文化の線形的な関係であるだけではない。中華民族の優れた伝統文化の継承、創造的な転換、革新的な発展を非常に重視するのみでなく、現代中国における文化的自信の再構築の豊かな意味合いを十分に理解すべきである。我々は中国伝統古典の研究を高度に重視し、中国儒教古典の研究を提唱すべきである。しかし、国家文化政策として、我々は儒学伝統を継承する現代の新儒者を育成したいのではなく、中国伝統文化のエッセンスを吸収することを基礎として中国文化を革新し発展させ、マ

ルクス主義の革新と発展に資し、中国古典の研究と精緻化にマルクス主義の新しい要素を吹き込めるのである。現代中国は古代中国ではなく、現代中国社会は古代中国社会でもない。中国伝統文化のあらゆる側面に精通した学者や専門家を育成するだけでなく、現代の哲学や社会科学を発展させ、現代マルクス主義哲学者、現代経済学者、現代社会学者、現代法学者、中国の各職業における現代的で質の高い人材を育成すべきである。儒教だけを尊ぶ時代はすでに歴史となり、繰り返してはならないし、繰り返すことも不可能である。

　中国の歴史的経験は、中国と外国の関係、すなわち中華民族の固有の文化と外国の文化との関係も正しく扱うべきであることを証明している。中華民族は古来、外国の文化を吸収することに長けている。張騫が使節として西域へ行った旅も、漢・唐時代の仏教伝来も、中華民族文化の発展に重要な役割を果たしてきた。鎖国は国家や文化の発展にとって好ましいことではない。マルクスは、外界から遮断された清朝を「閉ざされた棺に大切に保存されたミイラ」とたとえ、「新鮮な空気に触れるとすぐに崩壊するに違いない」と表現した。

　社会主義中国は、西側から学ぶことを拒んだことはない。特に改革開放以来、中国は世界で最も多くの学者を海外に送り出してきた。西洋から学ぶことで真に怖いのは、一部の政治的に偏った西洋人自身である。彼らは自分たちの価値観、いわゆる民主主義や人権を中国に輸出することを最も喜んでいるが、先進的な科学技術の発明を中国に輸出することは最も喜んでいない。科学技術の封鎖は、彼らの他国への対処法なのである。我々の文化的自信は閉鎖的な自信ではなく、世界の先進文明を広い心で吸収し、西側の先進科学技術と優れた文化から学び、世界の長所を取り入れ、世界の長所から学ぶことである。それらはすべて我々対外開放の政策のあるべき道筋である。「一帯一路」を建設するイニシアティブは、平和、繁栄、開放、革新、文明の路を建設することである。習近平総書記が言ったよう

に、「文明は開放の中で発展し、民族は融合の中で共存する」のだ。

　物事は弁証法的であり、理論もまた弁証法的である。我々は、道、理論、制度に対する自信という精神と文化を支える文化的自信の役割を見るだけでなく、中国の道の成果と我々の基本的な経済、政治体制の優位性の顕在化が、文化的自信をしっかりと確立する上で、現実的な役割を果していることも見るべきである。それらの世界的に注目される成果は、実践的な成果を通じて文化的自信の正しさと重要性を証明し、中国人民の文化的自信と文化的自強への決意をさらに促進している。

　文化的自信を強調することは、我々が闇雲に傲慢になることでも、間違ったことを覆い隠そうとすることでもない。我々は、中国の道は絶えず経験を総括することによってなお前進していること、中国の特色ある社会主義の理論は時代とともになお前進していること、中国の制度建設はなお絶えず改善され、法制化されていることをよく知っている。第十八回中国共産党全国代表大会以来、習近平を中心としている中国共産党中央委員会は、一連の新しい国政運営の理念と戦略を打ち出し、厳格に党を統治し、鉄拳で腐敗と闘い、民主、法治、人権の建設を強力に推し進めることを主張してきた。我々は、現代中国が直面している社会的矛盾が非常に複雑であるという事実を隠そうとしていない。現在の問題の中には、社会進歩の代償であるものもあれば、法制度の不健全さや道徳教育の遅れによって引き起こされたものもあり、改革当初には予測できなかったものもある。自己改革は、社会主義運動の歴史における偉大な事業であり、その方向性が正しいことが最も重要である。もちろん、方向性が正しいからといって、あらゆる措置、あらゆる決定、あらゆる一歩が完璧だとは言えないし、批判を受けないと保障されるわけではない。誤りを正すための最も効果的なメカニズムは、人民を中心に据え、社会主義民主主義を十分に発揮し、人民の意見に謙虚に耳を傾け、受け入れることである。

　「長風破浪会有時、直挂云帆済滄海（長風が吹いて波を逆巻かせるとき

が必ず来る、そのときには船に帆をかけて滄海を渡ろう）」という詩のように、習近平同志を核とする党中央委員会の指導の下で、「四つの自信」、特に文化的自信を堅持し、中華民族の偉大な復興という中国の夢の実現に確実に近づいていくであろう。

註
1）毛沢東．毛沢東選集．第2巻．2版．北京．人民出版社．1991：622．

第十四章

文化伝承の自意識と制度的特性

民族文化の伝承は文化伝播とは異なる。文化伝承とは、民族文化における源と流れ、継承と革新の関係であり、文化伝播とは、本土の文化と外国の文化、文化交流と文化吸収の関係である。民族文化は伝承を重視し、外国文化は参考を重視している。文化伝承の継続性は、国家の存在と統一性を前提としている。自意識と制度化は、ある民族文化の継続的な流れを支える二本の柱である。中国には豊かな伝統文化があり、世界で唯一、その発展が途絶えたことのない古代文明である。その歴史の中で、中華文化の伝承は自意識と自発性、制度化と制度不備の組み合わせによって特徴づけられており、要約し、学ぶべき歴史的経験や教訓が数多く存在している。

一、文化的自意識と文化伝承

　文化伝承は、人間社会の発展に内在する精神的な原動力である。人間による文化の創造には、必然的に文化伝承が伴っている。すべての世代がゼロから出発するのであれば、文化は蓄積されず、社会の発展は行き詰まるに違いない。中国伝統文化は伝承と創造という二重の張力の下で発展してきた。

　中国伝統文化の伝承は、意識的であると同時に自発的であり、制度化されていると同時に信頼できる制度的保障が欠けている。そのため、中国伝統文化の発展には一般的な連続性と伝承的特性が見られるが、名前が知られているだけで書物では知られていない有名な古典も数多く存在し、無形文化芸能、名人芸、伝統は失われ、かつて栄えた多くの学派は後継者不足のために絶滅してしまったこともある。先人は多くの良いものを残したが、残されていない良いものもたくさんある。「経・史・子・集」と文学、芸術に関するさまざまな書籍が含まれる歴史における古典、および国宝や工芸品が含まれる多くの宝物は、戦争や火災、略奪、盗難などによって破壊され、現代人が目にすることができるのはその半分にすぎない。そこには、

文化伝承の自意識と制度化した保護の問題がある。

　長い間受け継がれ、よく保存されているのは儒学の古典である。封建時代の中国では、王朝が変わっても儒学が途絶えることはなかった。歴史的には、かつて儒学と同じくらい著名だった墨学は、思想の学派としては滅んだ。戦国時代に活躍した他の多くの学派も同様である。その理由は、漢武帝があらゆる学派を退け、儒学だけを尊んだ後、儒学の意識的な伝承が体制に支えられ、封建的な社会体制と高度に融合したからである。王朝がどのように変わっても、封建社会の公式イデオロギーとしての儒学の地位は変わらなかった。儒学が道教に取り込まれたり、仏教と融合したりと、形態が変わることはあっても、封建社会における儒学の支配的な地位は変わらず、中国伝統文化の核心としての儒学も変わらなかった。特に宋代以降、四書が科挙の標準解答となり、四書五経が漢学者の必読書となって以来、国家権力の方向性が儒教文化の意識的な継承に重要な役割を果たしていた一方、他の学派は純粋な学問分野となり、自発的に継承されていった。継承している人がいれば学派が存在しているが、継承している人がいなければ学派が滅んだ。それは、文化を意識的に伝えるという観念の欠如による損失であるはずだ。

　儒学は中国伝統文化の正統や支配的なものとなり、中国人の精神世界において重要な役割を果たしている。儒学は、「皇天无親、唯徳是補（皇天は身寄りがなく、徳のある者だけを助ける）」、人民本位、「民心を得た者が天下を手にでき」、「誅独夫不為弑君（『紂』のような悪人を殺しただけで王殺しではない）」などの重要な思想を提唱しており、君主の権力をある程度拘束する力がある。儒学が提唱する学者、官吏、人間のあり方は道徳的に自らを律する役割を果たし、多くの著名な学者を育成してきた。また、誠実で気骨のある大臣や、忠実で勇敢な人間も多く輩出しており、彼らは自らの命を犠牲にして仁義を尽くし、死ぬことを我が家へ帰るように恐れなかった。文天祥は死期が迫ったとき、こう言った。「読圣賢本、所

学何事、而今而後、庶几无愧！（私は賢人の書物を読んで物事を学ぶことではなく、人としてのあり方を学ぶことであり、それによって読書の真の意味を悟り、天と地に値するとみなされるようになるのである。そうすれば、今も未来も恥じることはない）」。彼はそのなかで最も有名な人物の一人である。

歴史上の知識人、いわゆる「士」や「儒学者」は、主に古典を直接読むことによって中国の伝統文化を継承してきた。それも一種の意識的伝承である。そのような意識的伝承は、中国の知識人の人文的な資質と道徳的な資質を培う上で大きな役割を果たし、読書と明達の一体化は、教化としての儒学の役割を果たしてきた。中国の歴史の中には、さまざまな教育機関があり、官学のほか、私塾、家塾、唐宋の後書院があるが、それらはすべて文化の意識的伝承の担い手である。儒学が伝承されている最も重要な理由の一つは教育である。孔子は私学を創設し、3000人の弟子と72人の賢弟がいたと主張した。孔子の死後、儒学は受け継がれ、孔子の弟子が多くのことを担っている。

中国には修史の伝統があり、それは統治のあり方や治乱の得失だけでなく、文化の意識的な伝承も含まれている。唐の魏徴がかつて皇帝の命令で編纂された『群書治要』に代表されるように、統治者は中国の伝統文化から引き出された統治の教訓に特に注意を払った。また、『冊府元亀』や『太平御覧』、とりわけ『永楽大典』や『四庫全書』など、世界が見たこともない壮大なスケールで類書の編纂に注目した王朝もあった。

儒学の意識的な伝承の制度化には二つの側面がある。君主の権力に制約があり、専制主義の弱体化の一面もあるが、支配者の支配に有益であること、すなわち、尊卑の秩序を尊重し、死ぬまで王に忠誠を誓い、下克上は許されなかったというもう一方の面がしばしば強調される。人民本位、仁政、王道は多くの場合、口先だけで実践されることがない。ただイエスと言う人は多いが、実際に実行する人はほとんどいないのが実情だ。儒学

は「士」の人文道徳を育成し、人を世の中で活躍させ、賢明な大臣、良い宰相、良い官吏、君子にするという重要な役割があるが、いったん制度化され、官吏の採用と試験の標準的な答えになると、官界に入るための叩き台へと変貌した。試験に合格するため十年間苦学しなければならないのだ。儒学の伝承が官吏登用と結びついたとき、儒学の教義は次第に教条的、硬直的、形骸化したものとなり、それも歴史の宿命となった。儒教の古典に親しむ人の中には、二枚舌の人、つまりいわゆる偽道学を見かける者も少なくない。それは儒学の排他性とその功利主義化の弊害である。

　歴史的には、文化伝承の自意識の中に自発的な役割が含まれている。中国は豊かな伝統と優れた文化を持つ国である。中国の官吏、特に高官の中には有名な文学者、哲学者、詩人が多く存在している。中国の官吏は高い教養を持ち、官吏であると同時に学者でもあり、文章や詩を書くことができる。それは彼らが伝統的な儒学の正統の中で育ったことと、彼ら自身の文化的教養と関係している。儒教の正統的な教育を除いて、他の学派は学派として存続していないが、その有名な古典の一部は今でも流通しており、専門家や学者によって研究されているため、その思想は保存されている。さらに、詩、小説、絵画、ノート、野史など幅広い内容を持つ中国の伝統文化は、精神的な糧を与えてくれる。それらは出世とは何の関係もない。科挙に落ち、官吏にならなかった人は、学問の研究や伝承で成功することが多かった。それは自発的な伝承に価値がある文化的な富である。

　中国はかつて非識字者が多い国であった。中華人民共和国が建国されるまで、非識字率はまだ非常に高く、教育も普及していなかった。教育の欠如と非識字者によって、文化的古典の意識的な伝承は大きく制限されていた。大多数の庶民は古典を直接読むことができなかったのだ。彼らは文化という自発的に発生した社会的機能を通じて、民族文化の薫陶と影響を受けた。伝統的な道徳ルール、良い習慣、家庭のしつけ、劇曲、小説、ライフスタイルや対人コミュニケーションのルール、伝統的な祭りや儀式と

いった日常生活の中に生きている文化形式は、人とのつながりや生活を通じて役割を果たしている。中国伝統文化の精神のエッセンスは、そのような世俗化した方式を通じて自発的に受け継がれることが多く、わが国の民族の精神的構成において重要な遺伝子となっている。しかし、世俗化された伝統文化の自発的な伝承は、しばしば不均一である。中国の伝統文化の伝承において、良いものと悪いものを区別し、古い風俗、思想、習慣を変えることは、旧体制の下では難しかった。一部の評論家によって批判されている近代における中国人の劣等感や国民性は、中国人の特性ではなく、文化の自発的な伝承における悪い影響や毒の蓄積である。我々は、文化の伝承において良いものを選び、悪いものを排除する必要性をもっと意識すべきである。

　毛沢東は「孔子から孫文に至るまで、我々はその貴重な遺産を総括し、継承すべきである」と言った。中国人民が解放されるまで、それはマルクス主義者が自らの文化遺産を扱う史的唯物論の原則である。中国共産党が全国の政権を掌握してはじめて、中華民族の優れた文化の継承と発展に対する歴史的責任を自覚的に引き受けることができ、制度化された保障を通じて、中華文化資源の調査、共有、登録と保護のシステムを実施することができたのである。優れた文化の伝承に対する意識を高め、文化保護制度を確立し、中華文化資源の損失を効果的に防止すべきである。それは、過去の文化伝承における自発性と制度の欠如から学んだ教訓をまとめたものである。

二、立徳樹人と同じ目標への異なる道

　現代中国は儒教だけの時代ではない。優れた中華伝統文化の伝承には、あらゆる種類の文化遺産と無形文化遺産を含む豊かな内容があり、多くの政府部門がともに分担する任務も含まれる。しかし、国民教育の観点から

は、優れた中華伝統文化をあらゆるレベル、あらゆる種類の教育に全面的に融合させることが非常に必要かつ重要である。ひけらかすことなく、黙々と貢献する春の風は物事を静かに潤すように、カリキュラムを通じて、中華伝統文化の核心概念、中華伝統の美徳、人文主義の精神は、教育を受ける人々の人文的資質と価値観に徐々に内面化される。それは、社会主義体制の下で、優れた文化を意識的に継承する効果的な方法である。

　優れた中華伝統文化を教室に導入することと、大学における思想政治理論教育の強化との関係をどのように処理するかは、現在我々が直面し、正しく対処しなければならない問題である。マルクス主義を核心的内容とする思想政治理論の授業と、儒学を核心内容とする中華民族の優れた伝統文化は、理論的枠組み、基本的なカテゴリーと概念、および多くの問題の解釈において理論的な相違がある。思想分野におけるマルクス主義の指導的地位を固め、先進的な社会主義文化の前進方向をしっかりと把握し、中国の特色ある社会主義文化発展の道を堅持し、マルクス主義と中華民族の優れた伝統文化の結合を工夫するために多大な努力を払うことを基礎として、両者の関係をどのように調整するかは、我々にとって新たなテーマとなるはずである。

　教室での中国文化の古典と思想政治理論教育は、それぞれ「立徳樹人」（道徳重視の人材育成）において役割を持ち、同じ目標への異なる道をたどっている。政治理論教育には強い政治的方向性と直接的な現実性があり、その根本的な任務は、科学的な世界観と方法論、マルクス主義の基本原則で学生を教育し、正しい政治意識と方向性を確立させ、中国の特色ある社会主義の事業のために適格な建設者と後継者を育成することである。それは、どのような大学を運営するのか、どのように大学を運営するのか、どのような人材を育成するのか、誰のために人材を育成するのかに直結する大きな問題である。伝統文化的古典の授業への導入は、思想政治理論の授業の指導機能を置き換えたり弱めたりすべきではなく、補完的な役割を果

たすべきである。

　優れた中華伝統文化の核心概念、すなわち人文精神と崇高な道徳規範と情操は、我々が立徳樹人の思想資源であることを十分に理解しなければならない。もし我々の学生がマルクス主義の思想政治理論の教育を受けなければ、現代社会主義の条件の下で、明確な社会主義政治の方向性を持つ中国人になることはできない。もし学生が優れた中華伝統文化の教育と訓練を受けなければ、中国の優れた文化的資質と道徳的素養を持つ中国人になることはできない。

　思想政治課程の教師は、優れた中華伝統文化の学習を重視し、一部の中国伝統古典を研究し、その真髄を習得すべきである。我々はそれらを自らの立ち位置の基礎とするだけでなく、教える授業にも取り入れるべきである。中国におけるマルクス主義の研究（イデオロギーや政治理論の教育も含まれている）に携わるのであれば、中国伝統文化の教養なしに、中国文化の特色とマルクス主義の基本理論を中国語で融合させる教師にはなれない。注意深く考える限り、マルクス主義の基本理論と優れた中華伝統文化の核心概念と人文精神は、人類の知恵として、社会の進歩と人類の道徳的進歩の方向と共通していることがわかる。機能面では、どちらも立徳樹人の役割を果たすことができる。マルクス主義理論を教える教師であれば誰でも、優れた中華伝統文化の核心概念と伝統的な美徳と人文精神から、マルクス主義の信仰と理想、弁証法的唯物論と史的唯物論の原則と一致し、整合する思想を見出し、発見することができる。思想政治理論の課程は、優れた中華伝統文化と融合することができず、血もなく、肉もなく、感情もなく、完全に非中国的で、普遍的で抽象的な原則の説明になってしまうと、その感染力と魅力を失ってしまう。実際、中華文化の古典作品にある知恵や思想、有名な文章と詩詞歌賦はすべて、我々が政治学を教える貴重な資源となりうる。中国語でマルクス主義の思想政治理論を教える方法を学ぶためには、教師は中国の伝統文化に関する十分な知識を持ち、優れた

中華文化資源を的確かつ柔軟に利用する能力を持たなければならない。

　同様に、中国伝統文化の研究者や講師は、マルクス主義を軽んじたり、否定したりすべきではないし、思想政治理論に関する授業の役割を軽んじたりすべきではない。実際、中国伝統文化を教科書通り、言葉や意味を解釈するレベルで教えることにとどまらなければ、マルクス主義、弁証法的唯物論、史的唯物論の理論的な力を発見することができる。それらが中国伝統文化の理解と解釈に適用されれば、伝統文化は新たなレベルに引き上げられ、新時代の豊かな意味合いに満たされることになる。中国伝統文化の創造的変革と革新的発展の方法論的指導はマルクス主義であり、現実的基礎は中国の特色ある社会主義実践である。マルクス主義の思想的指導と中国の特色ある社会主義建設の現実的基礎がなければ、伝統文化の思想は歴史的存在であり、現代に適応することは難しい。よく見てみると、古いものを改革し新しいものを導入し、時代とともに進歩し、地に足をつけ、事実から真理を追求し、人民を利益し、人民を幸福で豊かにし、自然の法則に従い、天人合一の原則や仁愛を説き、人民本位を強調し、正直と誠実を旨とし、正義を崇拝し、平和と調和を尊び、大同を求める原則は、現代において新たな理解を得ており、現実的な内容に満ちている。「天人合一」は、すでに伝統的な天命論の不純さを打破し、マルクス主義哲学に含まれる人間と自然との関係、人間と社会との関係の新しい内容を吸収するようにグレードアップし、本来の命題である「天人分離」と「天人合一」の内なる対抗を解決した。現代の社会主義実践に立脚してこそ、中国の特色ある社会主義を前進させる過程において、何が古くて何が新しいのか、古いものを改革し、新しいものを導入することの本質と方向性は何なのかを理解することができる。弁証法的唯物論を理解しなければ、事実から真理を求める意味を表している「実事求是」の言葉が、古代人が提唱した治学態度から中国共産党の思想路線となったのかを理解することができない。史的唯物論の基本原理と人民群衆に対する視点を理解しなければ、「恵民利

民（人民を利益し、人民を恩恵にもたらす）」、「安民富民（人民を安定させ、豊かにする）」は、せいぜい口先だけで実益のない封建社会の「王道」「仁政」にとどまるであろう。「水は舟を載せ、また舟を覆す」が、単に舟を浮かべ、運んだり、転覆させたりする水の機能を強調するのではなく、現代中国では人民のために奉仕し、人民が社会主義国の主人であるというレベルにまで上昇した。そうでなければ、人民と不可分であると同時に人民を恐れている封建社会の支配者のジレンマを超越することはできない。弁証法から離れ、矛盾の「対立物の統一」という教義から離れ、合一と分裂、平和と闘争の弁証法的関係を理解しなければ、人は別の偏見に陥ることになる。「民は惟れ邦の本なり、本固ければ邦寧し」、「民心を得た者が天下を手にできる」といった古代の教えは非常に優れたものであるが、なぜ中国の王朝は始終人民の心を失い、地方の力は中央政府よりも強いという過ちを何度も繰り返すのであろうか。史的唯物論を抜きにして説明することは難しい。したがって、弁証法的唯物論と史的唯物論を堅持し、客観的、科学的、尊敬的な態度を堅持し、本質を汲み取り残滓を取り除き、揚棄し、継承し、転換し、革新し、絶えず補い、拡大し、完成させなければ、中華民族の最も基本的な文化遺伝子を現代文化に適応させ、現代社会と調和させることができない。そのような姿勢で優れた中華伝統文化を教室で教えることは、思想政治理論の授業内容と相反するものではなく、互いに補い合い、互いの長所と強みを十分に発揮し、異なる面から立徳樹人の役割を果たすことになる。

　学術や信仰は個人の自由であるが、現代中国において、伝統的な儒教古典を授業に取り入れることは、儒教古典を読んでも時代遅れの現代儒者を育成することが目的ではなく、正しい政治志向、科学的な世界観と考え方、高い人文的資質と道徳的教養を持ち、中華民族の文化を愛する現代人を育成することが目的である。さらに、優れた中華伝統文化を理解することで、中国の特色ある社会主義の道、理論、制度、文化への認めを深める。

三、異なる論拠と共通している知恵

　もし心の外には何もなく、心の外には理もなく、我の心は宇宙であり、宇宙は我の心であるとするならば、客観的な外界を研究対象とする科学者の我々は、科学的実践をする必要はなく、ただ家で十分な修養をするだけでよいのではないだろうか。そのような混乱は、儒学に支配された中国の伝統文化の特徴と、心学のエッセンスを理解していないことに基づいている。マルクス主義の本質と、儒学に支配された中国伝統文化のそれぞれの特徴と応用の境界を理解しなければ、「どちらか一方」、「相容れない」という理論的ジレンマに陥りやすい。

　思想政治理論の教室で、教師が「人間の本質は社会関係の総和であり、理由のない愛も憎しみもない」と言ったことはあるだろう。「同じく是れ天涯淪落の人、相ひ逢ふ何ぞ必らずしも曾て相ひ識らんや」という詩のとおり、同情心、惻隠心、憐憫心、羞恥心は生まれ持つものではない。政治理論の授業では、世界の物質的特性、法則の客観性、物質世界が人間の意識に依存しない客観的な世界であり、人間が誕生するはるか以前から世界は存在していたという事実、天と人の間には違いがあること、世界には主体もあるが客体もあること、それらは一定の条件のもとでのみ一体となることを認識することについて、また、「天地は我と共に生まれ、万物は我と一体となる」のではないことについて、さまざまなことが語られる。もし心の外に何もなく、心の外に理がないのであれば、人類は世界を知る必要もなければ、改造する必要もない。心の外に何もなければ、人類の実践や科学研究の対象はなくなるし、心の外に理がなければ、客観的な法則を探して研究する必要もなくなるであろう。

　儒学の古典の中では、孟子の性善説や「四端四心説」が挙げられる。特に程朱理学や陸王心学の思想を教える際には、物事から切り離して理について語り、理は物事の外にあることを強調する。また、「人皆是の心有れ

ばなり、心皆是の理有ればなり」についてを語り、本心に立ち返り、「致良知」ということを提唱する。良知は天性であり、本心であり、父を見れば孝を知り、兄弟を見れば兄弟愛を知り、井戸の中の子を見れば慈しみを知るといったことは天性であり、心の中に内在するものであって、外的なものではない。思想政治理論が弁証法的唯物論や歴史的唯物論に従って、物質、客観性、実践、物質第一、意識第二を強調するのに対し、中国の伝統文化、特に心学では、天理、天良、本心、良知、および「致良知」を強調し、一念の動きは行動であるなど、それぞれが自分が真実だと信じていることを肯定し、他人が真実だと信じていることを否定する。学生の思考は混乱し、頭脳は競馬場と化すこともよくあるが、思想政治理論の授業と中国の伝統的な古典の立論の違いに正しく対処するためには、マルクス主義によって導かれる思想政治理論と中華伝統文化には共通点がある一方で、それぞれの焦点の違いによる論述の違いも明確にしなければならない。

　マルクス主義は世界を認識し改造する哲学である。世界の客観性と法則の客観性を認識し、知識は実践から生まれることを提唱し、そうでなければプロレタリアートと人類を解放する理論的指導の役割を担うことはできない。マルクス主義は科学的な性格を持ち、客観性、規則性、検証可能性を重視する。マルクス主義経済学は客観的な経済法則の研究を必要とし、科学的社会主義の学説は資本主義が社会主義に取って代わられる必然性の法則の研究を必要とし、マルクス主義哲学は世界の客観的本質、世界発展の普遍的法則、社会発展の法則の研究を必要とする。現代中国のマルクス主義は、中国の特色ある社会主義の発展の法則を研究しなければならない。物質世界、実践活動、客観的法則、科学的認識論、能動的反映論を重視することは、科学的世界観としてのマルクス主義のあるべき道筋である。マルクス主義は、事と理との分離、事を離れ理を語ることに反対し、心と物との分離、物を離れ心を語ることにも反対している。

　中国の伝統文化にも本体論・認識論的な問題があり、儒学の気論、墨学

の認識論と論理学、老荘思想の弁証法はマルクス主義思想と類似点や共通点がある。しかし、中国の伝統文化の特色は、道徳、価値、修養、心性を重視する儒学を支配的な人生倫理文化として特徴づけている。人間は対象意識だけでなく、自己意識も持っている。対象意識はもちろん対象から切り離すことはできず、一種の反映的意識であるが、人間の自己意識は人間の内面世界である。道徳の本質は自律であり、人間が道徳を修め、道徳的自己鍛錬を行うことは、その内面世界なしには不可能である。体としての心、内面世界の重視、修養の重視は、中国の道徳倫理文化の立論の基礎である。

　心は何かという中国哲学的な問題を、人体解剖学的に理解することはできない。生理学によれば、人間には心臓という生理的器官があり、心臓は思考の器官ではなく、脳が思考の器官である。中国哲学では、心とは感情や意味を知り、人間の道徳や価値を含む主体的で能動的な内的世界である。それは人間の身体と行為の真の支配者であり、主宰である。惻隠心、羞恥心、辞譲心、孝心などいわゆる「心」は、道徳規範の内面化によって形成される良知である。良知は内なる道徳であり、「致良知」は修養によって最高の道徳状態を達成することであり、知行合一は道徳の実践である。一念の動きが行動であり、自分独りでいるときでも雑念が起こらないように慎まなければならない。人は聖人の資質を持っているが、良心が利己的な私欲に惑わされやすいため、必ずしも聖人になれるとは限らない。つまり、心を修めることは必要であり、心を正しく保ってはじめて誠実になり、「修斉治平」をすることができる。それこそが「心を修める」ことの意義である。

　毛沢東は楊昌済に師事していた頃、ポールセンの倫理学に親しんでいた。毛沢東が1917年に発表した論文『心の力』では、道徳の修養という観点から心性の学を見つめている。宇宙は我の心であり、我の心は宇宙であり、髪の先のように繊細で、天地のように壮大である。世界も宇宙も万物も、

思惟の力によって動いている。過去と現在を見れば、人類が世界の万物の霊長であるのは、天地万物の心の力の進化に最も献身しているからであることがわかる。人文の始祖であり、万国の文明、正義、道徳の始祖である古代の悠々たる中華は、実際には世界で人類と天地万物の精神的相互作用に最も力を注いでいる国なのである。その文章は、三軍も帥を奪うべきなり、匹夫も志を奪うべからざるなりと強調している。志は心の力である。

　中国には「心」に関する成語が数多くあるが、それは中国人が「心」を重視し、心を修めることを大切にしていることを示している。もしある人が悪意を持ち、羞恥心がないとしたら、その人は道徳的な境界線を持たず、どのような悪い事でもできるであろう。それは庶民にも政府関係者にも言えることである。『大学』のなかに、「自天子以至于庶人、壹是皆以修身為本、其本乱、而末治者否矣。其所厚者薄、而其所薄者厚、未之有也。（天子から庶民に至るまで、人はみな身を修養することを基本としている。基本が混乱すれば、なにもできない。注意すべきことに注意を払わず、注意すべきでないことに注意を払うということは、不条理である）」という意味を表している言葉がある。自己修養の核心は、心を修めること、すなわち自分の内面を浄化することである。

　中国伝統文化の特徴を、中国哲学の文脈の外で抽象的に論じることはできない。「天人合一」、「我が心は宇宙なり、宇宙は我が心なり」、「心の外に物もなく、心の外に理はない」など中国道徳の形而上学の哲学的命題を、宇宙の起源や人類の起源に関するさまざまな学説と照らし合わせて測ることはできない。物質的本体論という弁証法的唯物論と科学的認識論によれば、「我が心は宇宙なり、宇宙は我が心なり」、「心の外に物もなく、心の外に理はない」、「萬物皆我に備わる」という哲学的命題に同意することは不可能である。しかし、それらを人生の階層と道徳の追求の領域として、「最善に止まる」という究極の道徳的価値の追求として、また「考える葦」としての人間と動物との違いとして捉えると、中国伝統文化の特徴が理解

できる。陽明心学が中華伝統文化の精華とされるのは、人間の主体性を強調し、致良知の修養工夫と知行合一の道徳実践的法則を理解し、現代人の行き過ぎた物化を是正する実践的価値があるからである。

マルクス主義哲学は観念論に反対するが、人間の精神世界を重視し、低俗で機械的な唯物論を否定する。精神はもちろん肉体から切り離すことはできないが、精神の力、すなわち人間の知識や感情を知る力と道徳の力は絶大である。それは、人に命を犠牲にさせ、死を忘れさせ、崩れ落ちる山を前にしても変わらぬ姿でいることができる。毛沢東は、人間は少し精神を持たなければならないと言った。毛沢東の有名な『愚公、山を移す』、『人民に奉仕する』、『ベチューンを記念する』は、精神の賛美作品である。彼は「山を掘り続ける」という愚公の忍耐強い精神、「人民に奉仕する」という張思徳の精神、「万里を遠しとせず」というベチューンの「真の共産主義者の精神」を称賛した。レーニンは、精神の役割を強調する観念論哲学者を「賢い観念論」と賞賛し、精神の役割を否定する俗流唯物論を「愚かな唯物論」と呼んだ。

我々は、世界の物質性と物質と意識の弁証法的関係に関して、マルクス主義的世界観を堅持する。道徳的な修養や自分の身を置く範囲を超え、マルクス主義哲学の基本的な観点を置き換えるような「心を体とする」という考え方には賛成できないが、「心」、すなわち人間の精神の能動的な役割については重要視している。マルクス主義と中国伝統文化の共通点と相違点を正確に把握し、それぞれの論拠、理論的機能、応用の境界を知る限り、マルクス主義と優れた中国伝統文化を融合させた現代中国マルクス主義の創造的発展の道を見出すことができるであろう。

第十五章

文化的古典と民族精神

ある民族の文化的伝統は、後世に伝わる古典作品の中に存在するだけでなく、群衆の活動、特に民族精神を代表する傑出した人物の活動の中にも存在する。

一、文化的古典の象徴的役割

中華民族文化の発展は、数千年にわたり途切れることなく続いてきた。祖先は子孫に豊かな文化遺産を残したが、その中でも文化的古典は世界でも稀有な文化の宝物である。ある民族にとって、文化的古典は成熟した民族文化発展のランドマークである。中国文化の基本精神を研究するには、もちろん中華民族の文化的古典を研究しなければならないが、それらの古典の研究にとどまらず、歴史と現実において中華民族の発展を牽引してきた民族の生きている精神、すなわち中華民族の発展に傑出した貢献をした歴史上の人物を含む中国の広範な群衆の実践精神に注目しなければならない。人民群衆と中華民族の傑出した人物は、中華民族の精神の主体である。単純に文章に閉じこもっていては、古い古典とその注釈の壁から抜け出すことはできない。

毛沢東はかつてこう指摘した。「中華民族の開化史には、農業と手工業の発達があり、多くの偉大な思想家、科学者、発明家、政治家、軍事問題の相関研究者、作家、芸術家が存在し、豊かな文化的古典がある」、「中華民族は勤勉なだけでなく、自由と革命の伝統を愛することでも世界に知られている。……数千年の歴史の中で、中華民族は多くの民族的英雄や革命リーダーを輩出してきた。したがって、中華民族は輝かしい革命の伝統と優れた歴史遺産を持つ民族でもある」。中華伝統文化の基本精神を、古典文献、中国人民、およびその傑出した代表者の相互関連と相互作用から研究することは、より説得力がある。中華民族文化の基本精神の象徴的担い手としての古典は、恣意的に解釈できる単なるテキストではなく、中華民

族の生存と発展の実践に一体化した精神的担い手である。

　世界の文化史上、中華民族のように、これほど多くの古典を持ち、その照合と伝授を重視する民族は珍しい。中国には古典だけでなく、古代の百科事典ともいうべきさまざまな種類の書物があり、さまざまな文献や資料が収められている。『永楽大典』や『四庫全書』のような大規模な文学の宝庫をはじめ、後世の人々が学ぶ古典が残されている。古典の創作と伝承、そして大規模な文献の照合は、中華文化の永続的かつ継続的な発展に重要な役割を果たしている。

　民族の文化構造は一つの全体であるが、各部分にはそれぞれの特徴がある。中華文化の遺産である古典文献には、さまざまな考え方がある。例えば、中国史のいわゆる「九流十家」にはそれぞれ独自の説があり、儒墨道法にはそれぞれ独自の本がある。しかし、それらは異なるだけでなく、類似点もある。なぜなら、それらは基本的に同じ地理的、経済的、政治的環境の中で生まれたものであり、「百慮而一致、殊途而同帰（世界の人々は同じ目標を持っているが、その歩む道は異なっている。世界の人々は同じ理屈を共有しているが、考え方は何百通りもある）」ということができるからである。中華民族文化の基本精神は、中華文化の古典にある支配的な思想のエッセンスである。

　中華民族の基本精神は、単に儒教の精神だけに還元することはできない。間違いなく、儒教の学説は中華民族の基本精神に最も大きく、長く影響を与える学説であるが、中華民族の基本精神にはさまざまな学派の優れた思想が含まれている。例えば、シュヴァイツァーは中国文化の生命観と世界観について、「世界と生命の肯定という問題は、それ自体においても倫理との関係においても、中国思想ほど全面的なものは他にない。老子、荘子、孔子、孟子、列子などがそのような思想家である。彼らには、西洋思想が取り組まなければならない世界観が、私たちの注意を引く非常に奇妙な方法で表現されている」と中国のさまざまな学派を評価している。

中華民族の古典に含まれる知恵は非常に豊かで多様であるため、いくつかの格言にすべてをまとめるのは難しい。さまざまな時代のさまざまな思想家の研究によって、それは常に更新されることが可能なのである。さまざまな人がさまざまな条件のもとで古典を読み、研究するため、さまざまな解釈があるに違いない。中国の古典は注釈書の数の多さも世界的には稀である。しかし、どのように解釈しようとも、その多くは中華民族の歴史と現実においてコンセンサスを得ており、指導的な地位を占める思想が優先されるべきものである。例えば、「天行健、君子以自強不息（天の運行が順序正しいように、人も自彊してやまないようにすべき）」という奮闘の精神、「民胞物与（人々は同胞であり、物事は同じ種類である）」という調和の精神、「和して同ぜず」という寛容の精神、墨家の「兼愛と非攻」の平和の精神、「便国不法古、与時倶化（実際の状況に柔軟に適応するためには、旧来の方法が失敗した場合、革新し、時代に対応することが必要）」という真実に即する変革の精神、それらはすべて中国文化のエッセンスである。儒教の「世に積極的に入る」という思想と荘子の「安時処順（平穏な日々を送り、名利に無関心である）」という思想、『孫子兵法』における戦略や「不戦而屈人之兵（戦わずして敵兵を服従させる）」という思想、そして墨家の「兼愛と非攻」という思想は、互いに補い合うことで、あらゆる状況に直面しても穏やかで完全な精神世界を形成することができる。中華民族文化の基本精神は、特色として中華民族文化の全体構造の柱であり、中華民族文化を他の民族文化と区別する根本的な特徴である。したがって、中国と中国人を理解するためには、中国文化とその基本精神を理解する必要がある。そうでなければ中国に対するいかなる理解も視覚障害者が象を限られた情報で理解する様に表面的で、浅薄的なものにしかなりえない。

　中国文化のエッセンスは外的な人工物ではなく、内的な民族精神であり、それを理解するためには研究する必要がある。西洋の哲学者の中には、そ

のことをある程度理解している者もいる。例えば、フランスの詩人ヴァレリーは、中国の作家である盛成の著書『わが母』への序文で、次のように述べた。「異民族の感情や内面世界を無視し続け、彼らが創造した花瓶、磁器、象牙彫り、青銅器、玉器をただ賞賛するだけでは、異民族の独創性や知恵を真に評価し、発見することは不可能である。というのも、装飾品や享楽のための貴重な記念品の芸術よりも、はるかに価値があるのは、民族の生命力なのだから」。いわゆる民族の生命力の内なる核心は、その民族文化の基本精神であるという事実にある。中華民族の生活様式、独特の工芸品、器、および中国と呼べるものすべてが、中華民族文化の意義と価値を宿している。多くの国は、現代的な職人技で中国の工芸品を模倣することはできるが、そのなかに宿している中華民族の基本精神を模倣することはできない。なぜなら、外国では工芸品は単なる技術や器にすぎないが、中国では文化全体の構造の一部だからである。ローズウッドの旧式の木製の大きなひじ掛け椅子はコピーや輸出が可能であるが、それがかつての中国の広間で生み出した中国独特の文化的雰囲気は移植できない。その文化的風味は中国的であり、しかも中国的でしかありえないのである。

　ドイツの有名な文化理論家シュペングラーは、中国庭園について語るとき、文化の内面的精神が外側の物理的表現に及ぼす影響も強調している。彼は「中国庭園はそのような力強い景観を避けている。景観が重なり合うようにレイアウトされ、ゴールを示すのではなく、ぶらぶらと歩くことを誘発する。重なる門、木立、階段、橋、中庭を通る小道がある初期の中国の『教会』——辟雍（へきよう）には、冷たいエジプトの行進式やゴシック様式のドアを押し開け、中に入るものもなかった」と言った。「中庭の深み、どのぐらいだろう」や「曲がりくねった小道は、薄暗く人里離れた場所に通じている」というのは、目立つものを好まず、含蓄で深遠な中華民族の精神の一種の現れである。

　もちろん、どの民族の伝統文化も不純物のない絶対的なエッセンスであ

るはずはなく、中華民族の文化も同様である。中華民族は多くの分野で世界の羨望を集めるような創造を成し遂げてきたが、同時に多くの文化的不純物を堆積させてきた。エッセンスだけを見て不純物を無視するのは無論一面的であるが、中華民族の基本精神、すなわち中華民族の支配的な側面、中華民族の生存と発展を支える精神的支柱に注目せず、不純物を過度に強調するのはさらに一面的である。我々は、中華民族の傑出した文化遺産を史的唯物論で継承すべきである。毛沢東は当時、「我々はマルクス主義の歴史家であり、歴史を断絶してはならない。孔子から孫文に至るまで、我々はその貴重な遺産を総括し、受け継ぐべきだ」と言った。すなわち、現在の時点では、我々は真剣に中国の古典を学び、研究すべきである。特に人文文化の学習、研究、調査、教育に携わる者にとってはそうである。人文的資質を養う方法の一つは、中華民族の優れた文化を研究することであり、古典を読むことで先人の知恵を体験し学ぶことである。人気のファストフードのような文化や、努力を必要としない文化的消閑で満足するよりも、はるかに有益で深い。

現代中国の文化的復興において、古典を読むことを最優先にしてはならない。なぜなら、今は帝政科挙の封建時代ではないからである。「復古」とはどういうことか、「伝統を受け継ぐ」とはどういうことかを我々は知らなければならない。

過去を崇拝し、現実を蔑ろにし、夏、商、周を語り、古典だけを追いかけることを「復古」と呼ぶ。現実に基づき、古代の優れたものを利用して現実を前進させ、未来を創造することを「伝統を受け継ぐ」と呼ぶ。文化は停滞するものではなく、中国文化は発展しなければならない。継承、創造、発展がある民族文化の保存と発展の法則である。世界の古代文明はすべて、その法則に背いたために文化の発展が中断した。現代中国において、古典の名作を選択的かつ目的意識的に読むように指導し、読書レベルを向上させ、理解を深め、そこに込められた中華民族文化の基本精神を把握す

ることに注意を払うことは、必ずや中華民族の文化的復興に寄与し、中国人民、特に若い世代の人文的資質の向上に貢献するであろう。継承の中で発展し、発展の中で継承するというのが、中華民族文化に対するマルクス主義の正しい態度である。

二、中華民族文化と中国人民

　世界には優れた民族も劣った民族も存在しない。中華民族文化が中国人の生活態度に大きな影響を与えていることは言うまでもない。「中国文化優越論」は井の中の蛙の議論であるが、中国文化が大きな鍋であり、中国人の未開な行動はすべて中国文化に由来すると考えるのもおこがましい。もちろん、中国文化には長年にわたって蓄積された消極的なものがあり、特に西洋が資本主義に参入し、中国の封建社会が衰退し始め、半植民地、半封建社会に成り下がったとき、その負のものがさらに注目された。しかし、全体から言えば、中華民族の伝統文化が世界では比較的に優れたものであることは、誰もが認める事実である。特に中華民族文化の基本精神は、中華民族全体の存続、発展、および国の統一、民族的性格の形成において重要かつ積極的な役割を果たしている。

　中華民族文化は、決して文字の形で図書館に保管されている文書ではなく、中華民族の生活様式の中に確実に存在しているものである。中華民族の多元的で統合された文化は、中華民族の子女によって共同創造されたものである。一方、中華文化はその文化的母乳で何世代もの中国人を育て、培ってきた。すべての中国人は中華文化の刻印を持っていると言えよう。民族的一体感は、ある意味では文化的一体感であるとも言える。民族は個人に似ている。各人にはそれぞれを区別する個性があり、各民族にはそれぞれを区別する性格もある。長期にわたる民族文化の蓄積は、必然的に民族的性格を形成する文化的環境となる。民族的性格は一定の生産様式に基

づいて内面化される民族文化である。文化は発展していくものであり、いわゆる民族的性格は不変ではない。

　例えば、調和の思想は中華民族の伝統文化における重要な思想であり、中華民族の民族的性格でもある。アメリカ人作家のパール・S・バックは『中国：過去と現在（*China Past and Present*）』という本の中で、「調和は中国文明のキーワードである。周囲の人々や自然と調和している人は教養ある人であり、知恵の哲学であり、平和と自制心に富んでいる」と言った。それは正しい考え方であり、彼女が中国での生活で中国人から直接得た情緒である。

　中華民族の民族的性格は実に平和的である。万里の長城を築いて自衛を図った防衛政策、漢や唐の和親政策、古代中国の詩歌に見られる戦争への嫌悪などを例に挙げ、その調和の思想が中華民族の「文弱」や保守性を助長してきたと主張する学者もいる。それは、中華民族内のさまざまな民族間の関係を理解していないことに他ならない。中華民族のさまざまな民族の間には矛盾や戦争があったが、最終的には戦争や争いは友好と平和に転じた。中華文化は、中華民族のさまざまな民族間の蓄積された不満や矛盾を解決する手段として「和を以て貴しとなす」ことを用いることを提唱している。長い目で見れば、それは多元的で一体化された中華民族の形成と民族の調和のとれた共存に資するものである。中華民族が56の民族で構成される大きな家族の中に溶け込むことができたのは、そのような政策と関係がある。歴史上、民族間の矛盾や戦争はあったが、全体として中国文化は民族間の戦争を好んできたのではなく、「文化を応用して距離を和らげる」という文化力によって民族の融和を進めてきた。

　中華民族は民族内部の調和を内外に唱えている。歴史的に見て、中華民族には外へ侵略や拡張を行った歴史はない。中国と外部世界との接触は、常に文化的あるいは商業的なものであった。陸と海のシルクロードは、貿易と文化交流を求める友好の道であった。中国がまだ強国であった明朝初

期、鄭和は当時の最新鋭船240隻以上の船団を率い、数万の人々を率いて東南アジアと東アフリカへの七回の航海を行った。その航海に国内の帝国権力闘争という政治的目的があったかどうかは定かではないが、一つ確かなことは、外への略奪も戦争もなく、友好的な交流に属している行動であるということである。海賊的な遠征のように植民地化し略奪を求めるという西洋資本主義の類ではなく、中華民族の平和の精神が十分に発揮されたものである。

　もちろん、調和とは中華民族が外国の侵略に従順であるという意味ではない。中華文化は「狼」を産まないが、「羊」も産まない。中華民族文化は「調和」を標榜するが、同時に、「天下興亡、匹夫有責（天下の興亡は国民に責任がある）」と提唱し、愛国主義を標榜し、祖国を守るために戦場で命を落とした英雄たちを記念し、讃えている。中華民族は調和と侵略への抵抗を提唱する民族である。日本が東北地方を占領した時、弾圧、隷属教育と宣伝を行ったが、中華民族文化の抗いがたい団結力、求心力、愛国的伝統によって、結局、日本の軍国主義が東北地方を長期間占領することはできなかった。東北地方の占領は国民党の無抵抗政策の結果であったが、中国人民を征服することは不可能である。団結力は一種の内的団結力である。中華民族文化の団結力は、決して屈しない中華民族の精神的な力である。

　中華民族の百年以上の近代の歴史は、帝国主義の侵略に対する抵抗の歴史である。アヘン戦争から抗日戦争までの歴史は、中華民族滅亡の危機を救い、生存を図り、中華民族の偉大な復興のための闘争の歴史である。毛沢東は、孫文生誕72周年記念会および敵との戦争で亡くなった人々を追悼する会議で、次のように述べた。「中華民族は決して羊の群れではなく、民族の自尊心と人類の正義心に富む偉大な民族であり、民族の自尊心や人類の正義のために、そして、自分たちの土地で生きなければならない中国人のために、日本のファシストは、大きな代償を払うことなく、その無法

な目的を達成することは決して許されない」。中国人民は、屈服するよりも死を選び、同じ敵を分かち合い、次から次へと命を犠牲にする精神で、ついに抗日戦争に勝利した。それ以来、「宜将剰勇追窮寇、不可沽名学覇王（我々が好機を利用し、敵の残党を追撃し、長江の南岸に師団軍を設置した長江の王、項羽の例に倣うべきではない）」という徹底的な革命の精神で蒋介石を打倒し、中国全土を解放した。その直後、抗米援朝戦争と朝鮮民主主義人民共和国への援助を実行した。それらはすべて、中華民族の闘争精神を表現し、中華民族の正義を広めた結果である。調和の精神と自彊不息の闘争精神は、絶対的に相反するものではない。調和は我々の目的であるが、調和の追求と自彊不息、闘争の精神の発展は相互に依存している。

　「人が自分を侵さなければ、自分も人を侵さない」という原則も、同様に中華民族の基本精神の欠かせない要素である。現代において、中国は平和的発展期にあり、中国は調和のとれた世界と調和のとれたアジアの確立を提唱しており、それは中国の現代国際問題の処理において「和を以て貴しとなす」という精神を完全に体現している。もちろん、中華民族は国家主権と民族の尊厳を犠牲にした、いわゆる「調和」には同意しない。「和を以て貴しとなす」を唱えた孔子は、かつて「和を知りて和せんとするも、礼を以ってこれを節せざれば亦行われざればなり」と言った（『論語・学而』）。現代の国際関係や秩序において、そのいわゆる「礼」とは「平和五原則」を守ることである。

　多くの古代文明の中で、なぜ中華民族だけが文明の発展が途絶えなかったのか、学者は常に探求している。なぜ中国は歴史的に分裂したが、やがて統一されたのであろうか。中国の独特な地理や環境、広大な領土、内陸に位置すること、東は海、西は山、北は砂漠であることなどが、中国領土内の多くの民族が交流を通じて中華民族に融合する重要な要因となったのかもしれない。しかし、最も根本的な要因は、中国の経済、政治、文化の

相互作用であった。

　いかなる民族の発展においても、経済、政治、文化は独立した単位ではなく、互いに影響し合っている。歴史が証明しているように、どんな強大な帝国であっても、それに対応する経済的基盤を持たずに純粋に軍事的手段によって維持されれば、一時的に栄華を極めることはあっても、やがては過去の歴史的遺物となる。同様に、常に国家分裂と民族間の争いを繰り返しながら、安定した国家構造と比較的安定した領土を維持できない古代文明は、民族間の対立が激化すれば、文化発展の継続性も中断され、統一国家の崩壊と分断につながる。国家の統一と民族の調和がなければ、文化的伝統の連続性はありえない。

　中華民族は古代から農業経済が発展していた。近代産業資本主義が台頭する以前は、発展した農業経済が国の繁栄の経済基盤であった。中華民族は歴史的に、黄河や長江といった農業経済に有利な条件に恵まれ、発展した農業生産様式を基礎に、比較的成熟した中央集権体制と文民統制を発展させてきた。そのような条件の下で、中華民族は経済基盤と政治体制に沿った独自の発展した中華文化を発展させた。その文化は、ひいてはその精神的支柱となった。中華民族は勤勉で、勇気があり、平和的で寛容で、国家と集団を重視し、親族と友情を重んじる。それらはすべて、長期にわたる労働実践の中で形成された民族的性格であり、中華民族文化が長期にわたって育まれた結果でもある。

　中華民族文化が中華の子女の上記のような優れた民族的性格をどのように育むかは、探求に値する問題である。中国は宝物のような多くの文化的古典を発展させてきたが、農民を主体とし、そのほとんどが非識字者である国で、古典文化はどのようにその役割を果たすことができたのであろうか。中国文化にはエリート文化と世俗文化があり、両者は不可分である。エリート文化はつまり、中国の知識人、あるいは「士大夫」は古典文化を通じて訓練され、それらの人々から生まれた文化である。それには学校、

書院、私塾、そして特に古代中国の科挙試験制度が含まれる。その制度は後に「四書五経」に骨抜きにされ、知識人の思想を縛る縄となったが、かつては中華民族文化、特に儒教の文化の継承に大きな役割を果たした。世俗文化はつまり、一般の中国の群衆は学校教育を受ける条件になかったため、それらの人々から生まれた文化である。彼らは古典を読む代わりに、労働や実生活、民風、民俗習慣、伝統的な祭り、地元の演劇、対人関係の道徳規範、文化的な意味を持つことわざや格言などを通して中華民族文化を受け取っている。それらはすべて人々の実際の生活に溶け込む方法であり、一般群衆に最も親しまれている。古典文化の基本精神は、さまざまな方法で世俗文化に生かされている。多くの中国の農民を含め、古典を読んだことのない中国人であっても、そのような文化的環境の中で古典に染まり、意識的にせよ無意識的にせよ、民族文化の精神によって程度の差こそあれ育まれた中国的な価値観、道徳観、考え方を持つ人間になるのである。

　旧来の封建的支配を維持し、官吏の尊さと民衆の劣等感を維持し、因果応報や旧来の倫理道徳を推進することに資する中国文化の思想もまた、同様に世俗化によって人々の思想の足枷となりうる。我々は中国伝統文化の基本精神と中華民族の伝統文化の基本精神を区別すべきである。中国の伝統文化はすべてが優れているわけではなく、長い間支配的だった儒教を含め、あらゆる思想の流派に多くの不純物や時代にふさわしくないものがある。しかし、中華民族の伝統文化の基本精神は、永遠に中華民族文化における最も貴重な思想の財産であり続けることは、歴史と実践が証明している。

　中華民族文化の基本精神は、いつでも実行・実現できるわけではない。「民を貴しと為し、社稷之に次ぎ、君を軽しと為す」という原則は、統治者が人民よりも重要である封建社会では実現されたことがなく、実現することもできない。「法を犯す王子は平民と同じ罪を犯す」という原則は、封建制度の下ではしばしば空論に成り下がる。寛容な「和して同ぜず」の

原則は、支配者と大臣、いわゆる君子の間においては、必ずしも現実的な「人治」の関係ではない。しかし、それはこれらの価値を否定するものではない。中華民族伝統文化の基本精神は、中華民族に思考方法を提供するだけでなく、理想、価値、方向性を持っている。歴代の中華民族の先進的な思想家や傑出した人物が、自彊不息の精神、和して同ぜず、万民連帯、万河受容の寛容な精神を積極的に認識し、追求し、実践してきたことは、中華民族が挫折や苦難に直面しても勇気をもって前進するよう絶えず鼓舞し、動機づけてきた。中華民族の伝統文化のそのような基本精神は、社会主義条件においても継承され、全面的に発揚されるべきである。

三、傑出した人物は中華文化の精神が人格化されたモデル

　英雄のいない歴史は孤独で静かな歴史であり、英雄のいない民族は弱い民族である。中国人の民族的性格は、特定の経済生産方式と制度の下での文化の凝縮であり、文化のエッセンスと広範な人民が中国の歴史と現実における傑出した人物を育んできた。彼らは民族の背骨であり、国の柱である。中華民族の歴史と現実における傑出した人物は、中華民族文化の基本精神の擬人化されたモデルであり、中国人民の傑出した子孫である。彼らは文化と人民の子であるだけでなく、文化伝承の模範であり、民族の鼓舞力でもある。鄧小平はかつてこう言った。「私は中国人民の息子であり、心からわが祖国と人民を愛している」。その言葉は、中華文化の精神力を最も鮮明に表現している。

　中華民族の歴史において、中華民族の精神を体現した傑出した人物は数多く存在し、その人格と気骨は、当時の人々や後世の人々に詠われ、賞賛されてきた。「富貴も淫することも能わず、貧賎も移すこと能わず、威武も屈すること能わず」という精神は、中華文化が最も称賛する理想的な人

格と気骨である。文天祥は『正気歌』の中には、中華民族の歴史における中華民族の精神と気骨を体現したあらゆる人物を讃える強い思いが込められている。文天祥自身はその最も傑出した人物の一人である。「人生古より　誰か死無からん　丹心を留取して　汗青を照らさん」という彼の詩は、中華民族の文化が提唱する人格と気骨を詩的に翻訳したものである。中華民族の各民族には、それぞれ称賛されるべき傑出した人物がいる。林則徐の「いやしくも国家に利すれば生死を以てす、豈禍福に因て之を避趨するや」、譚嗣同の「有心殺賊、无力回天、死得其所、快哉快哉（賊を殺す意志はあるが、もう元には戻せない。死に場所を得た俺が、すっきりしている）」といった詩や言葉は、改革の道を切り開くために壮絶な死を遂げた男の英雄像を生き生きと描いた。李大釗、毛沢東、周恩来など、および中華民族解放のために戦場や処刑場で死を我が家に帰るように恐れなかった無数の英雄は、いずれも共産主義の精神と中華民族の伝統の基本精神の両方を現代に体現している。もう一人の例は銭学森で、中華民族に傑出した貢献をしただけでなく、強い愛国心を持っていた。彼は、「私は中国人だ」、「アメリカ滞在の最初の三、四年は勉強に費やし、あとの十数年間は仕事をした。それらはすべて、祖国に戻ったときに人民のために何かをするための準備だった」[2]と語っている。それは、中国の知識人が自らの中華民族文化についての一体感を表す方法であったといえよう。

　魯迅は、1931年の九・一八事件以降、一部の人々が自国に対する自信を失い、神仏をひたすら崇拝し、過去を懐かしみ現在を感傷する退廃的なムードに包まれていることを受けて、『中国人は自信を失ったのか』という雑文を発表した。彼は、「我々には古来、懸命に努力をする人々、勤勉に働いた人々、人民のために助命を頼む人々、法を求めて命を犠牲にした人々がいた。…いわゆる皇帝や将軍の系図を作る『正史』に等しいが、彼らの輝きを隠せないことが多く、それこそが中国のバックボーンである」と言った。魯迅はまた、国民党の反動的な当局が白色テロの革命家を弾圧

することに対して、次のように嘆いた。「そのような人々は、今でも少なくないだろう。彼らは自分自身を確信しており、自分自身を欺くことはない。彼らは次々と戦っているが、常に破壊され、一掃され、暗闇の中で消滅しており、誰もが知ることはできない」。瞿秋白、方志敏、そしれ国民党によって密かに龍華刑務所で処刑された五人の左翼作家は、魯迅の目には中国の屋台骨と映った。民族の基本精神の代表である傑出した人物を殺すのは、常に独裁的な支配者、特に腐敗した体制を必死に維持しようとする支配者であることが証明されている。その観点からすれば、中華民族の基本精神の真の体現者は、歴史の流れに逆らう反動的な支配者ではなく、むしろ広範な労働者人民群衆と民族の興亡に粉骨砕身、死して後已む傑出した歴史上の人物なのである。

　中華民族文化の基本精神は中華民族文化のエッセンスであり、中華民族精神の主軸であり、最も貴重な精神的財産である。伝統文化の残滓を批判し、その影響を受けた人民の後進性を絶えず改善する必要があることを否定することはできない。また、三寸金蓮や妾を蓄えることといった近代文明に反するものすべてを賞賛することはできない。しかし、永遠に不変の中国人や不変の民族的特性など存在しないことも信じるべきである。国の経済と政治体制は変化し、文化は発展する。新しい社会主義の条件の下で、中華民族文化の否定的な側面、あるいは古い支配を維持し人民を欺くために政治的な理由で歪曲され悪用されてきたもの、人民の精神と個性を抑圧してきたものは、次第に浄化され排除されていく。古い経済・政治体制の下で形成された中国人のある種の欠点は、改められるであろう。人間の本質は社会関係の総体である。魯迅の書いた「阿Q」は昔の農民のイメージであって、中国の農民の永遠のイメージではない。批判されている中国人の野蛮な現象や欠点のいくつかは、時代の結果であり、中華民族の土性骨ではない。生まれながら醜い中国人など存在せず、醜い社会と腐敗した政府が作り出した、一部の中国人の野蛮で醜い行為だけなのである。国民性

やいわゆる民族の土性骨に対するいかなる攻撃も、最終的に古い経済・政治体制を指摘せず、ただ文化レベルにとどまるならば、その本質に到達することはできないであろう。毛沢東はかつてこう予言した。「わが国の数億の人民が一旦真に解放され、その莫大な生産力が一旦解放され、あらゆる分野の創造的活動に活用されるようになれば、経済発展を促進し、全世界の文化水準を引き上げることが可能になる」。

　1949年10月1日、毛沢東は天安門広場から世界に向けて、中華人民共和国と中央人民政府がこの日成立したことを宣言した。旧体制の束縛から解放された中国人民は、新しい社会の主人として社会主義の建設に参加し、中国人の中の後進的で未開なものは絶えず改革されてきた。中国人民の愛国的熱意、文化的自意識、民族の誇りの感覚は今ほど強くなったことはなく、かつてはばらばらの沙のように団結していないと揶揄されていた中国人民は組織化され、団結した。それは、社会経済と政治体制の変化が必然的に思想的・文化的に反映されたものであり、社会主義の経済的・政治的基盤に基づき、中国共産党が主導する真の文化的復興である。もちろん、十数億人を超える中国人民を、高い文化的資質と文明的な行為を持つ新しい社会主義国民に変えるのは、長く困難な仕事である。

　歴史的発展には矛盾がある。社会発展において、ある民族の伝統は社会進歩の足がかりにも障害にもなりうる。そのため、社会発展はしばしば、伝統を破壊し再構築するという二重のプロセスになる。人類の長い歴史の中で、伝統に最も大きな影響を与えたのは、封建社会から資本主義社会へ、伝統的な農業生産様式から資本主義生産様式への転換の過程であった。それは人類の概念の歴史における大きな変化である。伝統と近代との関係において、封建社会が資本主義に取って代わられることによってもたらされた変化は、マルクスとエンゲルスによって『共産党宣言』の中で非常に鮮明に描かれている。カーライルやシスモンディのような人々は牧歌的な過去を惜しむ感傷的な感情をもっており、そのような変化に対抗し、歴史の

流れを逆転させようとした。しかし、マルクスとエンゲルスは前方に目を向けた。彼らはそのような変化の積極的な意義を認め、ブルジョアジーが歴史において非常に革命的な役割を果たしたことを称賛したが、同時に、資本主義が人間同士の関係を裸の利害関係に変え、人間の感情をエゴイズムに沈め、人類の関係を利己的な関係にしたことを指摘した。そのような人間関係や価値観は一種の疎外に属しているが、歴史の転換であり、新しい社会形態や新しい考え方に取って代わられるものである。

　土俗的な中国が、現代的で産業化され、情報化された中国へと変貌しつつあること、知人社会が他人社会へと変貌しつつあること、血縁や人情で結ばれた人間関係が、貨幣を交換の絆とする貨幣関係へと変貌しつつあることが、はっきりと見て取れる。その過程での価値観や道徳観の変化は劇的である。中国の農民は、もはや小農経済のもとでの農民ではなく、都市に出稼ぎに行く農民は、もはや農耕生活のもとでの農民ではなく、大都市に進出し、市場経済の潮流に押し流される農民は、すでに親とは異なる概念を持つ農民である。彼らは、農業生産方式によって与えられた本来の色を徐々に失いつつある。社会経済の変化によって、あらゆる階層の人々の思想や考え方が変化している。それらの変化は主に、社会主義市場経済の発展と完成に資する思想や考え方の解放であるが、同時に価値観の混乱や道徳感の低下、ある種の社会問題といった危機をも内包している。

　中国における社会主義の現代化は、西欧資本主義の現代化過程の複製でも縮図でもない。中国の現代史の過程で、西欧の近代化過程と類似した現象が社会に現れたことは事実である。しかし、歴史上の類似した現象は、まったく異なる条件、時代、制度のもとでは、異なる中身と意味を持ちうる。中国における精神文化の分野における否定的な現象は、代価ではあるが、取るに足らないものではない。中国共産党は精神文明と社会主義核心的価値観の建設を非常に重視している。我々は伝統文化の基本精神の教育力に注目すべきだが、マルクス主義に導かれ、中国の現実に照らして転換

中の問題を科学的に分析することはさらに重要である。マルクス主義と中国の現実との融合、中国の特色ある社会主義の理論を重視することの大きな意義はそこにある。

　我々は中国の伝統文化が完璧であり、死者を生き返らせることができる万能薬であると考えてはならない。むしろ、それは適切な場所で、適切な方法で、適切な使い方をしなければならない。例えば、西洋の体制的危機を中国文化で解決しようとするのは一種の文化的迷信である。また、21世紀の経済・金融危機を儒学で分析し、金融機関の官員の行動を儒教道徳で説得・規制することも難しい。孔子を責めることもできないし、儒学を責めることもできない。紀元前数百年の思想家の道徳理念から21世紀の欧米の経済・金融危機の解決策を探すのは非現実的だからである。それは孔子の過ちではなく、現代人の過ちなのである。経済・金融危機の解決には、資本主義体制とグローバリゼーションに関するマルクス主義的な議論が必要であり、道徳はその分析の科学的な理論的枠組みではない。道徳批判は科学的批判ではなく、行動に対する評価にすぎない。儒教の道徳的説得は、金融機関の官員に対する道徳的非難や鞭打ちになり、資本主義の体制的危機をなくすことはできない。あるグループがしばらく撤退しても、また別のグループが戻り、危機は資本主義体制に付随するものであるからである。

　すべての思想や学説には、できることとできないことがある。社会主義の現代化を強力に推進し、社会主義の核心的価値体系を基本方向とする先進文化の建設を強化する一方で、我々は中華民族文化の宝庫から豊かな資源を引き出すことができる。中華民族文化は、中国の大地で何世代にもわたって生活し、実践してきた中華民族の経験の蓄積であり、人間の実践におけるいくつかの基本的な関係に対処する基本精神が含まれており、ある種の超越性がある。思想家の偉大な理想として文化的古典の中に存在していた知恵は、実践され、人々を教育し育てる役割を果たすことができる。

第十五章　文化的古典と民族精神

　文化は非常に重要である。毛沢東は、「文化は不可欠であり、文化なしにはいかなる社会も築けない。封建社会には封建文化があり、封建文化が封建主義を伝播するものである。資本主義社会には資本主義の文化があり、資本主義社会は文化なしには建設できない」と言った。毛沢東は、封建社会の文化に合理性があることを否定したわけではない。彼は孔子の「父慈子孝」の概念を例に挙げ、「我々はまだ『父慈子孝』を主張すべきである。…父親が息子をボコボコに殴ったら、息子は親孝行ができないであろう。それが孔子の弁証法である」と述べた。しかし、文化は社会の究極的な決定要因ではない。

　中華伝統文化の基本精神には、世代から世代へと継続するという価値がある。しかし、高度に発達した先進的な生産力、先進的な生産様式、先進的な政治制度がなければ、伝統文化は単独では機能しない。ハードパワーのないソフトパワーは弱く、強力なハードパワーと浸透力のあるソフトパワーの組み合わせのない、いわゆるスマートパワーは、実は「スマート」ではなく「不器用」であることは、アヘン戦争後百年以上にわたる中国の民族的屈辱の歴史が証明している。当時、孔子は孔子廟でしか聖人になれなかったし、当時の古典は図書館にしかなかった。ヘーゲルは孔子の思想を軽蔑し、『論語』には「どこにでも、どの民族にも、おそらくはそれ以上に見出すことのできる、一種の常識的な道徳が含まれており、何の卓越性もないものである」と言った。今日の世界は、ヘーゲルの時代とは違って、孔子礼賛に満ちている。その変化は、世界における中国の経済的、政治的立場が根本的に変化した結果である。

　我々は自国の文化を愛し、祖先の文化遺産を尊重している。中国文化を中国の伝統文化と同一視することはできない。中国文化には伝統文化と現代文化の両方が含まれる。中国の伝統文化と中華民族の伝統文化の基本精神を同一視することはできない。我々は古典をより深く学び、古典を超え、現代と向き合い、世界に目を向けるべきである。現代を伝統の脚注にする

のではなく、どの遺産を継承し、何を拒否するか、どのように文化遺産を継承するかは、我々の時代と実践にかかっている。中華民族の伝統文化の研究は、その基本精神に焦点を当て、それを濾過し、エッセンスを取り入れ、残滓を取り除き、現代的で科学的なものにするとともに、中華民族伝統文化の基本精神を実践に貫くべきである。そうすることで、伝統的な美徳と時代の精神を併せ持つ中国人が育ち、社会主義と愛国心の精神を持つ新たな傑出した人物、すなわち社会主義時代の「双百」のような英雄・ヒロインが育つことができる。中国の特色ある社会主義の建設という目標から離れ、伝統文化の継承がイデオロギーの分野でマルクス主義の指導的立場と対立すれば、長い年月をかけて形成された考え方や習慣の負の側面が台頭するかもしれない。伝統文化の基本精神は、学者が拍手喝采し、賞賛し、引用する古典文学の知恵に満ちた格言でしかないとすれば、それはもちろん、社会主義の条件の下で提唱されてきた儒学の基本精神をはじめとする中国伝統文化の基本精神の真の目的に反する。

註
1) 毛沢東. 毛沢東選集. 第2巻. 2版. 北京. 人民出版社. 1991：534.
2) 趙永新. 銭先生、おさらば！. 人民日報. 2009-11-07(4).

第十六章

哲学のジレンマと
中国哲学の未来

歴史はしばしば未来を示唆する。人類の歴史における変革と革命は、哲学と切り離せない。18世紀のフランスや19世紀のドイツでは、哲学は革命の先駆けであった。中国共産党が主導した革命も、同様に中国におけるマルクス主義哲学が引き起こした思想的変革と切り離せない。文化的観点から見れば、哲学は文化の生きた魂である。人類の枢軸時代がこれほど長い間忘れ去られることがなかったのは、当時、星のように現れた偉大な哲学者と切り離せない。17世紀のイギリス、18世紀のフランス、19世紀のドイツで偉大な哲学者が出現し、それぞれの文化の光の中で輝いている。それは特に中国の歴史にも当てはまる。先秦の百家争鳴の時代から、魏、晋、北宋、南宋、明、清の時代に至るまで、傑出した哲学者がいて、その名は歴史に記されてきた。現代中国において、中華民族の偉大な復興は、哲学、特にマルクス主義哲学の存在なしには考えられない。

一、科学技術と人文文化の優位の転換

　現代哲学の苦境は世界的なものである。人類史の文脈で哲学の地位の変遷を見るならば、我々は落胆することはないであろう。社会主義中国の未来は明るいし、中国哲学の未来も明るい。これほど豊かな伝統的民族文化の底力を持つ国、改革開放によって中国哲学と西洋哲学、古代哲学と現代哲学、マルクス主義哲学、中国哲学と西洋哲学を統合する条件を備えた社会主義中国において、人々の心の中にある哲学が衰退しているのは、市場雇用の傾向が引き起こした一時的な現象に過ぎず、決して中国における哲学の発展が衰退しているわけではない。中華民族の文化復興の潮流の中で、哲学は必ずや輝きを放ち、ミネルバのふくろうは中国の空に再び飛び立つと筆者は固く信じている。

　哲学が疎外されるのは、世界史における現代化と産業化の必然的な流れである。価値的理性よりも道具的理性を優先させることは、人類の思想の

発展における異常である。科学技術と人文文化の支配的地位の転換は、伝統的社会から現代的社会への必然的な思想的現象である。しかし、現代化がもたらしたさまざまな欠点により、人文文化への回帰と二つの文化の統合を求める声は、現代世界の最も強い声にしている。

　資本主義の生産様式がすでに生じていたが、主導的地位をまだ占めていなかった資本主義前期の社会では、東洋でも西洋でも、文学、歴史、哲学が社会の支配的な思想的形態であった。中国では、春秋・戦国時代の百家思想、楚辞、漢賦、唐詩、宋詞、元曲、明清の小説などがそうである。哲学の地位は特に顕著である。歴代の中国における有名な哲学者の数は世界でも稀である。近代中国では、「洋務運動」、「中体西用」、「維新変法」、さらには国を救うための科学の提唱にもかかわらず、人文文化が依然として中国を支配していた。1949年以前の中国は科学技術において非常に遅れており、人文文化の支配的地位に取って代わることはなかった。

　欧米の歴史的過程も長い間、ほぼ同様であった。資本主義前期の時代には、古代ギリシャ・ローマ哲学、中世のスコラ哲学、17世紀のイギリス哲学、18世紀のフランス啓蒙哲学と百科全書的哲学、19世紀のドイツ古典哲学が画期的な時代のマークとなった。西洋文化の歴史の中には、人類文化史の中で輝く人物や、有名な哲学者が数多く存在していた。西洋が産業化と現代化の段階に入り、科学技術が次第に人文文化に代わって支配的な地位を占めるようになってはじめて、人文文化は次第に疎外されていった。特に、科学技術が第一の生産力となってからはそうであった。現代の欧米においても、哲学は冷遇された研究分野である。哲学科は小さく、教授も少ない。哲学は科学技術や財経、経営に比べれば「低い地位を占める」学問である。

　科学技術と人文主義という二つの文化の優位性が変化するのは、資本高と市場ニーズの流れの必然的な結果である。急激な資本高と、資本と市場に密接に関連するあらゆる学問の発展に後押しされ、人文文化、特に哲学

は、資本主義前期の社会を特徴づけていた神聖なオーラを失い始めた。すべての価値が貨幣で評価されるようになると、資本の神が王座につき、知恵やミューズの神々や女神は必然的に退位した。『1844 年の経済哲学手稿』の貨幣に関する文字や、『共産党宣言』の第一章、「ブルジョアジーは、常に尊ばれ恐れられてきたすべての職業の神聖さのオーラを消し去った」という文章をを読むだけで、産業化の時代において、哲学が冷遇されているのは珍しくないことを認識できる。

　ヘーゲルによる 1816 年のハイデルベルク大学での講演や、1818 年にベルリン大学で行った講演を始める時に述べたように、「時代の苦難によって、人間は日常生活における平凡で些細な関心事をあまりにも重要視するようになり、現実の高い利益とそれをめぐる闘争が、あらゆる精神的能力と力、そして外見的手段の多くを占めるようになった。そのため、人々は心の高次の生活や精神の純粋な活動に対して自由な気分になれず、多くの優れた精神がそのような厳しい状況に縛られ、部分的に犠牲になっていた」。その言葉は 200 年以上も前に語られたものであるが、実に雄弁である。当時、ドイツは資本主義が定着し始めたばかりで、イギリスやフランスには、はるかに遅れをとっていた。新興のドイツは、産業化の甘さを味わう前に、すでに資本主義の苦しみを味わっていた。ドイツの哲学者は、社会が古典的なドイツ哲学の伝統を放棄し、人々が物質主義的な生活にこだわりすぎていると訴え、精神生活への回帰を求めた。しかし、歴史はそれらの哲学者の訴えには耳を貸さず、自らの法則に従って進んでいった。

　フォイエルバッハが哲学の学位を申請するとき、彼の父親は反対する手紙を書いた。フォイエルバッハの父は刑事弁護士で、フォイエルバッハに父の跡を継がせたかったのである。フォイエルバッハが哲学を学ぶ決意を固めたことを知ると、彼の父は彼にこう書いた。「私は、君を説得することは不可能であり、パンのない、名誉のない惨めな生活を思い浮かべても、君には効き目がないと深く確信している。したがって、君自身の意志

に従って行動し、自分で作った運命にあなたを委ね、私が君に予言した後悔の念を味わってもらおう」。フォイエルバッハは父の言うことを聞かず、ベルリン大学の哲学科への入学を主張した。なぜなら、「哲学の外に幸福はない。人は満足したところでしか幸せになれない。哲学的趣味が私の哲学的才能を確実なものにしてくれた」、「哲学は私に永遠の生命の黄金のリンゴを与え、現世の永遠の福祉の享受を提供し、その自身に等しいものを与えてくれる。私は豊かになる、無限に豊かになる。哲学は無尽蔵の源泉である」と彼は強く信じていたからである。しかし、古典的なドイツの哲学者やフォイエルバッハの執拗な追求も、科学技術の急速な発展と資本による利潤追求の前では、哲学の弱い立場を回復することはできなかった。

「驕る平家は久しからず」が歴史の弁証法的法則である。科学技術の急速な発展と、生態的危機、文化的危機、道徳的危機といったさまざまな危機の出現の中で、理論家は人文文化、とりわけ哲学を思い出し始めた。しかし、科学技術の発展に責任を押し付ける思想家もおり、「科学の終わり論」が登場し、反科学・反技術が思想の潮流となった。かつて人類社会の進歩の原動力とされた科学技術の力は、人類社会の発展を妨げ、人間性さえも堕落させる悪とみなされるようになった。オーストリアの哲学者ウィトゲンシュタインは、「科学技術の時代は人間性の終わりの始まりであり、偉大な進歩という考えは、やがて真理が結局認められるという考えと同様に一種の幻想である。科学的知識にはニーズに値する良いものはなく、科学的知識を追い求める人類は罠に陥っている」と述べている。もちろん、それは科学技術に対する誤った見方である。

問題は科学技術ではなく、科学技術の使われ方である。科学技術の使用は、社会制度の問題であると同時に、学者の価値観や人間倫理の問題でもある。自然の罰は、物質的生産と精神的生産の深刻な不均衡の痛み、生態環境の悪化、そして社会的・倫理的生態の悪化から、徐々に人々を目覚めさせてきた。英国の学者チャールズ・パーシー・スノーは、1950年代末

の講演集『二つの文化』の中で、科学技術と人文文化の対立の危険性をすでに見抜いていた。「テクノロジーの弊害に対して我々が使わなければならない唯一の武器は、テクノロジーそのものでもある。それ以外に武器はない。存在していなくてテクノロジーもないエデンの園に引きこもることはできない」が、「テクノロジー、応用科学、そして科学そのものが何なのか、何ができて何ができないのかを理解しなければならない。その理解は、20世紀末の教育に必要なものである。共有の文化が必要である」と彼は言った。共有の文化とは、科学と人文文化が手を取り合い、統合された新しい文化である。哲学は、その共有の文化の導き手であり、接着剤でなければならない。人類世界の歴史的発展に照らせば、たとえ第二の枢軸時代がなかったとしても、科学技術の発展によって哲学がその素晴らしさを失うことはないであろう。科学技術が発展すればするほど、哲学は必要とされるのであり、ポストモダニストの唱える「哲学の終わり論」は歴史発展の法則に反する。「哲学の終わり論」はやはり哲学であり、ある哲学を別の哲学によって否定するという自己矛盾のパラドックスに陥っている。社会が発展し、人類の精神的渇望が常に満たされている限り、哲学の星が落ちることはない。

二、現代中国における哲学との一時的ジレンマ

　社会主義中国において、特に改革開放以降、哲学が軽視されてきたのはなぜであろうか。1950年代の中国人民大学哲学科の輝かしい光景は、今でも語り継がれている。それは個人的な問題ではなく、社会・経済の変革の結果である。市場のニーズが社会・経済生活を支配するようになると、哲学は必然的に、社会主義国家・民族のニーズ、市場経済のニーズ、個人のニーズの間に挟まれることになる。哲学はその狭間で苦闘している。
　国家と民族のニーズから見れば、社会主義中国には、物質的な豊かさだ

けでなく、精神的な豊かさも必要であり、物質的にも精神的にも貧困であってはならない。物質的貧困は社会主義ではないし、精神的貧困も同様に社会主義ではない。社会主義中国は哲学を発展させる必要がある。精神は民族の魂であり、ある民族の持続的発展の精神的原動力である。哲学的思考を持たない国家は、世界の民族の中で自立することはできない。先見の明のある民族や国家の指導者は、必ず哲学を重視する。

　毛沢東同志は哲学を重視し、自らも偉大な哲学者であった。習近平総書記も哲学と社会科学を非常に重視しており、哲学と社会科学に関するシンポジウムで彼が数えた中国と外国の著名な文化人の中には、哲学者が多かった。中国共産党中央党校会議で、彼は「党指導者と各級の官員、特に上級官員は古典を原書で学び、マルクス主義の立場、見解、方法を核心技能として学ぶよう努力すべきだ」と強調した。わが党とわが国は哲学と社会科学を非常に重視していると言うべきである。習近平総書記も中国の優れた伝統文化、特にその中の哲学的知恵を非常に重視している。封建君主制が終わり、国家の支配的なイデオロギーとしての儒教の機能はもはや存在していないが、そこに含まれる豊かな道徳的、倫理的価値観と国政運営の思想は依然として中華民族の優れた文化の重要な一部である。中国共産党は儒学の優れた文化を受け継いでいるが、儒教の道や伝統を継承しているわけではない。中国共産党とその指導者の頭の中では、中国と諸外国の優れた哲学の知恵を含むマルクス主義哲学が極めて重要な位置を占めている。

　しかし、市場経済のニーズは国家や民族のニーズとは大きな違いがある。市場経済は、生産力の発展を促進し、社会の物質的豊かさを増大させ、商品の不足や欠乏の問題を解決する上で重要な役割を果たしている。社会主義社会も同様に市場経済を確立する必要があり、それは生産の社会化のために歴史的に必要なことである。多くの貧困層を含む10億人以上の人口を抱える中国では、経済発展が最優先課題であることに変わりはない。市

場経済における富の蓄積は、社会主義文化への投入、ひいては哲学の発展に役立つ。しかし、市場経済は、その指導的役割ゆえに、資本の利益を直接的に最大化できる学問を前面に押し出し、市場に直接必要とされない学問を後退させる。それは私的資本にも集団資本にも当てはまる。「芸なし」の哲学が、市場に支配された職業で完全な雇用を得ることは難しい。市場のニーズのバトンの下で、大学におけるさまざまな学問分野の人気の順位の入れ替えを止めることは難しい。企業は最大限の利益を得たいのであるから、当然利益の最大化に役立つ学問分野の卒業生を必要とする。科学技術に対する資本の必要性、あるいは会計人材に対する必要性、法律人材に対する必要性、経済、金融、経営、投資、証券などの人材に対する必要性は、アリストテレス的な人材に対する必要性よりも、より緊急かつ現実的であることは間違いない。それは起業家の個人的嗜好とは何の関係もない。起業家は個人的な趣味として、詩や文学、哲学を愛好することはかまわないが、資本の本質は、文化的産物を資本に莫大な利益をもたらすことができる文化的商品に変えることができない限り、文学や詩や哲学が好きなのではなく、利益が好きなのである。市場にとって決定的なのは資本の本質であり、それを擬人化した個人の趣味ではない。資本の選択に任せ、市場から緊急に必要とされていない分野や才能を後回しにすることを許すのは、資本運営の鉄則である。

　個人のニーズは、市場経済のニーズ、国家や民族のニーズと同一ではない。それには個人の趣味や興味の問題があり、生計を立てるための問題もある。しかし、市場経済の下では、個人の専門分野の選択は市場経済の影響を受け、市場のニーズに支配されることさえある。多くの学生またその親にとって、最良の科目とは、市場で最良の就職ができる科目である。最良の就職とは、個人生活の現実的ニーズを満たす高給で最良の待遇をもらえる仕事である。そのような完全に市場雇用を方向とする職業選択は、しばしば個人的な興味や趣味を抑圧する。生活のために奮闘すること、給料

のために奮闘することは、人文文化の発展にとって極めて好ましくない。ヘーゲルが「人々は世間の利益を重視しすぎて、精神的な活動の価値からますます遠ざかっている」と言ったのもそのことである。

　それら三つのニーズ、すなわち国家と民族のニーズ、市場経済のニーズ、個人のニーズの間の矛盾がギャップを生み、哲学はそのギャップの中心にある。多くの場合、市場経済のニーズと市場の影響下にある個人のニーズが、多くの人々の哲学への愛、精神的なニーズ、個人的な興味や潜在的な哲学的才能の探求を覆ってしまっている。哲学と「恋愛」することは可能であるが、フォイエルバッハの絶対的な愛と価値観や理想の追求なしに、哲学と「結婚」し、哲学の人生、つまり一種の貧しい人生を送ることは非常に難しい。

　国家・民族のニーズは民族全体の発展のニーズであり、市場経済のニーズは企業の経済効果と利益のニーズであり、個人のニーズは個人の実生活を満足させるニーズである。それら三つのニーズのうち、最も重要なのは国家と民族のニーズであると言うのが妥当である。国家は国民全体を代表しており、そのニーズは全面的である。経済的な発展は無論、国民の人間的、道徳的な資質も総合的に考慮されなければならない。社会主義の核心的価値観は、家族国家観の表現であり、国家、集団、個人の一体性である。社会主義国は、民族の発展と未来、中華民族の偉大な復興、中華民族の優れた伝統文化の復興、中国人全体の人間的資質の向上、中華文明の発展を考慮した長期的ビジョンを持っている。

　国家と民族にとって、貧困にあえぐ傑出した哲学者の民族精神への貢献は、億万長者や高官の誰とも比較にならない。人々は、古代グリコローマンの偉大な哲学者たち、ソクラテス、プラトン、アリストテレス、そして中国の孔子、孟子、老子、荘子を今でも覚えている。荘子は貧しさのあまり鍋に入れる米さえも借り、孔子は弟子から授業料として塩漬け肉10枚を受け取ったが、民族に対する彼らの貢献は比類なきものだ。彼らは民族

精神の形成者であり、永遠に民族の誇りなのである。

　市場における企業の欲求は目先の現実の経済的利益を追求することであり、個人の欲求は目先の生活を向上させることである。哲学に真に高い愛と関心を持つ人は、高給のためにその愛を犠牲にしてはならない。学問で本当に成功した人は、世間の軽蔑の目に屈することもなく、物質的な生活ばかりに目を向けることもなく、自分の興味、趣味、才能、そして国家や民族への貢献にもっと注意を払うであろう。

　市場経済の条件下では、個人が職業を選択する際、理想や信仰の追求により注意を払うべきである。前述のフォイエルバッハは、父親の反対を押し切って哲学の道を選び、ついに人類に多大な貢献をする哲学者となった。マルクスの父も弁護士であり、マルクスはボンとベルリンの大学で法律を学んだ。資本主義の発展とともに、哲学の勉強よりも法律の勉強の方が好まれるようになった。マルクスは法律を学んだが、哲学に夢中になった。ボン大学でカントとフィヒテを学んだ後、ヘーゲルに傾倒し、ほとんど気が狂いそうなほどに夢中になった。マルクスの哲学への「愛」について父親への手紙のなかに書いているように、「哲学がなければ私は進むことができない」。彼はベルリン大学に移ってからは、なおさらであった。マルクスは最後マルクス主義の創始者となり、千年に一人の男となった。もし、フォイエルバッハやマルクスのような天才的な人物が世俗的な考えに屈し、いわゆるまともな人生を歩んでいたら、後世にその名を知られることのないフォイエルバッハという弁護士が一人増え、哲学史において唯物論の権威を再確認した偉大な哲学者が一人失われ、親の後を継ぐマルクスという弁護士が一人増え、新しい哲学の創造者が一人失われたであろう。

　資本主義の発展の歴史は、物質的欲望の膨張と消費の無制限な追求が、才能ある人々を物質的生活に服従させることによって哲学的才能を犠牲にさせうることを証明している。我々の場合でもそのような状況を避けることは難しいが、野心的な若者はもっと遠大なビジョンを持つべきであ

る。筆者は始終自分の学生たちに、市場経済における職業選択の手引きとなるマルクスの中学時の論文『職業選択における青年の考え』を読むように勧めている。マルクスは、「我々に最大の尊厳を与える職業、我々がその正しさを深く確信している思想に基づく職業、我々に人間活動の広い場を与える職業、我々を共通の目標（すべての職業はそのための手段にすぎない）に近づける職業、すなわち完璧な職業を選びなさい」、「人類の福祉に最も役立つ職業を選ぶなら、その重荷は我々に重くのしかかることはない、それは皆のためからである。そうすれば、哀れで限られた利己的な快楽の代わりに、我々の幸福は何百万もの人々のものとなり、我々の大義は静かに、しかし永遠に生き続け、永遠に役割を果たしているだろう。その時、我々の灰の上で、高貴な者は涙を流すだろう」と述べている。

哲学には孔子や顔回のように、自分の貧しい生活を楽しむ精神が必要である。哲学者個人の苦難と貧困はせいぜい個人的な不幸であるが、ある民族の哲学的貧困は民族全体の不幸である。中華民族の歴史に登場する多くの哲学者に民族の誇りを感じるのはそのためである。

三、精神的故郷の再建と中国哲学の未来

哲学はその社会的地位の面で困難な状況に陥っており、その結果、かつての王冠の宝石は今や一部の人々の目には砂岩のように映っている。中国の経済が発展すればするほど、哲学が必要とされなくなり、哲学を学ぶ学生の未来がなくなるというのは本当であろうか。答えはその正反対である。

中国の市場経済が発展すればするほど、物質的な豊かさが増え、精神的な欲求に注意を払う必要が出てくる。市場は物や材料、商品の不足という問題を解決することはできるが、精神的な貧困という問題を解決することはできない。お金さえあれば、必要なものを市場から買うことができる。特に最近ではオンラインショップによって、全国から、あるいは世界中か

ら物を買うことができる。しかし、我々は市場から精神を買うことができない。

　人には精神が必要である。人には精神を置く場所が必要なのである。西洋では、経済が成長すればするほど、精神と肉体の対立が深刻化している。肉体的欲求は市場で満たされる。肉体は消費と享受のために市場に与えられ、精神的欲求は神に、教会に与えられ、神の前で御百度を踏む。それが現代の資本主義社会の現実である。我々の精神にも同様に休息の場が必要である。宋朝の朱熹は、『答張敬夫書（張敬夫の書簡に対する返事）』の中で、身を立てるという問題を提唱している。「而今而后、乃知浩浩大化之中、一家自有个安宅、正是自家安身立命、主宰知覚処、所以立大本行达道之枢要、所謂体用一源、顕微无間者、乃在于此（それ以来、私は、この広い世界では、家族が住める家こそが、人が定住し、その知恵をフルに発揮できる基盤であることを学んだ。いわゆる体用一源であり、生き方の基本がそこにある）」。科学はその問題を解決できないし、市場も解決できない。西洋では、唯一の解決策は宗教である。宗教は確かに精神を落ち着かせる効果がある。しかし、我々はそのような道を歩むことはできない。

　改革開放以降、物質が豊かになったが、教会に行く人は増え、お寺に行ってお香を焚いて仏陀を拝む人も増え、お経を唱えながら数珠を手にしている人を見かけることも少なくない。もちろん、宗教は個人の自由であり、真の信仰心を持ち、道徳的な修養に注意を払い、善に献身する信者は人々から尊敬される。しかし、その現象に見られるのは、信仰心の問題だけでなく、一部の現代中国人が精神的な安らぎの場を求めているという事実である。そのような現象の次は、「大家」、「大仙人」、「風水」、「来世」、「天象」を信じることであり、それらはすべて魂のある強い欲求を反映しているが、それは洗練された欲求ではなく、粗野で低俗で功利的な精神的充足である。WeChatグループ内で何度もリポストされたさまざまな種類の心を暖かくし、ポジティブにする言葉の質がピンからキリまであるのは、

大規模な精神的パニックと精神性の欠如の現れである。中国は社会主義国であり、無論宗教を身を立てる学問とすることはできず、同様に儒学を儒教にすることはできないが、我々は人文文化を核心とする精神的故郷を再建しなければならない。

　我々が今直面しているのは、ある程度の社会道徳の「地滑り」、価値観の混乱、信仰の喪失である。その本質は、精神的故郷の破壊であり、一部の人々の精神にとって磐石と言える安息の場の欠如である。ある国家や民族にとって、精神の危機は最も深刻で危険な問題である。社会道徳の地滑りや価値観の転覆は世代全体に影響を及ぼし、影響を受けた世代は次の世代の思想的土壌となる。それが世代を超えて続けば、その民族の質は低下する。「地滑り」という言葉は非常に生々しく、適切な言葉であり、石が山を転がり落ちるようなもので、効果的な対策を講じない限り、自動的に止まることはない。党中央委員会は、その危険の深刻さを十分に認識し、それを逆転させる対策をすでに講じている。

　哲学は市場雇用の影響で、熱から冷める可能性があるが、人々の精神的な故郷が再建され、過剰消費による精神的飢餓が始まれば、世界観、人生観、価値観、思考方法としての哲学は、確実に冷たいものから熱いものに変わると筆者は確信している。経済が発展すればするほど、哲学、とりわけ精神的支柱としてのマルクス主義哲学の役割は重要になる。我々は今、哲学が最も必要とされる時代に生きているが、その事実を見落としている。現代における信仰の欠如、理想の揺らぎ、道徳のズレ、価値観の転覆は、社会の経済的な転換期のある種の合併症であり、進歩のなかにある後退である。哲学が本当に必要な時代であるにもかかわらず、さまざまな理由から哲学の専攻は軽視されてきた。

　その現象について、哲学者としての筆者はしばしば自問する。我々はどのような人なのか、社会的責任を果たしているのであろうか。筆者に言わせれば、哲学の各分野の一方的な専門化と自己囲い込み、哲学的人材の知

識構造の均質化、哲学研究の自己娯楽化などは、すべて我々が真剣に向き合わなければならない問題である。

中国と諸外国の哲学史において、有名な哲学者は、学問志向の専門的哲学者ではなく、純粋なアカデミックな哲学者でもない。孔子、孟子、老荘、二程、陸王、黄宗羲、王夫之、康有為、梁啓超など、いずれも自らの政治理念を権力者に広めるか、政府の高官、改革者、革命家として活動した。王陽明は馬の上で反乱と戦い、馬の下で政治と文学に従事し、貶められた際には思考を深め、悟ることができた。古代の哲学者は皆、文学や歴史に精通し、諫めて行動することができ、社会、政治、人情、世界の状況、国家の状況について深く理解し、理想と志を抱いていた。彼らは、章句を探し求め、古典にこだわり、学問所で老衰して死んでいく、いわゆる専門的哲学者ではなかった。中国において哲学が専門になったのは、1912年に北京大学に「哲学の扉」が設置されて以来のことである。哲学が専門になったのは、哲学科ができてからである。

西洋でも同様である。哲学の専門家の出現は、教育の近代的世俗化に伴うものであった。ソクラテス以前の哲学者は自然科学に貢献する自然哲学者であり、ソクラテス、プラトン、アリストテレスは都市国家の政治的・公共的な生活に関心を持っていた。中世は神学が中心で、神学校は神学者を養成し、哲学は神学の召使いとして神学に奉仕した。ロック、ヒューム、デカルト、スピノザ、ライプニッツなど、18世紀以降に登場した偉大な哲学者は、教会や大学の哲学科で教育を受けたわけではなく、深い科学的素養を持ち、自然科学界と密接な関係にあった。カント、フィヒテ、シェリング、ヘーゲル、フォイエルバッハらドイツの古典哲学者は、いずれも大学出身であったが、純粋なアカデミックな哲学者ではなく、ドイツの社会的現実や哲学上の大問題に哲学的な視点から注目し、その哲学が時代精神のエッセンスとなり、ドイツの政治的変革の先駆者として知られた。19世紀以降、西洋の哲学者は専門的、職業的、学問的になった。先人に比べ、

大学の哲学科から真の哲学者を見出すことは極めて稀である。問題は、哲学が哲学科になったことや、専門化した哲学者の養成にあるのではなく、哲学者自身が、書物ばかりに目を向け、社会から遊離し、現実の問題であれ、哲学的な大問題であれ、自分の時代の問題に無関心で、自分の頭で体系を構築しようと躍起になれば、時代のはみ出し者になってしまうことにある。

我々大学の哲学科は純粋なアカデミックな哲学者を養成すべきではない。哲学の教員や哲学を学ぶ学生たちは、学部生であれ、修士や博士であれ、書物の行間から微妙な意味と大義を探ったり、概念から概念へといわゆる新しい哲学体系を構築したりするのではなく、書物だけでなく、社会や現実や生活に注意を払い、現実から哲学的問題を捉える能力を持つべきである。ただ本やいわゆる体系に注目するのは砂上の楼閣であり、一見どんなに荘厳に見えても、数回の蹴りで打ち壊されてしまう。

現代中国において、哲学科はすでに大きな哲学の家族となっており、1950年代には弁証法的唯物論と史的唯物論の教育研究室の右に出るものはないが、現在では八つの二級学科の分野を含む一級学科の分野となっている。その変化は、哲学という学問の進歩・発展であるが、同時に、障壁の構築による二級学科の孤立という問題をもたらしがちである。それぞれの学問分野を発展させると同時に、学問分野間のシナジーを形成し、現代中国哲学の発展をいかに促すかという問題は、依然として未解決のままである。特に、マルクス主義の指導的役割を各二級学科の専門分野でどのように発揮させるかという問題は、依然として解決されていない。あらゆる二級学科分野における基礎理論・方法論としてのマルクス主義の役割を否定する中国の哲学学部は、社会主義中国の哲学学部ではない。そのような哲学学部と西洋の哲学学部との違いは何であろうか。もし我々の哲学研究が創造的思考を欠き、祖国と人民のために適切な道徳と言論を確立する原動力を持たなければ、たとえ現実的・理論的価値のない論文をいくつか

発表したり、概念から概念へと哲学体系を構築することができても、せいぜい仲間の中で感嘆し合うだけで、研究室や仲間の外に出ることはできず、役割は極めて限られてしまうであろう。そのような哲学研究は、創造性の欠如から、ニーチェが言ったように、「一本の瓶」から「別の瓶」へ、「瓶から水を注ぐ」ようなものである。

　マルクス主義哲学は最も創造的な哲学である。なぜなら、それは生活に基づき、社会問題に直面しているからである。水を注ぐのではなく、一つの瓶から自分の瓶に水を注ぐのではなく、生活から、科学の発展から、社会の発展から、社会科学の成果から、新たな問題を抽出する。それは問題に焦点をあてているものであり、書物に焦点をあてているのではない。マルクスとエンゲルスは、資本主義社会はどこへ行こうとしているのか、人類はどこへ行こうとしているのか、プロレタリアートと人類はいかにして解放されるのか、人間の自由で全面的な発展はいかにして達成されるのかという問題から、マルクス主義の哲学的教義を構築した。毛沢東の『実践論』、『矛盾論』、『人民内部の矛盾を正しく処理する問題について』などの哲学的著作は、中国の実際の状況と問題に基づいて哲学の問題を展開する。哲学の創造性は確かに継承的な性格を持っているが、水を瓶から瓶へ注ぐという種類の継承ではない。毛沢東同志が強調したのは、マルクス主義の中国化であり、マルクス主義と中国の現実との結合である。その組み合わせは、瓶から瓶へ水を注ぐのとは完全に違っている。水を注いでも出てくるのは水のままであるが、結合により得られるのは創造的な発展である。

　マルクス主義哲学であれ、中国の伝統的な哲学であれ、西洋の哲学であれ、哲学には発展の余地があり、中国には明るい未来がある。それは政策や指針の策定、各級の官員、一般教養に必要である。特に、哲学は全学生が学ぶ思想政治の理論科目として不可欠である。思想政治の理論科目としての哲学は、哲学ではなく「洗脳学」だと言う人がいる。「洗脳」とは通常、思想やマインドのコントロールと理解されている。しかし、思想政治

理論には「洗脳」が含まれており、学生の間違った考えを「浄化」するものだと筆者は自信を持って言える。西洋の教育は「洗脳」ではないのであろうか。愛国心を助長しないであろうか。あらゆる面で西洋的価値観を助長するのではないであろうか。学校や世論のあらゆる手段を通じて、彼らは毎日「洗脳」されているのではないであろうか。社会主義の核心的価値観や科学的世界観、人生観、価値観を若者に教育すると、「洗脳」のレッテルを貼られるのはなぜなのであろうか。学術の自由や独立した思考に反対していると見なされるのはなぜなのであろうか。脳は汚れで覆われないように洗う必要がある。問題は、洗脳に使われる水がきれいなのか汚いのか、真実なのか嘘なのか、科学なのか偏見なのか、人々の精神を上昇させるのか下降させるのかということである。我々は思想政治の教育を強化すべきである。それは、どのような人間を誰のために養成するかという大きな問題である。我々は西洋の言論を恐れているわけではないし、中国の人々が彼らに賛成することを恐れているわけでもない。我々の哲学は、その長所を十分に発揮し、科学的な世界観と思考法を学生に身につけさせるべきである。

　毛沢東同志は、哲学は哲学者の教室や書物から解放され、群衆の手に握られる武器となるべきだと言った。その言葉の真意は、教室や書物を放棄することではなく、純粋なアカデミックの道を歩まないことである。文学が象牙の塔から出てくるように、哲学も神聖な哲学の神殿から出てくるべきである。人民と国家を念頭に置き、問題を焦点とするアプローチで、創造的な哲学研究を真に行い、その研究成果を貴重な国富と実践的な哲学的知恵に変えて、全国民の人間的資質を育成し向上させるべきである。それは哲学の広くて無限の道であり、14億人以上の人口を抱える中国では、本物の哲学者は多すぎるのではなく、少なすぎるのである。社会主義中国で哲学が発展する余地は無限にある。

第十七章

先進文化の進むべき方向への堅持

百年以上にわたって、中国のさまざまな政治勢力の間で行われてきた文化問題に関する議論は、中国の社会発展の将来や運命と密接に関わってきた。清朝末期の「中体西用」から五四運動・新文化運動、毛沢東の新民主主義文化の建設から鄧小平の社会主義精神文明の強化まで、実際には中国社会が経験した、衰退し崩壊した封建的な清朝を擁護し、西洋のブルジョア民主共和制を選択しようとし、新民主主義社会と社会主義社会を確立するまでの歴史的足跡の残響である。過去一世紀における中国の文化論争の歴史は、ある側面から言えば中国の社会変革の歴史でもある。

一、先進文化の問題は重大な理論的問題

　先進文化の問題は、同時に文化の判断基準という重大な理論的問題を提起している。その問題については、相対主義も絶対主義も一面的である。相対主義は文化の多元性、相対性、同価性を強調し、どのような文化形態もその文化主体にとっては合理的であり、先進文化と後進文化、革命文化と反動文化の区別はないと考える。文化相対主義には民族文化の存在権を認め、すべての文化に正当なものがあると強調するような妥当な部分もあるが、一方で、その一面的な性格は必然的に後進性やすべての時代錯誤的文化、さらには反動的文化を擁護する。他方、絶対主義は、ある時代やある文化的要因の合理性を不変のものとして絶対化し、先進的なものは永遠に先進的であり、文化は時代とともに進化する必要はないとする。「西洋文化中心論」は西洋資本主義文化の封建文化に対する一時的な優越性を絶対化し、「東洋精神文明優越論」は中国の封建文化の優越性を絶対化する。文化相対主義も絶対主義も木を見て森を見ずで、どちらも先進文化の本質を正しく理解することも、正しい評価基準を見出すこともできない。

　先進文化や文化の先進性は抽象的で不可解な主張ではなく、科学的で価値に基づく基準がある。

いわゆる科学的基準とは、評価の客観性を指している。もちろん、生産力の先進性については、認識され、数値化された基準さえ存在しうる。生産力は、人々の客観的な生産過程に存在するものであるから、実際の生産過程の科学的・技術的含有量、生産用具の性質、生産者の科学的・技術的質、管理水準、製品の量と質などによって判断することができる。生産力の先進性には相対的な側面があり、世界や歴史の流れの中で水平的、垂直的に比較することができるが、人民の大多数が納得できる形で客観的に判断することができる。

文化の先進性は精神的生産の領域に属し、精神的生産物の内容を物質的な形で具現化した中身に現れる。それは目に見える、直感的で具体的な形を持つことはできず、定量化することはさらに難しい。しかし、そのことから文化の先進性はすべて価値判断によるものであり、客観的かつ科学的な基準を持っていないと結論づけることはできない。

問題の鍵は、文化の本質を正しく理解することにある。文化は、それがさまざまな社会的イデオロギーとして表現される理論的な形態であれ、人々の日常生活として表現される世俗的な形態であれ、それが出現する社会や時代から切り離すことはできない。文化は超社会的、超時空的な精神的王国に存在するのではない。文化は社会的に条件づけられたものであり、時代的なものであり、階級社会においては階級的性格を持っているものである。したがって、文化の性質は、社会との関係、時代との関係、階級との関係によって判断することができる。

客観的に見れば、文化の社会的制約はその先進性を決定し、それは社会体制の進歩性において表現される。つまり、より高度な文化が、古い社会形態から切り離せない古い文化に取って代わるのである。もちろん、それは文化全体の性質についても言えることであるが、古い社会が崩壊するにつれて、古い文化の積極的な要素や合理性は新しい先進的な文化に吸収され、新しい先進的な文化の有機的な要素となる。それは文化発展の法則で

あるが、新社会の新文化が一般に旧文化より進歩的であることを否定するものではない。

　文化と時代との関係から見れば、すべての文化は時代的なものであり、最も不条理で受け入れがたい形態の文化であっても、その出現にはそれなりの背景があり、現実に存在している理解可能の部分がある。マルクスが言ったように、「理論を神秘主義に導くすべての謎は、人間の実践とその実践の理解において合理的に解くことができる」[1]。しかし、理解可能ということは、受け入れ可能ということでも、進歩可能ということでもない。ある時代には、さまざまな文化的傾向が存在しうる。先進的な文化とは、時代の進歩を反映し、時代の方向性や要求に沿ったものである。時代の進歩的傾向に合致しているか、あるいはそれに反しているかは、先進的文化と遅れをとった文化、革命的文化と反動的文化を区別する重要な客観的基準である。

　もちろん、文化の先進性を判断する価値基準もある。文化は階級社会における階級に基づくものであるため、立場が異なれば評価も大きく異なる。マルクス主義はその登場以来、世界のどの学派よりも多くの支持者、信者、実践者がおり、どの学派よりも多くの批判者、反対者がいる。しかし、そこから価値判断が等価的ものであり、男と女の議論であり、語れる善悪が存在していないと結論づけることはできない。実際、価値判断は利害関係によって支配され、その正当性は生産関係の性質とそこでのさまざまな階級の立場に左右される。したがって、搾取する側の利益と搾取される側の利益、進歩的な階級の利益と反動的な階級の利益、多数派の利益と少人数派の利益は区別される。歴史の過程において、先進的な文化は常に、旧来の文化に代表されるものよりも幅広い階級的基盤を有してきた。それは、奴隷社会から封建社会へ、資本主義社会へ、そして社会主義社会へと、利益の主体が変化する状況である。それが社会の進歩であり、価値主体と共に価値観の変化の比較可能性の根拠である。

二、先進文化と主流文化

階級社会では、先進文化が必ずしも主流文化ではなく、支配的地位にある主流文化が必ずしも先進文化ではない。特に社会が大きく変化する時期には、先進文化の代表者はしばしば支配・抑圧される立場にあり、それらの思想は異端邪説とみなされ弾圧される。明代の李贄は、宋・明代に支配的であった道学に反対し、天理の存在や人間の欲望の排除に反対し、男女平等を唱えて逮捕され、獄死した。衰退した清朝末期以降、龔自珍、魏源、王韜、馬建忠、鄭観応、陳熾、譚嗣同、さらには初期の康有為、梁啓超の思想も、清朝と慈禧を中心とした頑固な守旧派のもとでは機能しなかった。魯迅は五四運動・新文化運動と国民党の文化「包囲網」の中で、先進文化の方向を代表し、旧文化に激しい攻撃を仕掛けた。毛沢東は魯迅のその様な精神を高く評価し、「魯迅は文化戦線において全民族の大多数を代表し、敵に突撃した最も正しく、勇気があり、毅然として、忠実で、熱意ある空前の民族の英雄である」と述べた。真理は初めは常に少人数者の手にあり、先進文化もまた同様である。当初、先進文化を代表するのは少人数派であったが、遅かれ早かれ、先進文化は旧文化の支配的地位に取って代わる。歴史の前進の方向は止められない。その真理は、古今東西の歴史が証明している。

「前進の方向」という言葉は特に重要である。というのも、文化の先進性は時代的で相対的なものであり、社会形態が変化することと同じように、ある時代に相対するだけで、不変のものではないからである。先進的な文化が遅れている文化になることもある。重要なのは、文化がその先進的な性格を維持するためには、時代についていく性格を持たなければならないということである。それができるかどうかは、その文化の階級的性質と、文化の科学的含有量の両方にかかっている。

封建的・神学的文化に比べれば、ルネサンスが唱えた自由・平等・博愛

の思想が進歩的であり、資本主義と封建主義との闘争のなかで、その世界観、価値観、人生観によって、道徳、文学、美術、絵画、音楽など大概すべての分野に影響を与え、浸透し、先進的な社会的潮流を代表するものであったことは間違いない。エンゲルスはかつて、彼らをペンと銃を使いこなす一流の学者であり、多才な天才であると高く評価した。しかし社会の発展とともに、抽象的な人道主義を核心とするその先進的な文化は、マルクス主義に導かれたより先進的なプロレタリア文化に次第に取って代わられた。資本主義社会が発展し、あらゆる種類の矛盾が蓄積し、激化するにつれて、資本主義文化の先進性は次第に衰退し、変質していった。したがってエンゲルスはまた、啓蒙主義学者の壮大な承諾に比べれば、理性の勝利によって築き上げられた社会的・政治的体制は、最も失望させられる種類の風刺画だと付け加えたのである。エンゲルスは資本主義社会の両極の対立、例えば人道主義、自由、平等、友愛に対立する社会的現実として商業的詐欺、道徳的欺瞞等を挙げた。それと同時に、ブルジョア啓蒙文化は、理性主義から非理性主義へ、自然観の唯物論的人道主義から抽象的観念論的人間本位主義へ、科学崇拝から宗教崇拝へと移行した。物質的な享楽と官能的な満足の追求に取り憑かれた現代の資本主義社会の発展については、あらゆる種類のデフォルメされた不条理な屑文化が氾濫している。つまり、ブルジョアジーは、かつては先進文化の代表者であったが、先進文化の前途を代表せず、文化の発展を非資本主義文化の方向へさらに促進することができず、その階級的利害によって資本主義の範囲内に固く閉じこもっている。もちろん、その創作の輝かしい成果は失われることなく、新しい社会と労働者階級によって、より高い形で吸収されるであろう。130年以上前、ドイツの教育を受けたブルジョアジーは理論的関心を失ったが、ドイツの古典哲学は労働者階級に継承されるというエンゲルスの主張は、その資本主義文化のさらなる発展の展望を予見していた。

　プロレタリアートは、その階級的性質と階級的利益によって、その歩み

を止めることはできないが、それに伴いプロレタリアートの文化形態も固定されることはなく、時代とともに、社会主義の初級段階の文化から成熟段階の文化へ、そして最終的には共産主義の文化へと進化しなければならないのである。もちろん、それは非常に長い歴史的過程であり、その間、共産党はプロレタリア政党として、その先進性を維持するために、常に先進的文化の前進方向を代表しなければならない。

文化は人間の生活環境であり、いわゆる文化環境である。それは経済的、政治的環境と一致し、社会の性質と一般的状態を構成する。現代中国において、先進文化を堅持することは、中国の特色ある社会主義文化を発展させ、社会主義精神文明の建設を強化することである。それはマルクス主義に導かれた民族的、科学的、群衆的な文化形態であり、中国文化の優れた伝統を継承し、外国文化の積極的な成果を吸収するものである。また、それは国を基礎とし、世界に目を向け、伝統に注意を払い、未来に立ち向かう。社会主義体制との関係、時代の進歩の方向との関係、人民の根本的利益との関係のいずれから見ても、中国の特色ある社会主義文化は現代の先進的な文化であることを示している。ブルジョアジーに輝きを与える文化ルネサンスがあったとすれば、現代中国で建設されつつある中国の特色ある社会主義文化もルネサンスに劣らず、人類全体が創造した文化遺産の優れたものを継承し、発揚しようとするものである。また、それは「左派」路線、特にいわゆる「破四旧」のもとで踏みにじた優れた文化遺産を社会主義文化の建設に再吸収しようとするものである。言葉を借りるなら、それは中国式の社会主義ルネサンスであると筆者は言うであろう。

現代の理論家は、すべて人類の生存環境の悪化を懸念している。しかし、人類の生存環境の悪化は、自然の生態学的問題、自然の汚染だけでなく、文化的環境の悪化、つまり、社会的気風の悪化、道徳の低下、価値観の混乱、あらゆる種類の性的で低俗な文化、犯罪的文化、暴力的文化、人種差別が社会に氾濫することである。一部の西洋の学者はそれを文化的矛盾あ

るいは文化的危機と呼んでいる。それは一種の精神的汚染である。自然生態系の悪化は人間の肉体を傷つけ、生命を危険にさらすが、文化生態系の悪化は人間の魂を傷つけ、思想と精神を危険にさらす。我々は、全民族の思想的、道徳的、科学的資質の絶え間ない向上を促進し、わが国の経済発展と社会進歩に精神的な原動力と知的な支えを与え、とりわけ社会主義社会の構成員、特に若い世代の健全な成長に適した最適な文化環境を確立するために、先進的な文化を主張することは非常に重大な課題である。

三、文化の教化的機能

　文化の教化的機能は、文化の数ある機能の中で最も重要である。文化は人間が作り出したものであるが、人間は文化の中で生きている。「橘生淮南則為橘、生于淮北則為枳。叶徒相似、其実味不同。所以然者何？水土异也。（淮南で生まれたミカンはオレンジだが、淮北で生まれたミカンはからたちだ。葉は似ているが、味が違う。その理由は？　土と水が違っているのだ）」と晏子はそれをたとえとして使い、人々を特徴づける。オレンジとからたちの違いは、土と水の違い、つまり植物の生育環境の違いによるものである。それは荀子の言ったとおり、「越人安越、楚人安楚（越人は越に安んじ、楚人は楚に安んじる）」、「是非天性也、積靡使然也（天性ではなく、積み重ねたものがそうさせる）」。人の違いにもまた土と水があり、それは文化的背景の違いである。越人が越人の特徴を持ち、楚人が楚人の特徴を持つのは、長期にわたる文化的適応の結果である。海外に移住する場合、いわゆるカルチャーショックに陥りやすい人がいる。移住先の国に文化的に溶け込むことができず、結局は母国に戻ってしまう人もいる。それは、文化がいかに深く人々に影響を与えるかを示している。人間の特性や行為は遺伝的に決定されたものであり、先天的なものであり、変更不可能で宿命的なものであるという考え方は、社会的・文化的環境が人

間に課す制約を完全に無視している。

　人の一生は、その人が育ってきた文化の教養と密接な関係がある。人の生活目的、生存の価値やスキル、美的センス、能力と人生の境界、道徳的自律能力は、すべてその人の文化的資質と切り離せない。ある民族全体の質もまた、民族全体の文化的資質と不可分である。個人の文化的資質は全体に影響を及ぼし、ある民族の歴史的・実際的な文化的蓄積は最終的に個人の資質に反映され、表現される。

　先進文化の前進の方向を堅持することは、長期的で困難な課題である。特に市場経済の条件下では、先進文化の堅持は多くの矛盾に遭遇するため、党の理論、路線、方針、政策を堅持する必要性は正しく取り扱われなければならない。理論の誤りや実践における不適切な取り扱いは、中国の特色ある社会主義文化の建設という任務の遂行を深刻に妨げることになる。

　例えば、市場経済の利益志向と先進文化の価値原則の間には矛盾がある。資本主義制度の出現後、自然経済から市場経済への移行が文化の発展と普及に重要な役割を果たしたことは間違いない。資本主義前期の社会では、文化は宮廷、貴族、教会、そして少人数の人々によって独占されていた。資本主義社会における文化の市場化は、その伝播の経路を広げ、文化の内容を変化させた。文化の世俗化、群衆化、商業化は、民族全体の文化の資質の向上に寄与する。社会主義はさらにそうであり、社会主義市場経済体制の確立はわが国の文化事業の発展を積極的に促進し、文化市場の立ち上げは文化事業に多くの資金を投入すること、物質的利益の役割は文化労働者の熱意を動員すること、競争は傑出した才能の出現に資することなど多くのことにつながっている。文化産業の出現は、文化を広める方法と手段をより先進的かつ迅速なものにし、社会のすべての構成員、特に若者が複数のチャンネルを通じて文化教育を受けることを助長している。しかし、市場経済の利益原則と文化の先進性で社会的な価値との間には矛盾がある。商業的価値のあるものが必ずしも豊かな文化的内容を持つとは限ら

ず、逆に社会的利益のあるものが必ずしも経済的利益を持つとは限らず、あるいは持続不可能でさえある。合法である限り、経済的利益は市場に、社会的価値は政府に委ねるべきだとする論者もいる。そのような二項対立は、文化産業の運営にとってはある程度問題ないが、社会主義文化事業全体にとっては望ましくない。文化の合法的運営は文化産業の仕事の最低条件であり、基本にすぎない。先進的な社会主義文化の建設はそれを目標にしてはならない。中国の特色ある社会主義文化の建設は、優れた作品を生産し、多くの学術的著名人を育成するよう努力すべきである。優れた芸術作品があり、世界に認められる学術的著名人がいるかどうかは、その国の文化発展の水準を示すものである。先進文化を堅持するという指導的原則は社会的利益と経済的利益の一致であり、矛盾があれば後者を前者に従属させなければならない。商業的利益の原則を文化建設全体の尺度とすることはできない。

　市場経済と関連して、高尚な文化と群衆文化の関係も問題である。市場経済の条件下では、群衆文化の出現は必然的かつ普遍的である。欧米では、群衆文化は一種の大量生産、利益重視の商業文化、消費文化であり、娯楽とレジャーを特徴とするが、超イデオロギー的なものではない。視聴的娯楽の中に、拝金主義、エゴイズム、さらには人種差別、性的で低俗な文化、暴力的文化など、西洋的な世界観や価値観が浸透している。改革開放と計画経済から市場経済への移行に伴い、わが国における群衆文化の台頭は、進歩的な傾向であり、一概に否定できない。しかし、群衆文化と高尚な文化との矛盾も先鋭化していく。文化市場は群衆文化に支配され、高尚な文化は縮小する傾向にあるため、群衆の鑑賞・審美レベルは平均的で表面的なものになっている。しかし、商業的競争という観点から見れば、高尚な文化は群衆文化にはかなわない。それは民族全体の文化的資質によって、またそれらが対象とするさまざまな集団の数によって決まるからである。群衆文化の人気を止めることはできない。我々は高尚な文化を育成し、

群衆文化を導くべきであり、単に市場を尺度にして選択すべきではない。群衆文化は格上げされるべきであり、文化的消費の向上と普及を結びつけ、群衆文化は品位を向上させるべきであり、高尚とされる文化は神聖な殿堂から踏み出し群衆に近づき、群衆の水準を向上させなければならない。文化的消費は物質的消費とは異なる。物質的消費は消耗的で、人間の肉体に影響を与えるが、文化的消費は累積的で、人間の心に影響を与える。それぞれの文化的消費は洗脳でもあり、日々蓄積され、常に見聞きするものに影響され、その効果は比類がない。したがって、文化的消費は通常の意味での消費ではなく、宣伝であり教育でもある。先進文化の前進方向を主張するためには、異なる文化をその性質、種類、状態を区別せずに市場に押し出すことはできない。

　市場経済の条件の下で、人文文化の発展と科学技術文化の発展の間の矛盾と不均衡はさらに強まるであろう。産業は自然科学と科学技術を必要とし、それは企業の存続に関わる「要石」である。産業の発展は、自然科学の発明と技術の更新の必要性を強める。人文科学は、その非生産的、非収益的、非直接的な実用性という性質から軽視されてきた。そのプロセスは、西洋では工業化の過程で200年以上も続いてきた。自然科学技術が第一の生産力となったとき、その傾向は加速した。西洋の理論家の中には、人文科学の危機を憂慮し、失われた精神の故郷を探し求める者もいた。彼らは、その偏ったバイアスが人間社会にもたらす危険性、特に生態環境の悪化を認識しており、ヒューマニズムへの回帰を求める声を強めている。しかし、西洋の哲学者の中には、人文文化と科学技術文化の関係を正しく理解しておらず、科学技術の進歩に反対し、自然への回帰や単純性への回帰を主張する者もいる。それは間違っている。

四、科学技術と人文文化の関係の正しい処理

　わが国が先進文化の方向を堅持するためには、人文文化と科学技術文化の関係を正しく取り扱わなければならない。人文科学より科学技術が優先される風潮を逆行させる努力を惜しんではならないが、科学技術の発展に寄与しない誤った哲学的視点、すなわち、人間と自然との調和関係をロマン主義的、神秘主義的に追求することを防止しなければならない。人間と自然との調和は、歴史的過程である人類の発展過程で実現されるものであり、かつての人類社会が常に調和的であったとは考えられない。科学技術の発展がその調和を破壊したからこそ、人類は自然との調和の黄金時代から次第に人間と自然との対立の奈落の底に落ちていったのだ。実際、農耕社会の時代における人間と自然との調和と呼ばれるものは、緩慢な社会発展の代償として達成されたものであった。生産力の発展と社会の進歩は、必然的にその原始的な調和を破壊し、将来の真の調和への道を開くであろう。そして、人類に対する自然の報復の一つ一つが、人類が科学技術にどのように取り組むべきかについての警告を与えてくれる。人類による自然破壊は、科学技術そのものに起因するのではなく、それらが適用されるシステム、つまり私的所有や利潤、物質的消費の無制限な追求に起因するのである。自然科学や技術の発展を止めるのではなく、正しい科学技術政策を持ち、際限のない富の追求を防ぐことが重要なのである。それは自然の変容を止めることではなく、自然に対する略奪に反対することである。

　科学技術と人文科学は水と火のような相容れないものではない。実のところ、科学技術の発展は、産業を通じて生産を促進し、人間の生活の質を向上させるだけでなく、科学的観念、科学精神、科学的思考を通じて、人間的資質を向上させるという重要な役割を担っている。アインシュタインは自然科学のその二つの機能を強調し、科学が人間の問題に影響を与える二つの方法があると述べた。一つ目は、科学が人間の生活を完全に変える

道具を直接的、さらには間接的に作り出す身近な方法である。二つ目の方法は教育的なもので、心に働きかけるものである。一見するとこの方法はあまり目立たないように見えるかもしれないが、少なくとも一つ目の方法と同じくらい鋭い。したがって、先進文化の建設においては、先進国との差を縮めるために科学技術を発展させるだけでなく、哲学的・社会的科学と人間的精神の涵養を重視しなければならない。自然科学と哲学的・社会科学が車の両輪、鳥の両翼となり、互いに促進し合うようにすべきである。資本主義社会の工業化と市場経済の発展の結果、科学技術と人文文化が対立し、人間と自然との対立が激化したことは、その不均衡を防ぎ、克服する経験と教訓を我々に与えてくれた。同じ過ちを犯してはならない。その矛盾を科学技術への反発に帰するのであれば、先進文化の建設は空虚空論となってしまうであろう。

　市場経済が開放されている以上、経済のグローバル化の状況下における先進文化の建設は、経済のグローバル化と文化の民族性の維持との関係に直面する。適切に対処しなければ、先進文化の建設を妨げることになる。経済のグローバル化は不可逆的で客観的な傾向であるが、経済のグローバル化は経済の一体化ではないし、異なる国が異なる社会体制を持つ世界では経済の一体化はありえない。経済のグローバル化には、二つの異なる側面がある。生産力から見れば、それは世界における、特に先進資本主義世界における生産力の高度な発展、世界市場を求める生産の社会化の必然的な結果であり、資本主義的生産様式の出現以来すでに行われてきた世界市場の探求と、新たな条件の下での継続と高度な発展である。生産関係から見れば、それは先進資本主義諸国の支配的な立場であり、その最も重要な特徴は、多国籍企業や独占的組織が世界的に存在していることである。世界経済のグローバル化という条件の下では、ある国が発展を望むのであれば、世界経済から孤立することはできず、閉鎖的な国は永遠に取り残されるだけである。発展途上国にとってリスクもあるが、チャレンジの余地も

チャンスもあり、重要なのは我々の対応である。世界貿易機関（WTO）への加盟は、世界経済の波の中で急速な発展を遂げるための準備である。また、それは先進的な文化を維持するための試練であり、挑戦でもある。グローバル化した経済において、文化交流は不可避であり、二つの形式がある。一つ目は間接的な文化交流、つまり貿易によってもたらされる目に見えない文化交流である。例えば、アメリカのジーンズが輸入されると、アメリカの服装の美的概念も輸入される。中国での、特に若者の間でのコカ・コーラやマクドナルドの人気は、我々が知らず知らずのうちに中国の伝統とは異なる生活様式や生活概念を受け入れていることを意味する。二つ目は科学技術の導入、書籍の輸入、さまざまな文化・芸術団体の訪問交流などの直接的な文化交流である。文化交流は有益である。商品の交換である貿易とは異なり、文化交流は互いを豊かにするものである。どの民族の文化も純粋な土着文化ではない。文化は雑種であり、ある哲学者が言うように「キャソック」である。しかし、文化は民族的なものでもあり、人間の食生活と同じように、外国の文化を受け入れ、同化し、それらを自らの血肉に変えていく。文化はその民族性を失うことはないし、失うこともできない。経済のグローバル化は文化交流に資するが、一方で、先進国が高度なメディアと経済力を背景に、自国の文化を文化的ヘゲモニーの位置に置き、文化覇権主義となる可能性もないわけではない。その結果、受容国の文化が植民地文化に変質してしまう危険性もある。そのような事態は未然に防ぎ、効果的な対策を講じるべきであるが、リスクがあるからといって文化交流を禁止すべきではない。

　人類の文化史を振り返れば、比較的発展した文化形態には、それに対応する哲学的水準があることがわかる。それは西洋の古代ギリシャ・ローマ文化にも、東洋のインド・中国文化にも当てはまる。梁漱溟は、あらゆる民族文化にはその中心であり基礎となる哲学があると述べ、金岳霖もまた、あらゆる文化にはその中心となる思想があると述べた。それらはすべて同

じ意味であり、文化における哲学の位置づけと役割を強調している。

五、先進文化におけるマルクス主義の指導的立場

　今日の世界において、文化は一国の社会の発展においても、国際交流においても、ますます重要な役割を果たしている。しかし、社会の進歩や正常な国際文化交流・友好関係を促進する役割を果たす一種のソフトパワーとしての文化と、単純に支配者の利益や国際覇権を守るためだけのソフトパワーには大きな違いがある。その区別において重要なのは、それを貫く指導理念である。総合的な国力の構成要素としての文化的ソフトパワーの性質と役割は、文化の根本的な属性と中身に依存する。ソフトパワーは文化の役割のみを説明することができ、文化の社会的属性と中身はそのソフトパワーの先進性を説明することができる。我々が社会主義文化を重視するのは、まさにそれが社会主義体制の本質を体現し、マルクス主義に導かれた先進的な文化だからである。

　世界的に見れば文化は多元的であり、国内に目を向ければ多様である。社会主義文化が先進文化である以上、文化の先進性を判断する基準はあるのかという大きな理論的疑問が生じる。我々はあると考える。文化問題における相対主義や絶対主義はどちらも一方的なものである。我々が中国の特色ある社会主義の文化が先進的な文化であるというのは、それが社会主義体制の先進的本質を体現しているだけでなく、マルクス主義の科学的世界観に導かれた文化だからである。現代中国において、先進文化を主張し、中国の特色ある社会主義文化を発展させ、社会主義精神文明の建設を強化するためには、マルクス主義に導かれる必要がある。文化の建設においてマルクス主義の指導的立場を堅持してこそ、中国文化の優れた伝統を真に継承し、外国文化の積極的な成果を科学的に吸収することができ、中国の多様で多彩な文化潮流を社会主義文化の主流発展の利益に導くことができ

る。特に今は社会の転換期であり、国際環境と国内環境の変化により、あらゆる思想が非常に活発になっている。もし我々がマルクス主義によって文化の建設を指導することを主張しなければ、真に有効な方法で先進的な社会主義文化を建設することは不可能となる。

　先進的な社会主義文化の建設においては、文化産業と文化事業の両方を発展させる必要がある。その二種類の文化主体は異なるが、共通点もある。文化産業の経済的利益は、多くの場合、先進的な科学技術に依存している。欧米先進国は、高度な科学技術によって自国の価値観を世界に広めている。そのようにして、彼らは最大の経済的利益を達成すると同時に、イデオロギーの分野で強い地位を占めることができる。欧米の文化産業は、単に利益を上げる文化企業ではなく、イデオロギーの立場も担っている。我々にとって、文化産業であれ文化事業であれ、その財産権と管理には違いがあるが、社会主義体制下の二種類の文化単位である。したがって文化企業の経営者と文化事業の指導者は、マルクス主義に導かれた思想観念を異なる方法で打ち立てるべきである。

　文化産業では、経済的利益を追求する一方で、文化製品の価値内容を十分に認識しなければならない。国際的な舞台においても、我々は文化製品に中国文化の独特な価値を持たせなければならない。中国が輸出できるのはテレビだけで、テレビドラマは輸出できないなどと西側の政治家に嘲笑されてはならない。社会主義の文化産業が社会的利益に関心を持たず、経済的利益だけを追求し、資本主義的価値観の「宣伝者」となり、あるいは国家の個性や人格を傷つけ、醜悪さを売り物にして西側のニーズに応じるとすれば、それは間違いなくマルクス主義に導かれた文化建設政策からの逸脱である。そのような文化産業は、社会主義文化産業はおろか、文化産業とも呼べない。もちろん、文化産業がマルクス主義に導かれていると強調するのは、指導者の経営方針や価値観に導かれているという意味であって、文化製品がすべてマルクス主義的な硬直したイデオロギー言説である

という意味ではない。文化製品をいかに楽しく魅力的なものにし、同時に自らの価値観を堅持し、先進的な社会主義文化の概念を広めるか、それが文化産業経営者のマルクス主義理論レベルの尺度である。

　先進文化におけるマルクス主義の指導的立場を堅持してこそ、社会主義核心的価値観の社会主義的本質を反映し、社会の思潮をリードする指導的役割を十分に発揮することができる。社会主義核心的価値観は、中国伝統文化の優れた成果と世界文明の積極的な成果を吸収してきた。しかし、マルクス主義の指導がなければ、社会主義の核心的規範と非社会主義の価値的規範の違いを区別することは不可能であり、一致した点を見るだけである。例えば、愛国主義は中国だけでなく外国にも存在し、古代だけでなく現代にも存在する。しかし、愛国主義が社会主義の核心的価値に属しているのは、それがマルクス主義に導かれているからであり、その種の愛国主義は狭いナショナリズムやポピュリズムではなく、社会主義への愛と不可分である。社会主義の核心的価値体系における規範としての栄辱、自由、民主、平等、調和などの規範は、間違いなく社会主義的なものである。自由と平等はよく使われる概念であるが、社会主義の自由観は資本主義の自由観とは異なり、社会主義の平等観は資本主義の平等観とは異なることは明らかである。もし社会主義の核心的価値観からマルクス主義の指導が取り除かれ、一部の抽象的規範だけが残されるなら、社会主義の核心的価値観は質的な規定性と方向性を失うであろう。

　現代中国において、マルクス主義の堅持は現代中国のマルクス主義の堅持を意味し、現代中国のマルクス主義の堅持はマルクス主義の堅持を意味している。現代中国のマルクス主義には、マルクス主義の創始者であるマルクスとエンゲルスのマルクス主義の基本原則に対する貢献が常に含まれている。我々は、中国が改革開放を推進し続けるための指導イデオロギーとして機能できるのは、他のいかなる教義でもなく、中国のマルクス主義だけであることを正しく理解すべきである。そこの「他のいかなる主義」

とは、反マルクス主義または非マルクス主義の思想（西側の民主社会主義、新自由主義、新儒学など）を意味し、マルクス・レーニン主義ではない。中国共産党にとって、マルクス・レーニン主義と毛沢東思想は、「他のいかなる主義」よりも、同じマルクス主義体系の中で堅持すべき理論であり、現代中国のマルクス主義思想と理論の源流である。中国共産党が、中国の特色ある社会主義の理論が時代に対応しながらマルクス・レーニン主義や毛沢東思想と同系統であることを繰り返し強調しているのは、まさに時代に対応するマルクス主義の本質と中国の特色ある社会主義の理論のマルクス主義的本質の両方を強調しているからである。二つのマルクス主義は存在せず、一つのマルクス主義しか存在しない。マルクス主義は一種類だけであり、それはマルクスとエンゲルスが創始し、後者が創造的に発展させたマルクス主義である。マルクス主義への堅持と現代中国マルクス主義への堅持を切り離すことは極めて有害である。

　言うまでもなく、我々がイデオロギー領域で直面している状況は依然として深刻である。国際レベルでは、西洋の自由主義思想、とりわけ個人主義を核心とし、資本主義的私的所有権の維持を最終目標とする、いわゆる自由・民主主義・人権のイデオロギーが、グローバル化の中で、また各分野での頻繁な交流に伴って、さまざまなルートを通じて輸入されている。いわゆる人権や価値観の外交は、強力な軍事力と経済力を背景にした欧米諸国の思想的浸透と政治的圧力である。国内的には、経済的な要素や利害の多様化は、必然的に思想の多様化、複数の利益的要望、さらには政治的要望の多様化につながる。放任しておけば、イデオロギーの主流への影響に発展しかねない。特に、市場経済が誘発する拝金主義や極端なエゴイズムの思潮は、西欧自由主義の普及と浸透に極めて好都合である。また、不公正な社会配分、富裕層と貧困層の二極化、官僚の腐敗、食の安全や道徳の低下によって引き起こされる群衆の不満は、一方で思想的混乱を招き、若者の改革開放に対する正しい理解の構築や、現代中国におけるマルクス

主義の指導的地位の確立と強化につながらないことにも留意すべきである。

マルクス主義の指導的立場を堅持することは、文化の均質化、学問の貧困化、理論の画一化につながるものではない。マルクス主義の指導的立場を堅持することを、「あらゆる学派を打倒し、マルクス主義のみを尊ぶ」と表現するのは全くの誤りである。マルクス主義は開かれた思想体系であり、マルクス自身も学問の自由と学問的論争を支持していた。彼は、「バラの花とスミレの花が同じ香りを放つことを期待できないのなら、最も豊かな精神世界がただ一つの存在形態しか持たないことをどうして期待できるだろうか」、「真理は火打ち石のようなもので、叩いて初めて火花が散るのだ」と言った。

中国共産党はマルクス主義の指導的立場を堅持することを提唱しているが、同時に学問の分野では「双百」の政策の実施を強調している。その問題については、かつて「左翼」の過ちや干渉があったが、それは党の方針ではない。文化、科学、芸術分野における中国共産党の政策は「双百」の方針である。マルクス主義の指導的立場を堅持することに重点を置いているのであるから、一つの花、一つの学派しかありえないのに、どうして百花繚乱、百の学派が生じるという状況になれるのかと言う人がいる。指導的思想の一元性の問題と、学術におけるスタイルや学派の多様性の問題は、二つの異なるレベルの問題である。一つは、どのような世界観や方法論を研究の指針とすべきかという問題であり、もう一つは、具体的な学問観や学派の問題である。我々は、学術研究は、研究の指針としてマルクス主義の世界観と方法論を適用することを学ぶよう努めるべきだと提唱するが、決して他の研究方法を排除するものではないし、特定の学術研究や芸術ジャンルの代わりに抽象的なマルクス主義の原則を用いるべきだと提唱するものでもない。もちろん、「双百」という原則を堅持することは、イデオロギーの分野で生じうる差異や闘争を否定するものでは決してない。マルクス主義の指導的立場を主張する以上、もちろん、重大な誤った思想や

思潮に無関心でいることはできず、マルクス主義の革命的・批判的機能を発揮しなければならない。我々は、理論の批判的機能とイデオロギー領域におけるマルクス主義の立場を放棄することはできない。しかし、その批判は、理性的で説得力のあるものでなければならない。それが理性的であればあるほど、イデオロギー領域におけるマルクス主義の立場をより強固なものにする。真理の力は、真理そのものにある。

註
1) マルクス・エンゲルス. マルクス・エンゲルス選集. 第1巻. 3版. 北京. 人民出版社. 2012：135-136.

【著者略歴】

陳先達

中国人民大学名誉教授、博士課程指導教官。中国人民大学哲学科主任、大学学位評定委員会委員、大学学術委員会主任、国務院学位委員会第三期学科評議グループメンバー、国家社会科学基金評議員グループ哲学グループ組長、北京市哲学会会長、北京市社会科学連合顧問を歴任した。中国歴史唯物論学会名誉会長、教育部社会科学委員会委員、1991年より国務院特別手当を受けている。著書に『陳先達文集』(14巻本)、『マルクス主義と中国伝統文化』、『文化的自信における伝統と当代』、『信頼できるかわいい哲学』、『マルクス主義十五講』などがある。著作と論文は中央宣伝部「五個一工程」賞を3度受賞した他、教育部優秀著作賞、北京市哲学社会科学優秀成果賞特賞、呉玉章著作賞、呉玉章人文社会科学生涯成就賞などを受賞している。

【監訳者略歴】

渡邉良平

1971年生まれ。横浜国立大学経営学修士課程及び華東師範大学経営学修士課程修了。2009年より中国上海市在住。2020年より上海交通大学外国語学院日本語学科で教鞭を取り、多くの中国人日本語学習者を指導。

【訳者略歴】

王丹

1983年生まれ。上海・華東政法大学日本語学院講師。上海外国語大学日本語学博士。専門は日本語学、翻訳学、歴史、マルクス主義。著書に『現代日本語可能表現研究』、『現代日本語「ヴォイス」研究―可能を中心に―』、訳著に『監察医の涙』、『中国の法律』、『慈雨』、『教養としてのギリシャ・ローマ：名門コロンビア大学で学んだベラルアーツの真髄』など。

現代中国研究叢書

現代中国の史的唯物論

2024年9月5日　初版第1刷発行

著　者	陳先達
監訳者	渡邉良平
訳　者	王丹
発行者	向安全
発行所	株式会社 樹立社
	〒102-0082　東京都千代田区一番町15-20 フェニックスビル502
	TEL 03-6261-7896　FAX 03-6261-7897
	https://www.juritsusha.com
編　集	岩井峰人
印刷・製本	錦明印刷株式会社

ISBN 978-4-910326-06-1　C3031

《历史唯物主义与当代中国》© 2022 by China Renmin University Press Co.,Ltd.
Japanese copyright © 2024 by JURITSUSHA Co.,Ltd.
All rights reserved Original Chinese edition published by China Renmin University Press Co.,Ltd.
Japanese translation rights arranged with China Renmin University Press Co.,Ltd.
定価はカバーに表示してあります。
落丁・乱丁本は小社までお送りください。　送料小社負担にてお取り替えいたします。
本書の無断掲載・複写は、著作権法上での例外を除き禁じられています。